3.7.1 店铺引流的活动图设计　　页码：063

3.7.1 店铺引流的活动图设计　　页码：064

3.7.3 活动营销图设计　　页码：073

3.7.2 活动入口产品图设计　　页码：068

4.1.2 立体和有层次的文字　　页码：083

4.2.2 上下排版　　页码：088

服装类　　家居百货类　　美妆类　　本书部分精彩案例　　母婴类　　食品类　　数码家电类

4.3.1 简单大气　　　　　　　　　　页码：092

4.3.2 唯美风景　　　　　　　　　　页码：093

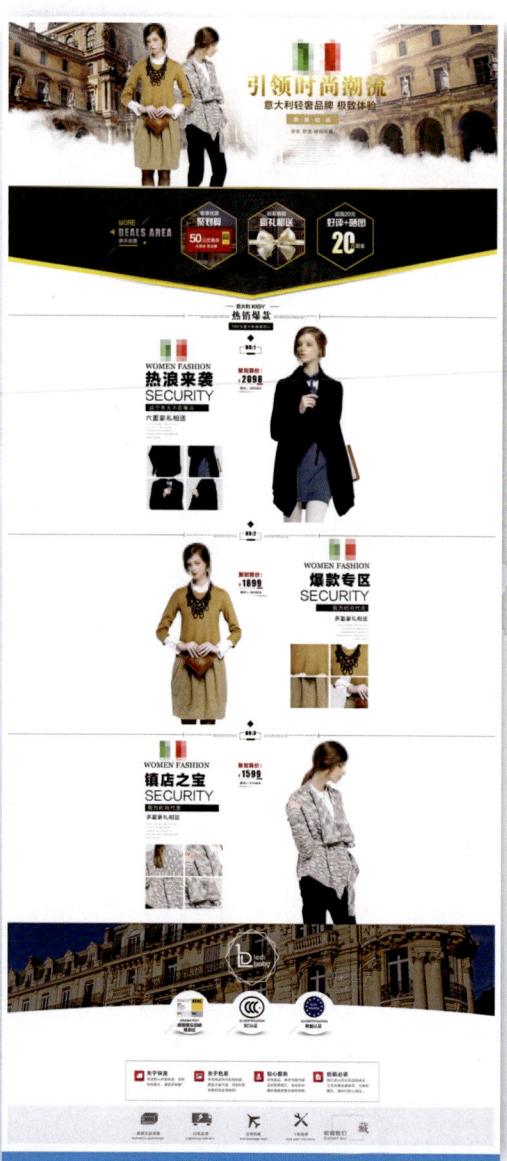

5.2 欧美风格　　　　　　　　　　　页码：104

5.3 日韩风格　　　　　　　　　　　页码：110

| 服装类 | 家居百货类 | 美妆类 | 本书部分精彩案例 | 母婴类 | 食品类 | 数码家电类 |

5.4 中规中矩风格　　页码：117

5.6 商务风格　　页码：125

服装类　　家居百货类　　美妆类　　**本书部分精彩案例**　　母婴类　　食品类　　数码家电类

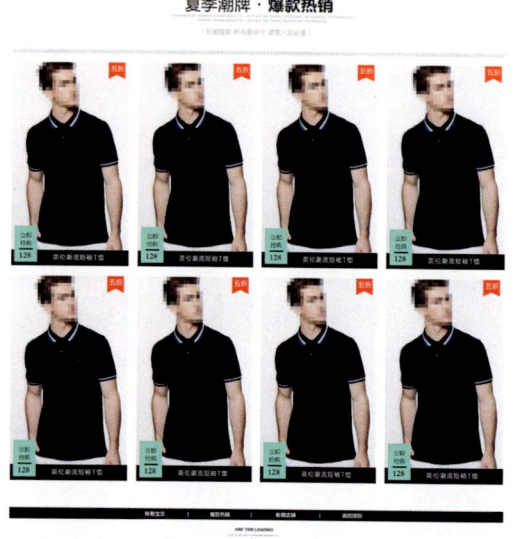

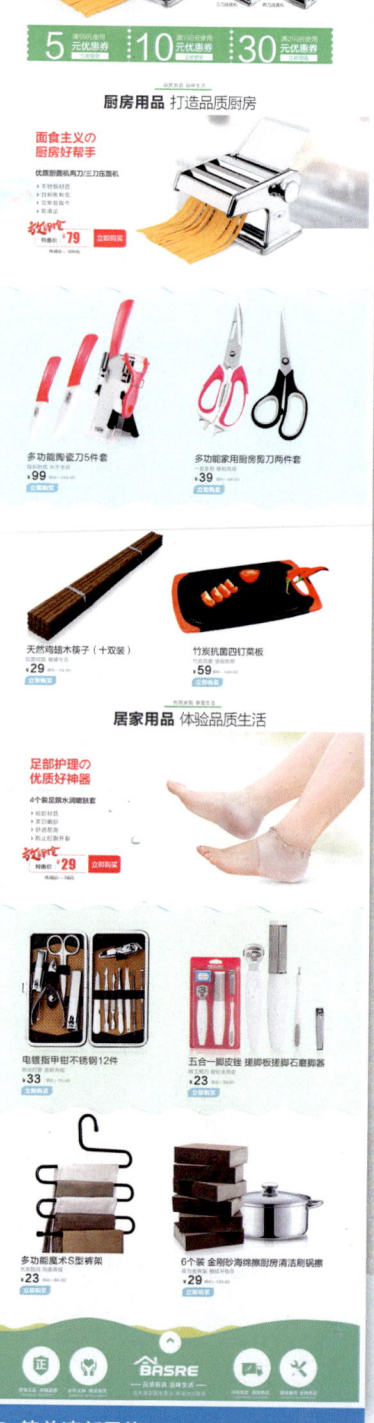

5.7 潮流风格　　　　　　　　　　　　　　页码：130

6.2 简单清新风格　　　　　　　　　　　　页码：140

| 服装类 | 家居百货类 | 美妆类 | 本书部分精彩案例 | 母婴类 | 食品类 | 数码家电类 |

6.3 温馨家居风格　　　　　　页码：148

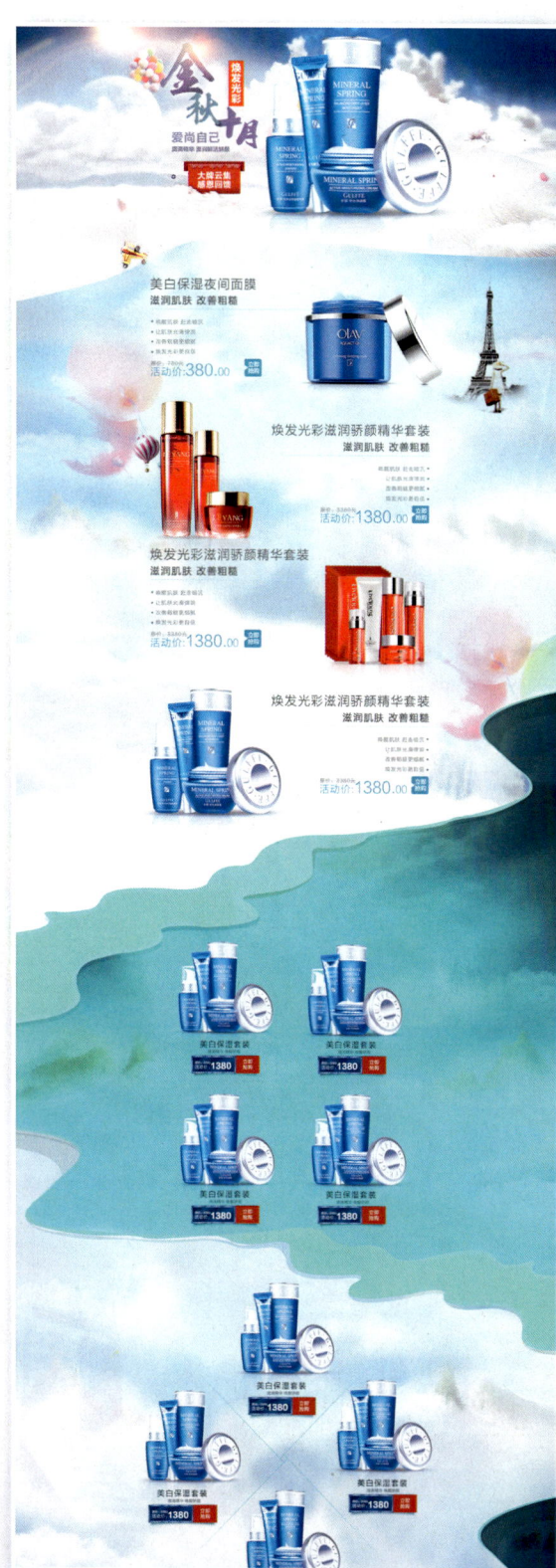

7.2 自然唯美风格　　　　　　页码：168

服装类　　家居百货类　　美妆类　　**本书部分精彩案例**　　母婴类　　食品类　　数码家电类

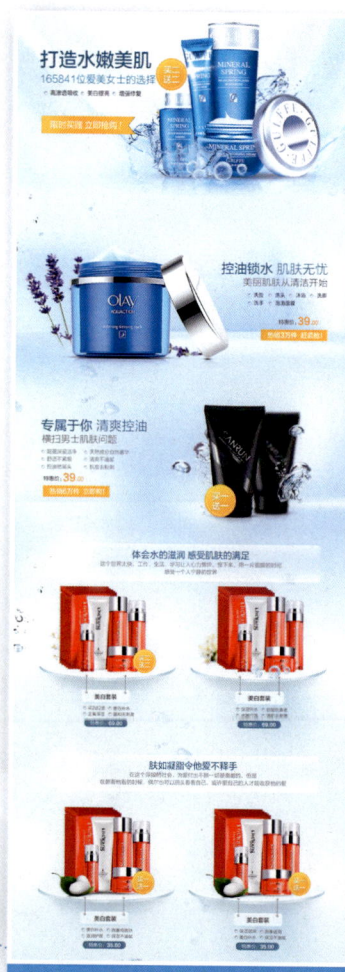

7.3 简单清凉风格　　　　　　　页码：177

8.2 空灵梦幻风格　　　　　　　页码：186

8.3 卡通手绘风格　　　　　　　页码：194

本书部分
精彩案例

9.2 缤纷休闲风格   页码：206

9.3 喜庆浪漫风格   页码：217

服装类　　家居百货类　　美妆类　　本书部分精彩案例　　母婴类　　食品类　　数码家电类

10.2 酷炫数码风格　　页码：230

10.3 居家风格　　页码：245

淘宝店铺
页面设计与装修
实战教程

林丹 编著

人民邮电出版社
北京

图书在版编目（CIP）数据

淘宝店铺页面设计与装修实战教程 / 林丹编著. --北京：人民邮电出版社，2017.12（2019.3重印）
ISBN 978-7-115-46599-3

Ⅰ. ①淘… Ⅱ. ①林… Ⅲ. ①电子商务—网站—设计—教材 Ⅳ. ①F713.361.2

中国版本图书馆CIP数据核字(2017)第213791号

内 容 提 要

这是一本由浅入深的设计工具书，整本书围绕淘宝店铺装修设计的要点进行讲解，从分析视觉设计的原理到案例的实操，旨在为电商设计师、淘宝美工提供实用的店铺设计与装修指导，使之能全面学习，少走弯路。

本书共11章，第1章介绍了网上开店的基本流程，从前期的准备工作到后期的推广运营；第2章详细介绍了网店装修的常用软件知识，包括图片处理软件Photoshop、矢量图制作软件Illustrator、网页代码编写软件Dreamweaver，让读者清楚地了解各软件的基本知识，打下扎实的软件基础操作功底；第3章介绍了网店装修的主要工作，内容围绕产品拍摄、产品修图、首页装修、产品描述页设计、产品主图设计等展开，结合理论与实操进行讲解；第4章介绍了高级设计的主要技能，围绕文字、排版、背景、色彩、效果处理几大要点，以案例的方式进行讲解；第5~10章分别是不同类目的店铺装修操作实例，包含服装、家居百货、美妆、母婴、食品、数码家电六大类目，每一个类目包含了不同风格的实例；第11章是作者多年工作经验的总结。

本书配套提供学习资源，包括素材文件、实例文件和操作演示视频，读者可以边学边练习，提高学习效率。

◆ 编　著　林　丹
　　责任编辑　张丹阳
　　责任印制　陈　犇

◆ 人民邮电出版社出版发行　北京市丰台区成寿寺路11号
邮编　100164　电子邮件　315@ptpress.com.cn
网址　http://www.ptpress.com.cn
北京虎彩文化传播有限公司印刷

◆ 开本：787×1092　1/16
印张：16.5　　　　　彩插：4
字数：424千字　　　2017年12月第1版
印数：3 001－3 400册　2019年3月北京第2次印刷

定价：79.00元

读者服务热线：(010)81055410　印装质量热线：(010)81055316
反盗版热线：(010)81055315
广告经营许可证：京东工商广登字20170147号

历经一年的努力,这本书终于要和读者见面了。笔者在编写这本教程时,充分地为每个热爱设计的读者讲解设计理念。本书结合基础的软件知识、具体操作知识和实战技巧这三方面为读者讲解关于"淘宝网店"的设计理念。

本书内容

本书主要分为11个章节。第1章介绍了关于网上开店的流程,开店前期的准备事项和淘宝店铺的后台操作,包括发布商品、推广渠道、运营店铺等知识点;第2章主要是介绍了网店装修必备的软件知识,"工欲善其事,必先利其器",只有掌握了基础软件的使用,才能做出好的设计;第3章系统讲解了店铺装修的主要工作,包括产品拍摄、产品处理、首页装修、产品描述页设计、产品主图设计、产品活动图设计等;第4章系统讲解了如何提高海报的设计技巧,包括酷炫字体效果制作、简约大气的排版方式、整体的颜色搭配理念、大气的背景搭配、产品的光效处理等,综合讲授如何设计出吸引眼球的海报效果;第5~10章系统讲解了淘宝的各类目店铺风格设计,包括服装类目、母婴类目、视频类目、美妆类目、百货类目;第11章主要是跟大家分享自己多年工作的经验,包括如何获得一个好的工作机会和如何让自己成为一个优秀的设计师等。

关于作者

作者林丹,现为资深电商设计师,于2011年加入淘宝,有5年的网店设计经验,在视觉设计方面累计的经验颇多,擅长用户的视觉体验分析。在过去的5年里主要承担公司的店铺装修设计、品牌企业站的前端设计、产品外观设计等视觉设计。作者一直秉持着用专业的技术和对设计的热爱之心,希望通过自己微薄的力量将对设计的这份热忱,传递给更多喜爱设计的人,帮助他们少走弯路,更直接有效地提高设计技巧。

资源下载

本书所有的学习资源文件均可在线下载,扫描封底的"资源下载"二维码,关注我们的微信公众号即可获得资源文件下载方式。资源下载过程中如有疑问,可通过我们的在线客服或客服电话与我们联系。在学习的过程中,如果遇到问题,也欢迎您与我们交流,我们将竭诚为您服务。

您可以通过以下方式来联系我们。

客服邮箱:press@iread360.com

客服电话:028-69182687、028-69182657

资源下载

01 网上开店流程介绍

1.1 前期的准备工作 008
- 1.1.1 从画面风格分析效果图表现 008
- 1.1.2 注册账号 008
- 1.1.3 开通网上支付渠道 009
- 1.1.4 发布商品 009
- 1.1.5 确定供货源和签订供货合同 009
- 1.1.6 确定供货周期和储备方式 010

1.2 店铺的运营与推广 010
- 1.2.1 获取用户和流量 010
- 1.2.2 店铺转化 010
- 1.2.3 店铺推广 011

1.3 抓准售前售后的新形式 012
1.4 经验总结与提高 012

02 网店装修必备的软件知识

2.1 网店装修常用软件 014
2.2 图片处理软件Photoshop 014
- 2.2.1 Photoshop的工作界面 014
- 2.2.2 Photoshop的菜单栏 014
- 2.2.3 Photoshop的选项卡 015
- 2.2.4 Photoshop的工具箱 015
- 2.2.5 Photoshop的控制面板 023
- 2.2.6 Photoshop的首选项 024
- 2.2.7 Photoshop的快捷键 025

2.3 矢量图制作软件Illustrator 025
- 2.3.1 Illustrator的工作界面 025
- 2.3.2 Illustrator的菜单栏 026
- 2.3.3 Illustrator的选项卡 026
- 2.3.4 Illustrator的工具箱 026
- 2.3.5 Illustrator的控制面板 027
- 2.3.6 Illustrator的快捷键 028

2.4 网页代码编写软件Dreamweaver 028
- 2.4.1 Dreamweaver的工作界面 028
- 2.4.2 Dreamweaver的菜单栏 029
- 2.4.3 Dreamweaver的基础运用 029
- 2.4.4 Dreamweaver的快捷键 030

03 网店装修的主要工作

3.1 网店装修主要工作概要 032
3.2 产品拍摄 032
- 3.2.1 场景布置 032
- 3.2.2 光线的角度 033
- 3.2.3 拍摄构图 034

3.3 产品处理 035
- 3.3.1 美发套装的处理（不锈钢材质） 035
- 3.3.2 刨丝器的处理（塑料材质） 039

3.4 首页装修 041
- 3.4.1 首页布局原则 041
- 3.4.2 将首页进行切片 043
- 3.4.3 店招设计 049
- 3.4.4 导航栏设计 049
- 3.4.5 客服中心设计 050

3.5 产品描述页设计 050
- 3.5.1 什么是产品描述页 050
- 3.5.2 设计产品描述页时要注重哪些方面 ... 050
- 3.5.3 产品描述页的要素组成和顺序摆放 ... 051
- 3.5.4 如何设计产品描述页 051

3.6 产品主图设计 060

3.6.1 做好产品主图的要素 061

3.6.2 五张产品图要怎么体现 061

3.7 活动图设计 062

3.7.1 店铺引流的活动图设计 063

3.7.2 活动入口产品图设计 068

3.7.3 活动营销图设计 073

3.8 直通车图片设计 074

3.9 钻展图设计 077

04 高级设计的主要技巧

4.1 文字特效制作 082

4.1.1 星光熠熠的文字 082

4.1.2 立体和有层次的文字 083

4.1.3 创意的文字 085

4.2 简洁明了的排版 087

4.2.1 居中排版 087

4.2.2 上下排版 088

4.2.3 左右排版 089

4.3 选用合适的背景搭配 092

4.3.1 简单大气 092

4.3.2 唯美风景 093

4.4 整体的色彩搭配 095

4.4.1 对比色搭配 095

4.4.2 相近色搭配 096

4.5 产品光效处理 096

4.5.1 不锈钢类产品 097

4.5.2 电器类产品 099

4.5.3 护肤类产品 101

05 服装类店铺装修

5.1 女装类店铺整体设计分析 104

5.1.1 分析主要的消费群体 104

5.1.2 分析页面的排版 104

5.2 欧美风格 104

5.2.1 页面分析 104

5.2.2 步骤详解 105

5.3 日韩风格 110

5.3.1 页面分析 110

5.3.2 步骤详解 112

5.4 中规中矩风格 117

5.4.1 页面分析 117

5.4.2 步骤详解 118

5.5 男装类店铺整体设计分析 125

5.5.1 分析主要的消费群体 125

5.5.2 分析页面的排版 125

5.6 商务风格 125

5.6.1 页面分析 125

5.6.2 步骤详解 126

5.7 潮流风格 130

5.7.1 页面分析 130

5.7.2 步骤详解 131

06 家居百货类店铺装修

6.1 家居百货类店铺整体设计分析 140

6.1.1 分析主要的消费群体 140

6.1.2 分析页面的排版 140

6.2 简单清新风格 140

6.2.1 页面分析 140

6.2.2 步骤详解 141

6.3 温馨居家风格 148

6.3.1 页面分析 148

6.3.2 步骤详解 149

07 美妆类店铺装修

7.1 美妆类店铺整体设计分析 168
7.1.1 分析主要的消费群体 168
7.1.2 分析页面的排版 168

7.2 自然唯美风格 168
7.2.1 页面分析 168
7.2.2 步骤详解 170

7.3 简单清凉风格 177
7.3.1 页面分析 177
7.3.2 步骤详解 178

08 母婴类店铺装修

8.1 母婴类店铺整体设计分析 186
8.1.1 分析主要的消费群体 186
8.1.2 分析页面的排版 186

8.2 空灵梦幻风格 186
8.2.1 页面分析 186
8.2.2 步骤详解 187

8.3 卡通手绘风格 194
8.3.1 页面分析 194
8.3.2 步骤详解 196

09 食品类店铺装修

9.1 食品类店铺整体设计分析 206
9.1.1 分析主要的消费群体 206
9.1.2 分析页面的排版 206

9.2 缤纷休闲风格 206
9.2.1 风格分析 206
9.2.2 步骤详解 207

9.3 喜庆浪漫风格 217
9.3.1 风格分析 217
9.3.2 步骤详解 218

10 数码家电类店铺装修

10.1 数码家电类店铺整体设计分析 230
10.1.1 分析主要的消费群体 230
10.1.2 分析页面的排版 230

10.2 酷炫数码风格 230
10.2.1 页面分析 230
10.2.2 步骤详解 232

10.3 居家风格 245
10.3.1 页面分析 245
10.3.2 步骤详解 247

11 多年工作经验总结

11.1 如何降低修改率 258
11.1.1 学会问——下手前先沟通清楚 258
11.1.2 学会看——充分参考同行的页面 258
11.1.3 学会改——做出大家想要的效果 259
11.1.4 学会记——不足之处记于心 259

11.2 如何让你面试成功 260
11.2.1 海选——第一轮面试通过作品判断 260
11.2.2 复试——第二轮面试相互了解 260
11.2.3 实操——观看你的软件操作能力 262

11.3 如何提高你的身价 263
11.3.1 无任何经验的设计小白 263
11.3.2 有设计经验的设计师 263

11.4 分析未来电商设计的就业趋向 264

01

网上开店流程介绍

前期的准备工作

店铺的运营与推广

抓准售前售后的新形式

经验总结与提高

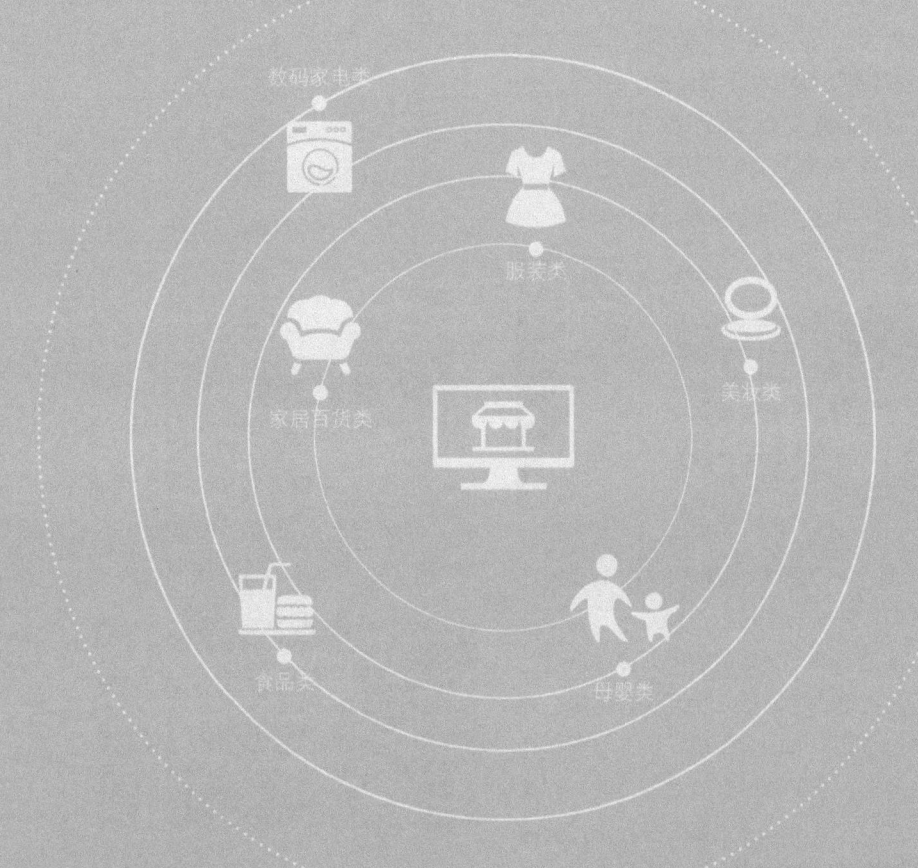

1.1 前期的准备工作

在开店之前必须要有银行卡、手机号和电子邮箱。在新形势下，网上开店早已不像在淘宝、拍拍、搜物网开店那么简单了，具体流程接下来会详细说明。

1.1.1 从画面风格分析效果图表现

在开店之前要针对现有的市场进行分析，充分了解每个品类的产品在各个行业的竞争力和潜在销售可能性，也就是这类产品能不能被大众接受。因为不管是在什么平台上开店，都有店铺分类的选项，如食品类目、母婴类目、日常百货类目等，如图1-1所示。店铺的产品分类是为了更好的客户体验，选择了一个类目后，在店铺里尽量不要出现跨类目的产品，比如选择了食品类目，就不能兼顾卖日用品等产品，否则给客户的体验会非常差，别把店铺搞得跟杂货铺一样。所以，在开店之前要确定好要做的品牌类目。

图1-1

现阶段电商产品的竞争非激烈，如果想要在这个行业站住脚，最好先确定以下两点。

第一点：确定货源。这是销售的前提，而质量好、价格适当及稳定的货源是成功开店的保障。如果是自己生产的产品，可以在质量和价格方面与竞争对手比较，考虑一下是否还有改善的空间。如果是销售别人生产的产品，那么就要选好稳定优质的货源。开店之前就必须要确定好货源。

第二点：产品的独特性。要去寻找有特点的产品，在大家还没开始打"价格战"的时候，先卖到第一手，积累口碑，那么这类产品就可以占据绝对的优势。如果选择的产品是大众化的产品，在电商产品竞争激烈的现状下，这类产品基本上是很难存活的。电商行业的"价格战"是很激烈的，如果产品没有很低的价格，那么就很有可能会在第一波"价格战"中淘汰。

目前，在淘宝上开设店铺，有个人店铺和企业店铺之分，如图1-2所示。淘宝给予企业店铺比个人店铺的资源多，特别是在活动提报和流量方面，个人店铺是不占优势的。所以，在条件允许的情况下，最好注册企业店铺。如果条件不允许，可以先以个人店铺经营，淘宝会有一次个人店铺转企业店铺的机会。

图1-2

1.1.2 注册账号

（1）在申请开网店之前，要准备一个邮箱，然后到网站主页单击"免费开店"，按照里面的提示一步一步进行，如图1-3所示。

图1-3

（2）申请成功后邮箱里会收到一封确认的邮件，单击提示并激活账号，出现注册成功界面，开店的第一步工作完成。

1.1.3 开通网上支付渠道

淘宝卖家为了交易的安全性要开通支付宝、财付通或者易付宝等支付渠道,这样才能享受货到付款的销售服务。其中,支付宝的登录名和密码与邮箱的登录名和密码是一样的。支付宝的填写也可按照里面的提示进行,但必须是自己的真实资料,淘宝网对客户的隐私保障很可靠,大可放心资料的安全性,如实的填写也是为了不影响你的收付款交易。完成指定的步骤操作后,淘宝网会往填写的邮箱里面发送一封关于支付宝的激活邮件,只要激活就可以使用。

支付宝实名认证步骤如下。

(1)个人资料验证:如实的填写个人资料。

(2)个人身份验证:上传扫描的个人身份证(正反面)。

(3)银行卡验证:填写银行卡的卡号和开户银行。

完成以上3步后,会出现如下提示。

银行账户信息提交成功,等待支付宝汇款!

请您在两个工作日后到银行柜台或网上银行查询账户明细,查出支付宝给您的汇款,如图1-4所示。

图1-4

1.1.4 发布商品

(1)准备:发布产品之前,要将该款产品进行拍摄和后期处理,制作该产品的详情描述页面和产品主图。如果该款产品有不同的颜色选项的话,也要上传相应的SKU图片。还要想好该款产品的标题和介绍,产品标题有30字的字数限制,建议30个字数都利用起来,因为标题可以影响淘宝的免费搜索流量,也就是说在淘宝首页搜索相应的产品关键字,比如说搜索"长袖T恤"那么只要该产品标题里面含有这四个关键词,一搜索就会跳出来,搜索的排名则是根据该产品的销量、价格、评分或者是综合排名进行排位,所以排位越靠前的被顾客看到的可能性越高。但是切记标题命名要和产品符合,不要本来卖的是"西瓜",标题上面却写着"苹果",这是违规的现象,是严禁发生的。

(2)登录:用你的会员名登录你的账户,此时你还没有店铺,必须发布10件商品后你才会有自己的店铺。

(3)发布商品:登录网站后单击"我的淘宝",会出现一些关于买卖双方的提示界面,单击左方的"我要卖"就会出现编辑发布商品的提示,一步一步进行即可,商品发布成功后有提示,如果想更改随时可以修改。如果你的商品还不够10件,那么商品将被放在"仓库中的商品"中显示。发布10件商品后,可单击"我要开店",就可申请店铺了,如图1-5所示。

图1-5

1.1.5 确定供货源和签订供货合同

店铺申请下来后首要解决的是供货源的问题,没有产品,开店铺就没有意义了。在确定了供货源之后要跟厂家制订一系列的合同保障,比如食品类在保质期内未销售完的情况下,以百分之多少的价格让厂家进行回收和销毁,或者是产品出现质量问题的情况下,厂家应该收回有质量问题的产品并且承担质量问题产品退货和发货的运费等问题。像这类条款在合同中要拟定清楚,双方签约后再进货。

1.1.6 确定供货周期和储备方式

了解每款产品的供货周期,这样便于货物快销售完的时候及时补货而又不会出现货物堆积的问题。同时,要根据不同的产品属性解决仓储问题,如生鲜类的产品就要注意仓储室的温度问题,大型电器类的产品则要解决仓储场地大小的问题。

1.2 店铺的运营与推广

后期的准备工作就是店铺的运营问题,制订运营方案,部署店铺的产品销售入口,推广引流,制作相应的图片和产品详情页等问题。

1.2.1 获取用户和流量

获取用户和流量基本上是从搜索引擎产品标题的搜索流量、直通车和钻展等投放、官方活动报名、老客户维护这几个方面进行操作的,演示如图1-6所示。

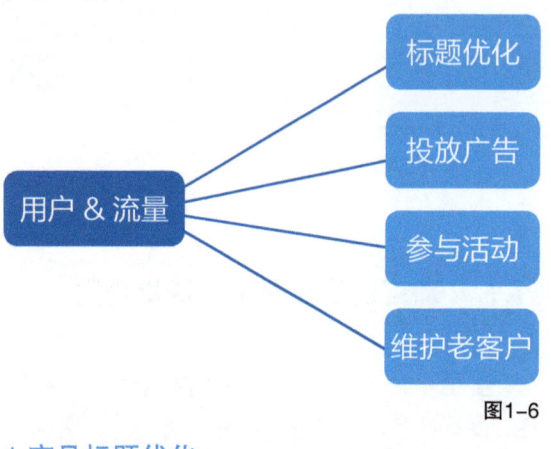

图1-6

1.产品标题优化

运营要长期观察产品的搜索流量,定期修改产品标题,通过不断地优化,将产品标题的30个字数的作用发挥到极致。

2.直通车和钻展图的投放

制作产品的直通车图片和钻展图片,通过站内的展现将客户引导至我们的产品页面上,那么就可以促进销售。这类图片一定要醒目,要吸引人,设计图片的时候要将产品吸引客户的卖点和利益点体现出来。投放直通车和钻展图片商家是要出钱的,如果图片不吸引人,展现量高于点击率,那么每张图片点击花费的钱就更多,也就是花更多的钱引进更少的流量。当然,这类图片也不可能一下就做到完美,也是要通过不断地优化和测试,测试出点击率最高的图片,将效益发挥到最大。

3.参与官方活动

一般官方活动都有一定的门槛,所以要创造和利用机会争取到官方的活动。在报活动的时候,要调查一下该平台的活动流量是否能达到自己的要求,争取得到黄金时间段的活动机会,那么店铺的销量自然而然就冲上去了。除了达到活动的门槛以外,还要懂得去和平台小二沟通,争取拿到更多的活动资源。

4.维护老客户

制订老客户的优惠政策,在举办活动和产品上新的时候,发送短信提醒客户,还有在逢年过节时,发送一些祝福语给客户,争取将老客户发展为忠实客户。

1.2.2 店铺转化

影响店铺转化的主要因素是产品的详情图片、店铺的活动、产品的评价和产品的价格,演示如图1-7所示。

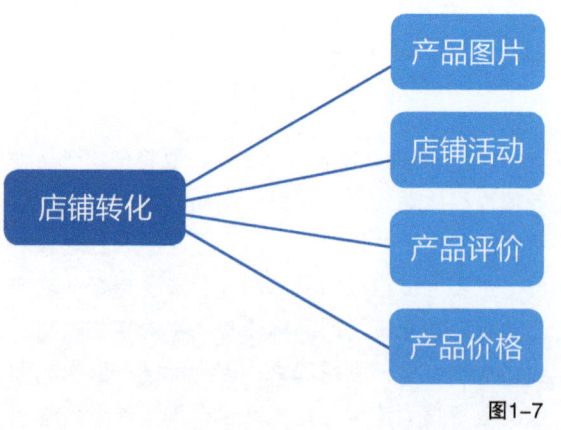

图1-7

1.产品详情图片

产品详情图片的好坏,产品的卖点体现的如何,是直接影响店铺转化的因素。如果该产品图片不够美观,或者卖点没有体现出比同款产品更多的优势,那么就容易造成顾客跳失,这样辛苦引导到详情页的流量就白费了。所以,产品的图片和卖点的提炼是很重要的,这就是电商设计存在的价值。

2.店铺的活动

定期在店铺内做一些营销活动,给顾客一些优惠,让他们觉得实惠,这样就可以提高店铺的转化率。

3.产品的评价

很多顾客在看完产品的详情图片后,如果比较满意的话,为了保险起见还会去看一下该款产品的买家评价。如果该款产品的评价非常差,那么就很容易造成客户流失。所以,在产品评价上也要下工夫,适当地给予好评用户一些优惠,比如说好评返现,或者及时回评并在评价下面做出相应的解释。

4.产品的价格

根据该款产品的市场价制订相对应的价格,漫天叫价顾客自然不会掏钱。所以,要根据市场来制订价格。

1.2.3 店铺推广

不管是独特的商品,还是普通的商品,都需要进行推广,坐在家里等人上门咨询是很难成功的,所以必须要推广店铺。推广的方式很多,可以通过SNS网络社交推荐进行推广、广告推广等,让更多的人知道该店铺,这样会带来更多的生意,演示如图1-8所示。

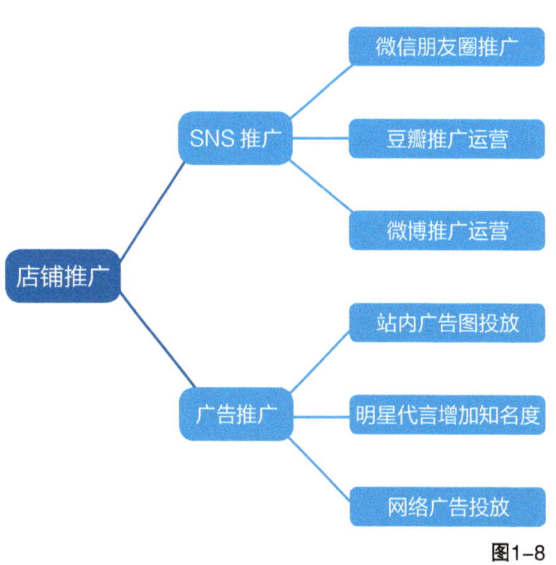

图1-8

1.微信朋友圈推广

将产品图片和广告图片放到微信朋友圈,让身边的朋友知道该店铺,增加产品的曝光度。

2.豆瓣推广运营

注册豆瓣用户,经营用户,发布一些有趣的图片和故事,或者生活小常识等进行圈粉,再定期发布一些产品图片引流到店铺中。

3.微博推广运营

微博也可以像豆瓣平台那样运营,或者找有影响力的微博公众号帮忙推广。

4.站内广告图投放

在淘宝站内投放钻展图和直通车图片,长期投放的话会增加该产品的辨识度。

5.明星代言增加知名度

这种推广方式所耗费的资金是比较多的,如果有一定的条件可以进行尝试,这样的推广方式是最直接有效的。

6.网络广告投放

将产品拍摄广告在各大视频网站进行投放,增加该产品的曝光度。现在也有很多的网络综艺节目等,也可以成为投资商,在该节目中增加曝光度。

1.3 抓准售前售后的新形势

在新形势下,网店更应该注重对顾客的服务。顾客前来咨询,应该细心讲解价格和特色功能等,一定要真诚和清晰明了,把自己当作是一个为顾客解决问题,为顾客服务的"天使"。客户下单后,应该尽快发货,选择好的快递公司。另外,不要觉得顾客付款了,这单生意就算完成了,也许顾客在收到货之后有疑问,或者在产品的使用过程中有问题,都必须真诚地给予帮助。

此外,顾客如果对这次服务很满意,那么他以后就会经常来购买产品,而且也不会再"讨价还价"。新形势下,人们的生活质量在提高,人人都希望得到好的服务,并且销售该产品的还有其他很多家,所以服务也是一种竞争力。服务好一个顾客,也许今后会带来意想不到的收获。

1.4 经验总结与提高

从开店到销售再到运营,慢慢积累经验,让网店做得越来越成功,做到与时俱进。不断学习新知识,不断总结经验,才能提高自己的开店本领。同时,也要多与别人交流经验,分享经验,甚至合作。其实,网上开店流程看起来简单,不过,按流程一步一步做就会遇到很多困难,因此要认真做好每一步。

02

网店装修必备的软件知识

网店装修常用软件

图片处理软件Photoshop

矢量图制作软件Illustrator

网页代码编写软件Dreamweaver

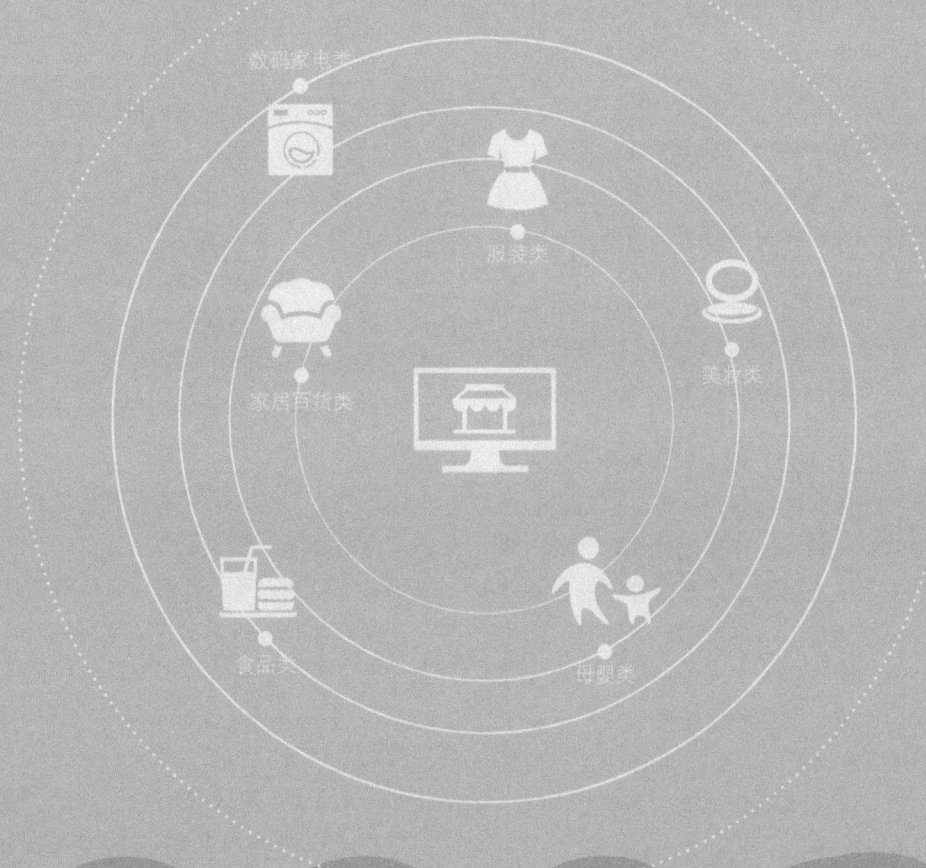

2.1 网店装修常用软件

网店设计的工作范围主要围绕着产品的图片优化，大家都知道网店大多都以图片为主。所以，产品图片的展现与店铺的营业额息息相关，一个好的设计相当于半个运营。

下面介绍一下作为一个电商设计师应该要掌握哪些软件。

图片处理软件Photoshop

Photoshop是网店设计使用的主要软件，用来设计店铺所需的相关图片。

矢量图制作软件Illustrator及CorelDRAW

现在不少的企业都会将产品的包装和店铺里面的产品设计都规划为设计的工作内容，如果你想要在设计这条路走得更深，那么以上的软件都要熟悉操作。

网页代码编写软件Dreamweaver

这个软件主要是用于一些店铺后台的代码编程之类的地方，比较多用于店铺页面装修，拿来切图和替换图片的链接代码。

2.2 图片处理软件Photoshop

Photoshop主要是用于图片制作和处理图片的软件，它具有强大的图片修饰功能，通常我们都会通过这些功能将图片进行有效的编辑，如一些产品照片的拍摄缺陷修复、人物照片上的皮肤美化及润色，还有制作酷炫美观的广告图等，是电商设计师必须熟练的软件。Photoshop系列的软件基本上都大同小异，随着时代的变化也都更新了好几次，但是笔者比较习惯用Photoshop CS5的版本。所以，本书以Photoshop CS5为来进行讲解，不过其他版本均适用。

2.2.1 Photoshop的工作界面

打开Photoshop软件时，首先会看到这个软件的工作界面，它的工作界面主要是由菜单栏、工具选项栏、选项卡、图像编辑窗口、状态栏、控制区、工具箱和控制面板等部分组成的，如图2-1所示。

图2-1

2.2.2 Photoshop的菜单栏

菜单栏的位置处于界面的顶部，主要是为所有的窗口提供菜单控制的作用。菜单栏的功能包括：文件、编辑、图像、图层、选择、滤镜、分析、3D、视图、窗口、帮助这11项菜单选项。在单击其中的一个菜单选项时，都会弹出相应的对话框，在下拉的菜单中也会有各项的命令和即可执行的命令，主要是根据图片处理的需求来选择里面的功能选项，如图2-2所示。

图2-2

下面按顺序分别介绍菜单栏的选项功能的下拉对话框以及其主要的功能。

（1）文件菜单：主要功能是对文件进行编辑，如新建文件、打开文件、储存文件、导入文件、导出文件，还有文件的批处理等设置。

（2）编辑菜单：主要功能是编辑图像，如还原、剪切、拷贝、粘贴、填充、描边，还有图片制作的定义画笔、定义图案预设等功能设置。

（3）图像菜单：主要功能是调整图片，如调整图片模式，对图片进行调色、对比度、颜色的设置，还有图像大小的设置、画布大小的设置、图像裁剪等设置。

（4）图层菜单：主要功能是对图片中的图层

进行编辑，如新建图层、设置图层样式、图像蒙版等设置。

（5）选择菜单：主要功能是对图层选区的调整，如扩大、缩小、羽化、平滑、变换选区等设置。

（6）滤镜菜单：主要功能是对图片的一些炫彩和美化效果进行制作，如模糊、锐化、素描、纹理、像素化、渲染、艺术效果、杂色等设置。

（7）分析菜单：主要功能是对图片进行数量化的分析，如标尺工具、计数工具等设置。

（8）3D菜单：主要功能是对3D图像处理或转换，如新建3D文件、3D绘图模式、浏览3D内容等设置。

（9）视图菜单：主要功能是对图像的预览大小控制，如放大、缩小、实际比例、显示、标尺、对齐等内容设置。

（10）窗口菜单：主要功能是显示或者隐藏Photoshop的各项工作界面，如动画、动作、画笔、历史记录、工具栏、信息、字符等窗口设置。

（11）帮助菜单：主要功能是对Photoshop软件的帮助和支持中心等进行设置。

> **TIPS**
> 很多新手可能还不知道怎么分开编辑选项卡中并列显示的图像，这里有两种办法解决这个的问题。
> ①将鼠标移至要编辑的图像名称处右键单击将图像直接拖曳出，可以将拖曳出来的图像窗口移动到界面的任何一个地方。
> ②执行"窗口>排列>使所有内容在窗口中浮动"菜单命令，如图2-4所示。
>
>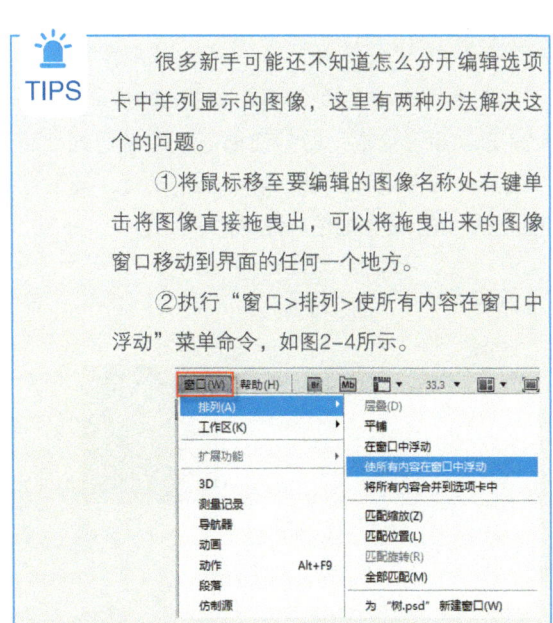
>
> 图2-4

2.2.3 Photoshop的选项卡

选项卡主要是显示打开的图像文件的名称，选项卡最右侧是最小化、最大化和关闭按钮。

如果同时打开多个图像，图像的名称会依次并列显示在选项卡左侧，如图2-3所示。

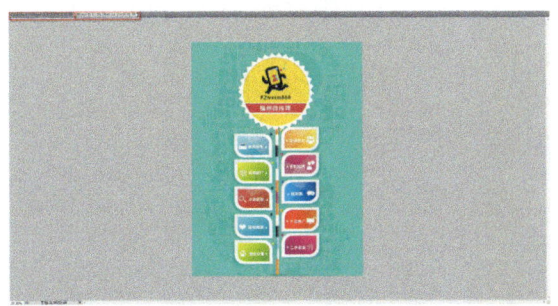

图2-3

2.2.4 Photoshop的工具箱

工具箱中不同的工具可以用来编辑图片、选择图层、移动图像等。运用工具箱内的不同工具可以制作出各种不同的图像效果。同时，为了方便操作，每个工具都设有快捷键，在相对应的快捷键指令输入的状态下，可以快速选择工具箱里面的工具，提高做图的效率，工具箱如图2-5所示。

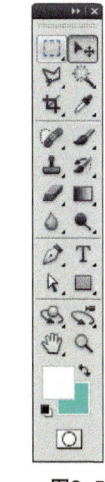

图2-5

下面分别介绍工具箱里面工具的快捷键和相应的功能。

1.矩形选框工具

"矩形选框工具"图，快捷键M，主要功能：建立矩形选框。同一选框下拉菜单里面还可以选择"椭圆选框工具"图，主要功能：建立圆形选区。演示效果如图2-6和图2-7所示。

图2-6

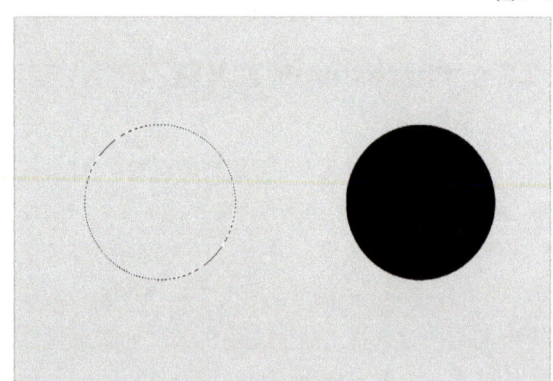

图2-7

2.选择工具

"选择工具"图，快捷键V，主要功能：对文件图像的图层进行选择和移动。演示效果如图2-8和图2-9所示。

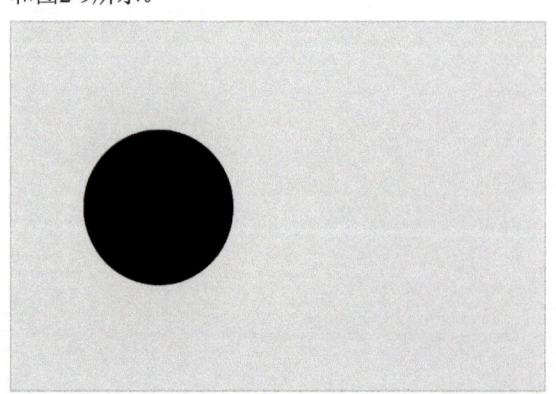

图2-8

图2-9

3.套索工具

"套索工具"图，快捷键L，主要功能：在图像中自定义形状选区建立。同一选框下拉菜单里面还可以选择"多边形套索工具"图，主要功能：自定义多边形选区建立。"磁性套索工具"图主要功能：对图像较为明显的边有自动吸附功能并建立相应选区，多用来抠图。演示效果如图2-10至图2-12所示。

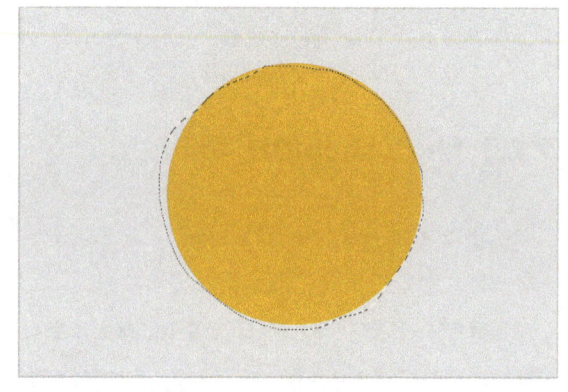

图2-10

图2-11

02 网店装修必备的软件知识

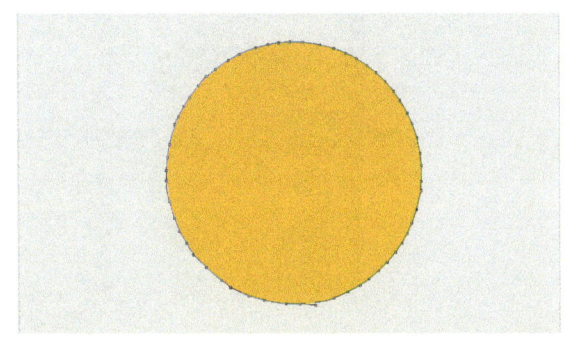

图2-12

4.魔棒工具

"魔棒工具"，快捷键W，主要功能：选取相同颜色的色块或者区域，多用来处理色块分明的图像抠图。不过这种快速抠图的方法有个缺陷，就是抠出来的图片会有锯齿效果，如果对图像要求相当精细，不建议使用这种办法。同一选框下拉菜单里面还可以选择"快速选择工具"，主要功能：选择画笔形状来快速建立选区。演示效果如图2-13和图2-14所示。

图2-13

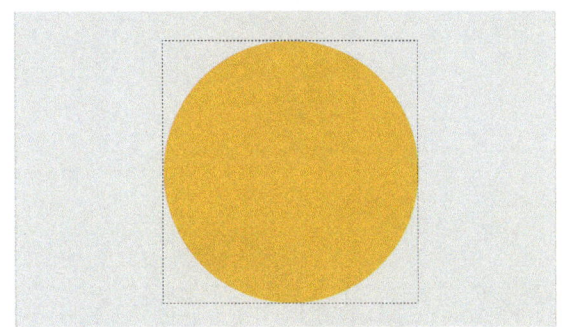

图2-14

5.裁剪工具

"裁剪工具"，快捷键C，主要功能：对画布大小进行裁剪。同一选框下拉菜单里面还可以

选择"切片工具"，主要功能：对图像进行切片，经常用于店铺装修将图片切好储存后上传店铺后台的"图片空间"，再将相应图片链接进行替换，详情会在第3章的首页装修小节详细解说。"切片选择工具"主要功能：用于调整图像切片的选框。演示效果如图2-15和图2-16所示。

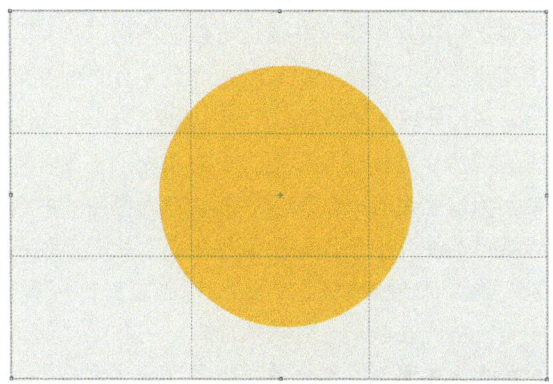

图2-15

图2-16

6.滴管工具

"滴管工具"，快捷键I，主要功能：对图像进行编辑的时候吸取所需要的色值。演示效果如图2-17所示。

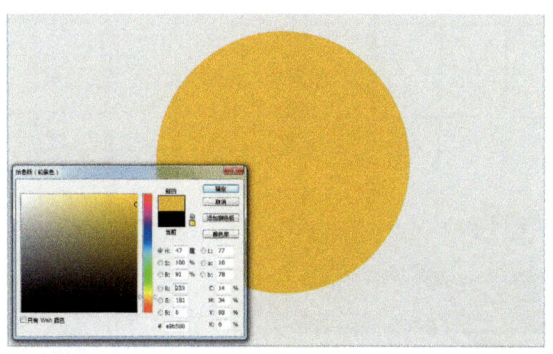

图2-17

017

7.补丁工具

"补丁工具" ,快捷键J,主要功能:对于图像里的缺陷可以吸取旁边完整的部分来覆盖缺陷,多用来调整照片的小缺陷优化。图片处理前如图2-18所示,处理后如图2-19所示。同一选框下拉菜单里面还可以选择"修复工具" ,主要功能:将图片中不平整的地方或缺陷进行修复,多用来处理人像照片的皱纹或产品图片里的褶皱等。图片处理前如图2-20所示,处理后如图2-21所示。"污点修复工具" ,主要功能:将图片中的污点缺陷进行修复,多用来处理人像照片的斑点或产品图片中出现的灰尘等。图片处理前如图2-22所示,处理后如图2-23所示。"红眼工具" ,主要功能:在我们平时拍照片时,一些照片偶尔会拍出人的眼睛是红色的,产生这一现象的原因是,当在拍照时,人在光线突然变强的一瞬间血液充满眼睛,才会使照片拍出来时有红眼现象,这个是针对处理人像红眼的工具。图片处理前如图2-24所示,处理后如图2-25所示。

图2-20

图2-21

图2-22

图2-18

图2-23

图2-19

图2-24

图2-25

图2-27

8.画笔工具

"画笔工具" ，快捷键B，主要功能：在图层中绘图等，画笔的大小和形状都可以设置的。同一选框下拉菜单里面还可以选择"铅笔工具" ，也可以用来绘图，笔径的大小和形状都是可以设置的，但是铅笔绘出的路径比较生硬。

9.仿制图章工具

"仿制图章工具" ，快捷键S，主要功能：对于图像里面的缺陷可以吸取旁边完整的部分来覆盖缺陷，多用来处理照片的小缺陷，或去除照片上的水印。图片处理前如图2-26所示，处理后如图2-27所示。同一选框下拉菜单里面还可以选择"仿制图章工具" ，主要功能：在Photoshop中的仿制图章工具是使用过去定义好的图案来填充指定区域的一种工具，主要用于设计无缝连接的图案。

10.历史记录画笔工具

"历史记录画笔工具" ，快捷键Y，主要功能：它是一款复原工具，我们在制作图片的效果时，对一张图片进行调色，经过几步操作，如果觉得画面的局部或人物有点偏色，就可以打开历史记录面板，在上面找到相关没有偏色的一步并设置为"源"，在最后一步用这个工具涂抹就可以回到之前的效果，这款工具应用也较为广泛。同一选框下拉菜单里面还可以选择"历史记录艺术画笔工具" ，它与历史记录画笔工具基本类似，不同的是，用这款工具涂抹图片的时候加入了不同的色彩和艺术风格，有点类似绘画效果。

11.橡皮擦工具

"橡皮擦工具" ，快捷键E，主要功能：擦除图层中多余的部分。同一选框下拉菜单里面还可以选择"魔术橡皮擦" ，主要功能：能直接擦除图层中多余的相同色块，效率会比较高。如擦拭掉图中的橙色色块，效果如图2-28所示。

图2-26

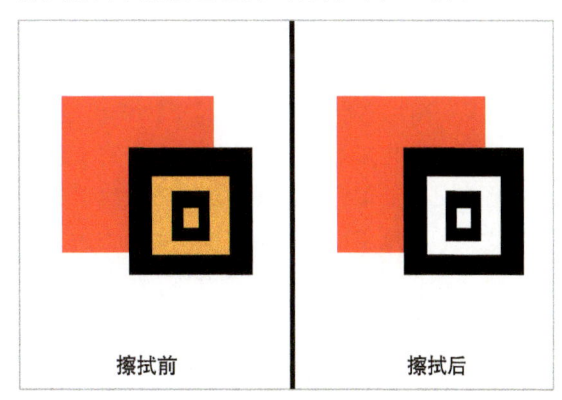

图2-28

12.渐变工具

"渐变工具" ■，快捷键G，主要功能：将建立的选区进行渐变填充，演示效果如图2-29所示。同一选框下拉菜单里面还可以选择"填充工具" ■，主要功能：将建立的选区进行纯色填充，演示效果如图2-30所示。

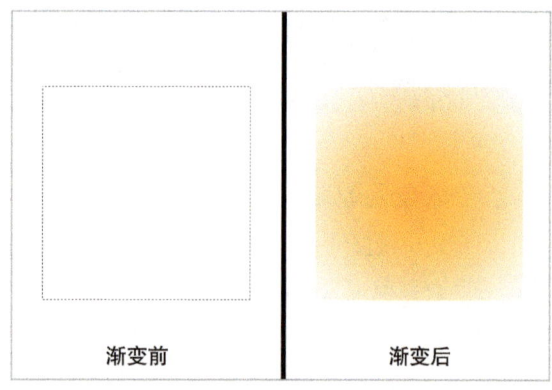

渐变前　　　　　　渐变后

图2-29

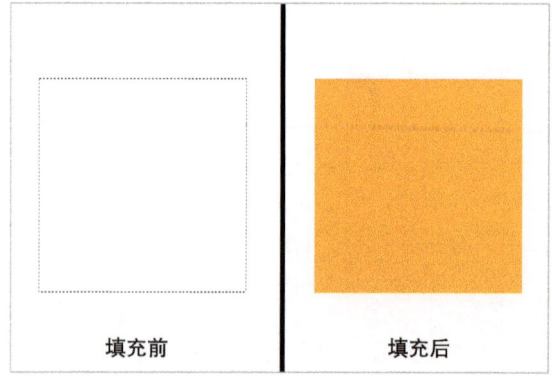

填充前　　　　　　填充后

图2-30

13.模糊工具

"模糊工具" ■，无快捷键，主要功能：对文件图像的图层进行局部模糊，可以设置画笔大小和强度将图像中你想要模糊的地方进行涂抹，演示效果如图2-31所示。同一选框下拉菜单里面还可以选择"锐化工具" ■，主要功能：对文件图像的图层进行局部锐化，使其更清晰，可以设置画笔大小和强度将图像中想要锐化的地方进行涂抹，演示效果如图2-32所示。"涂抹工具" ■，主要功能：对文件图像中有小部分缺失的部分进行涂抹，在不是很明显的情况下进行补缺，演示效果如图2-33所示。

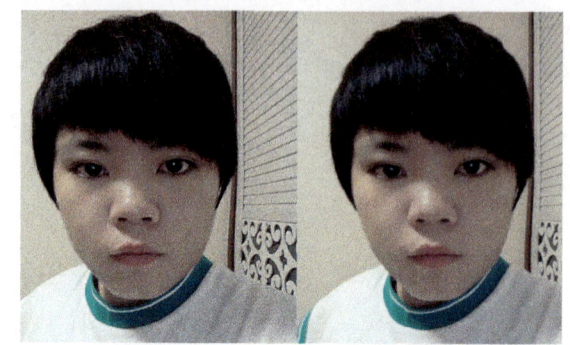

模糊前　　　　　　模糊后

图2-31

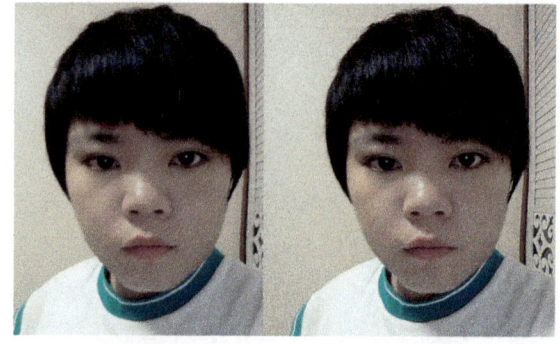

锐化前　　　　　　锐化后

图2-32

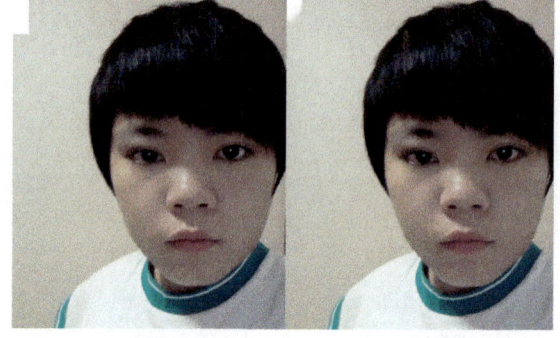

涂抹前　　　　　　涂抹后

图2-33

14.减淡工具

"减淡工具" ■，快捷键O，主要功能：在图像中的阴影或高光部分进行减淡提亮图像，演示效果如图2-34所示。同一选框下拉菜单里面还可以选择"加深工具" ■，主要功能：在图像中的阴影或高光部分进行加深让图片的对比度更鲜明，演示效果如图2-35所示。"海绵工具" ■，主要功能：降低图像饱和度。这3个工具主要是让图像更有空间感，让图像的光面和阴影面对比更强烈，演示效果如图2-36所示。

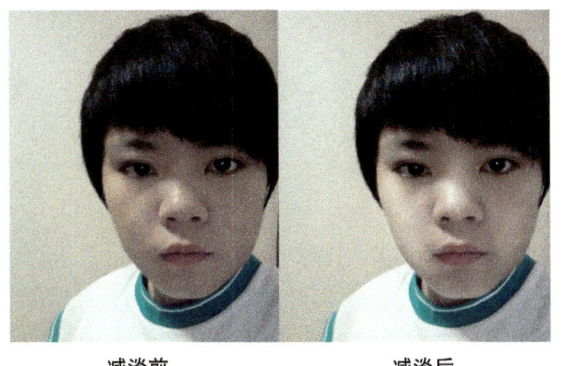
减淡前　　　　　　减淡后

图2-34

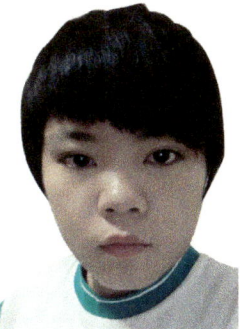
抠图前　　抠图后

图2-37

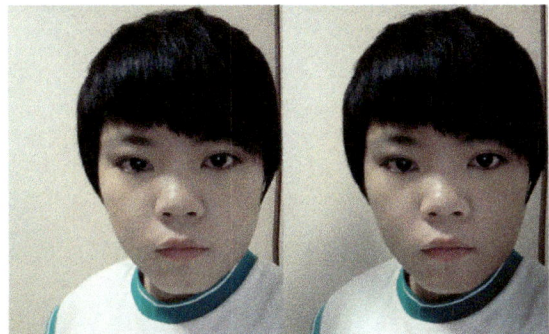
加深前　　　　　　加深后

图2-35

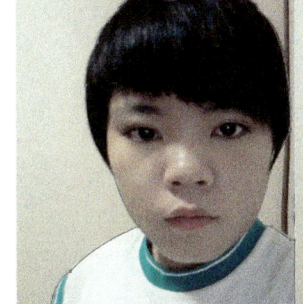
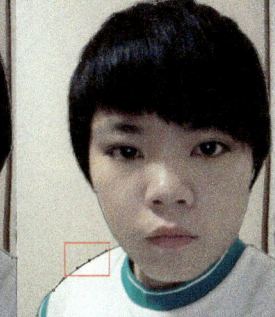
添加锚点前　　添加锚点后

图2-38

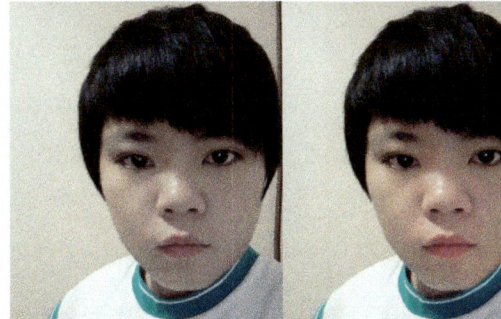
调整饱和度前　　　调整饱和度后

图2-36

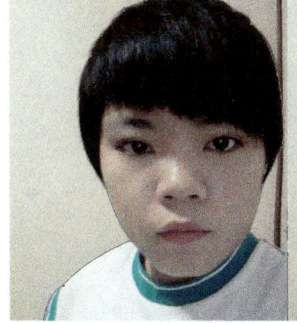
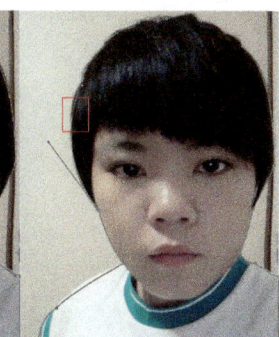
减去锚点前　　减去锚点后

图2-39

15.钢笔工具

"钢笔工具"，快捷键P，主要功能：绘制出想要的图形建立路径或选取来绘图，大多数也会用来抠图，演示效果如图2-37所示。同一选框下拉菜单里面还可以选择"添加锚点工具"，主要功能：用来在原有的路径中添加锚点，演示效果如图2-38所示。"删减锚点工具"，主要功能：用来在原有的路径中删减多余的锚点，演示效果如图2-39所示。"转换点工具"，主要功能：用来调整路径的节点，演示效果如图2-40所示。

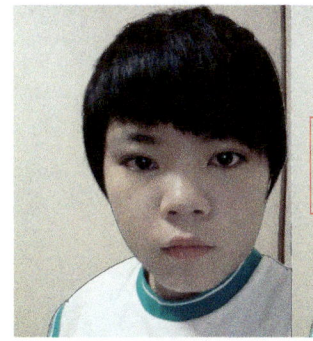
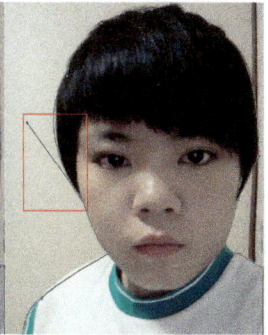
转换锚点前　　转换锚点后

图2-40

16.横排文字工具

"横排文字工具" ⊤，快捷键T，主要功能：添加横向的文字图层。同一选框下拉菜单里面还可以选择"竖排文字工具" ⫶T，主要功能：添加竖向的文字图层。演示效果如图2-41所示。

图2-41

17.直接选择工具

"直接选择工具" ▶，快捷键A，主要功能：选取路径，对路径的锚点进行调整或编辑，演示效果如图2-42所示。同一选框下拉菜单里面还可以选择"路径选择工具" ▶，主要功能：选择路径用来移动路径，演示效果如图2-43所示。

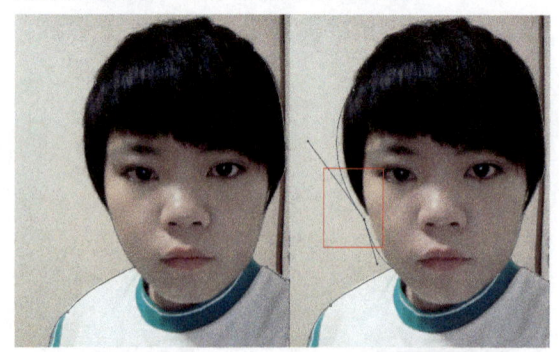

移动锚点前　　　　移动锚点后

图2-42

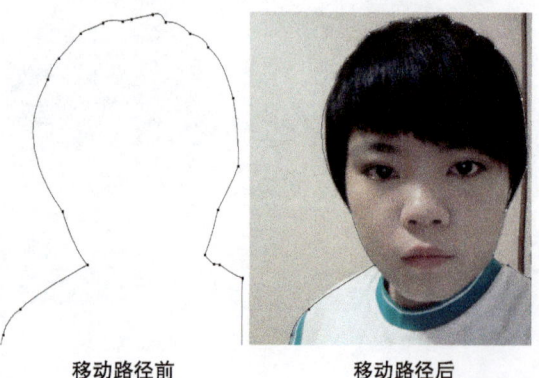

移动路径前　　　　移动路径后

图2-43

18.矩形工具

"矩形工具" ▭，快捷键U，主要功能：制作矢量的矩形图形。同一选框还有下拉菜单里面还可以选择"圆角矩形工具" ▢，主要功能：制作矢量的圆角矩形图形，圆角的大小可以设置。"圆角工具" ◯，主要功能：制作矢量圆形图形。"多边形工具" ⬠，主要功能：制作矢量多边形图形，多边形的边数值可以设置。"直线工具" ╱，主要功能：制作矢量直线图形。"自定义形状工具" ▧，主要功能：制作自定义形状图形，图形既可以自己设置也可以在软件中原有默认图形中选择需要的图形。演示效果如图2-44所示。

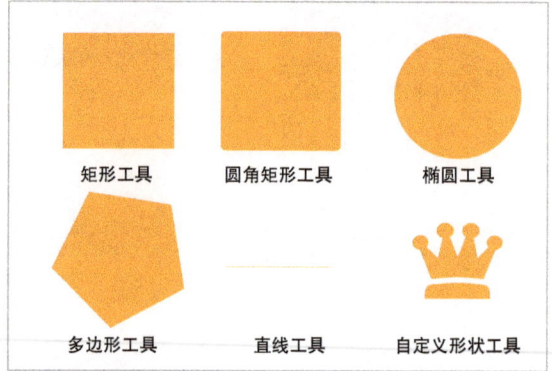

图2-44

 TIPS 　以上的工具绘制出来的形状都是矢量的，在不栅格化的情况下进行拉伸都不会出现模糊的情况。

19.抓手工具

"抓手工具" ✋，快捷键H，主要功能：处理细节图的时候可以抓取整个图像移动到想看到的局部处理细节。演示效果如图2-45和图2-46所示。同一选框下拉菜单里面还可以选择"旋转视图工具" ↻，快捷键R，主要功能：旋转视图的方向。

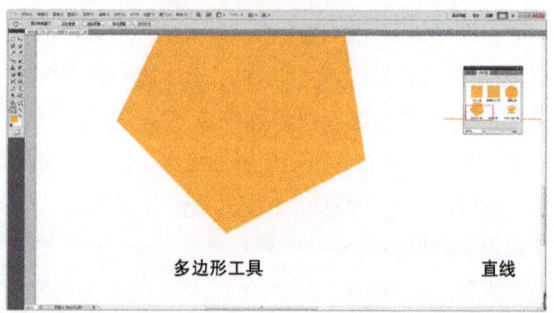

图2-45

1.图层面板

图层面板是Photoshop中所有图层的管理和编辑操作面板，如新建图层、新建图层组、图层分组、删除图层、复制图层、设置图层的混合模式和图层的调整编辑等，如图2-48所示。

图2-46

20.缩放工具

"缩放工具"，快捷键Z，主要功能：在制作图片的过程中有的时候有些细节要处理，就可以用"缩放工具"里的"放大功能"来查看细节，如果要缩小的话就用"缩放工具"里的"缩小功能"来看整体的效果。

21.前景色与后景色设置

"前景色设置"与"后景色设置"，主要功能：在制作图片的过程中有需要填充颜色的时候来设置相应的色值用来填充。

工具箱的显示方式有两种选项，一个是单列，另一个是双列，这两种显示方式是相互转换的，只需要点击工具箱左上角的双向箭头，单击"向左"的双向箭头，工具箱就变成单列显示。同理单击"向右"的双向箭头，工具箱就变成双列显示。同时也可以用箭头拖曳工具箱的标题栏将其移动到想要的位置。

2.2.5 Photoshop的控制面板

图2-47所示的控制面板是在Photoshop中进行颜色选择和编辑图层、通道、路径、撤销等操作的主要功能面板，它是工作界面的主要组成部分，在这里介绍一下常用的功能面板。

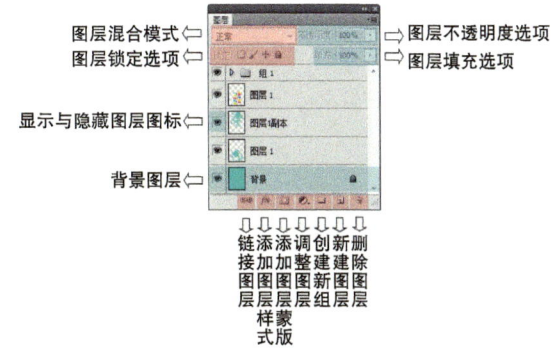

图2-48

2.历史记录面板

历史记录面板上显示了用户对当前图像文件所做出的所有操作步骤，可以通过它恢复到某个指定的步骤，在进行图像的处理过程中，通过快捷键或者菜单命令还原、覆盖错误的步骤，此功能只能取消或者恢复到设置的步骤中最早的一个步骤，如设置数值为50，也就是只能记录最近操作的50个步骤，超过的一概不能恢复。如果要恢复指定步骤的话只需单击"历史记录"面板中相应的操作步骤即可，如图2-49所示。

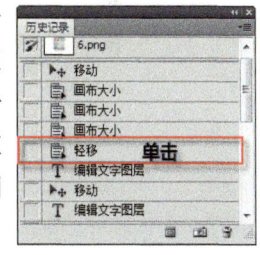

图2-49

3.字符面板

在图像中创建文字后，可以通过字符面板对创建的文字进行编辑和修改，可以显示并设置相关的文字属性，如字体样式、字体大小、字体间距、文字样式等，如图2-50所示。

图2-47

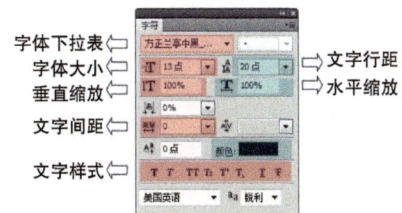

图2-50

字符面板并不是出现在默认面板中，所以要执行"窗口>字符"菜单命令，就可以打开"字符面板"，如图2-51所示。

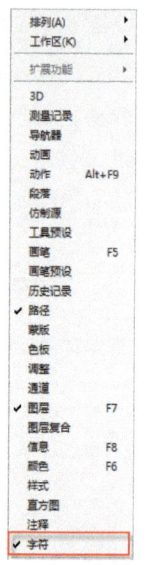

图2-51

 TIPS 很多功能面板都在"窗口"的下拉菜单中，如果不小心关闭某个需要的面板，可以到窗口选项中去找命令单击打开。

2.2.6 Photoshop的首选项

首选项是Photoshop软件的运用设置，设置好后，在使用软件时会省去很多麻烦，下面简要介绍一下常用到的设置选项。

执行"编辑>首选项>常规"菜单命令，这时就会跳出一个"首选项"对话框，也可以直接按Ctrl+K快捷键即可直接跳出对话框，如图2-52和图2-53所示。

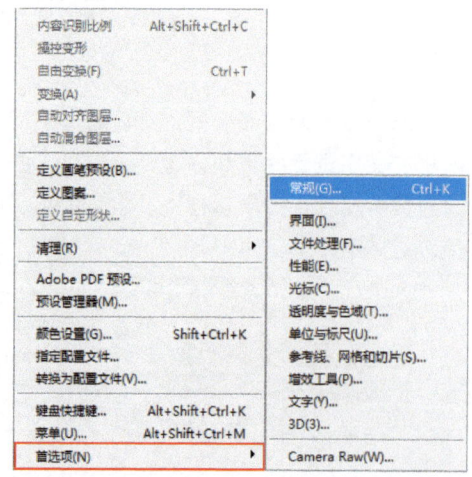

图2-52

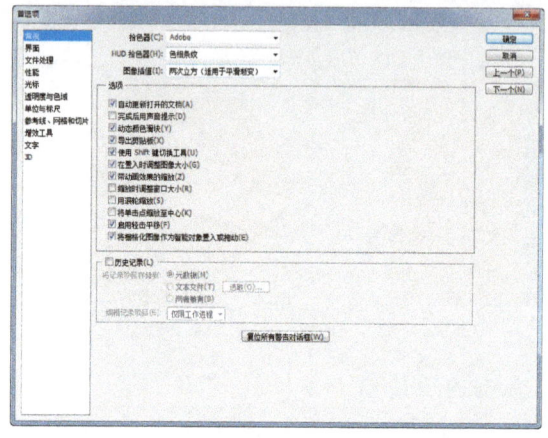

图2-53

在"常规"选项中选择"带动画效果的缩放""用滚轮缩放""启用轻击平移"选项，如图2-54所示。

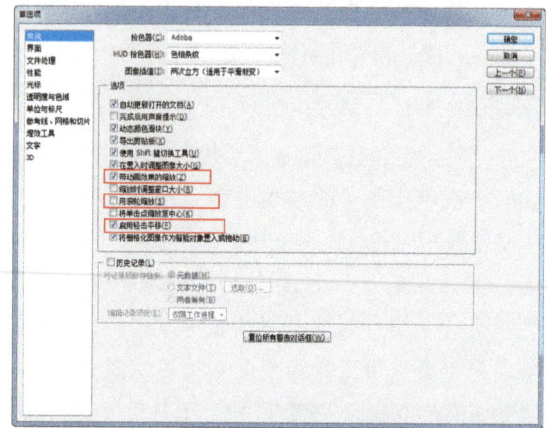

图2-54

单击"文件处理"，选择图像预览为"总是存储"，为了防止一些不可抗或计算机死机而导致的软件关闭，辛苦做的图片无法保存，勾选这个选项，软件可自动保存文件，如图2-55所示。

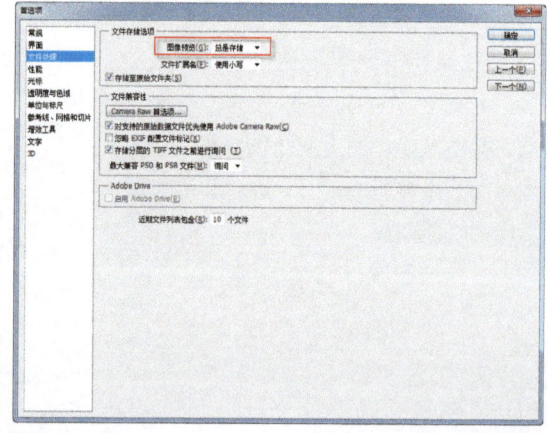

图2-55

单击"性能",找到"暂存盘"选项勾选所有磁盘,因为Photoshop的运行会占用很大的内存,勾选所有的磁盘可以扩大可占用的内存,从而让该软件的处理图像能正常储存。还有设置历史记录的状态,个人比较习惯设置为50,默认数值为20,记录步骤太少会导致我们在处理图像的时候一旦超过20个步骤以外的步骤一概不能得到恢复,所以数值可以设置多一些,但是也不能太多,不然很占内存,适量即可,如图2-56所示。

Photoshop 的快捷键（续）		
显示/隐藏图层面板：F7	显示/隐藏画笔面板：F5	显示/隐藏画信息面板：F8
显示/隐藏颜色面板：F6	滤镜效果同上：Ctrl+F5	图像大小：Ctrl+Alt+I
画笔大小：Ctrl+Alt+C	关闭图像：Ctrl+W	图像放大：Ctrl++
图像缩小：Ctrl+-	实际大小：Ctrl+Alt+0	

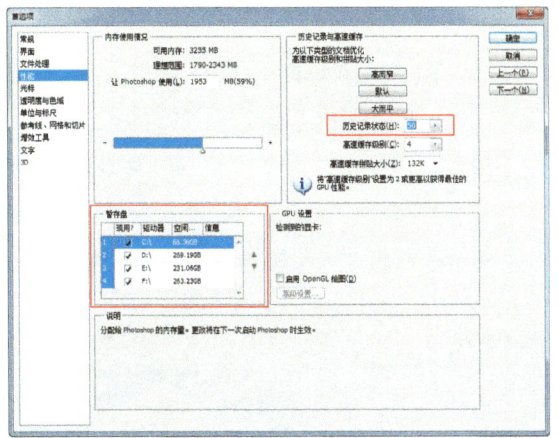

图2-56

2.2.7 Photoshop的快捷键

掌握快捷键的使用会省去很多不必要的麻烦,比如上述介绍的打开"首选项"对话框,如果用相应的快捷键可以省去找相应命令步骤的麻烦。下面介绍一下简单实用的文件操作快捷键。

Photoshop 的快捷键		
新建文件：Ctrl+N	新建图层：Ctrl+Shift+N	创建图层副本：Ctrl+J
创建分组：Ctrl+G	全选图像：Ctrl+A	复制图层：Ctrl+C
复制可见图层：Ctrl+Shift+C	粘贴图层：Ctrl+V	储存当前图像：Ctrl+S
图像文件另存为：Ctrl+Shift+S	储存网页格式图像：Ctrl+Shift+Alt+S	图层自由变换：Ctrl+T
图层同上变换：Ctrl+Shift+T	图像色相/饱和度：Ctrl+U	图像色阶：Ctrl+L
图像曲线：Ctrl+M	图像色彩平衡：Ctrl+B	撤销步骤：Ctrl+Z
叠加撤销步骤：Ctrl+Alt+Z	合并图层：Ctrl+E	合并可见图层：Ctrl+Shift+E
显示标尺：Ctrl+R	隐藏或显示标尺/路径：Ctrl+H	打开首选项：Ctrl+K

2.3 矢量图制作软件Illustrator

Illustrator软件大家也都简称AI,这款软件主要是用来制作矢量图。矢量图优点：矢量图是根据几何特性来绘制图形,矢量可以是一个点或一条线,矢量图只能靠软件生成,文件占用内在空间较小,因为这种类型的图像文件包含独立的分离图像,可以自由无限制的重新组合。它的特点是放大后图像不会失真,图像大小与分辨率无关,适用于图形设计、文字设计和一些标志设计、版式设计等。这款软件作为电商设计的话比较少涉及,但是大部分设计也都会用这款软件来设计店铺或品牌的Logo或标志等。品牌Logo的涉及面会比较广,而Photoshop制作出来的图片经过拉伸会出现失真和模糊的现象,使用这个软件即可避免这些问题。

Illustrator这款软件对网店设计来说只是一个辅助软件,所以下面简单的讲解一下这款软件的基本运用。

2.3.1 Illustrator的工作界面

打开Illustrator软件时,首先会看到的就是这个软件的工作界面,它的工作界面主要是由菜单栏、工具选项栏、选项卡、图像编辑窗口、状态栏、控制区、工具箱和控制面板等部分组成的,如图2-57所示。

图2-57

2.3.2 Illustrator的菜单栏

菜单栏的位置处于界面的顶部,主要是为所有的窗口提供菜单控制的作用,菜单栏的功能包括:文件、编辑、对象、文字、效果、视图、窗口、帮助等9项菜单选项,在单击其中的一个菜单选项时,都会弹出相应的对话框,在下拉的菜单中也会有各项的命令和即可执行的命令,主要是根据图片处理的需求来选择里面的功能选项,如图2-58所示。

图2-58

下面按顺序分别介绍菜单栏的选项功能的下拉对话框以及其主要的功能。

(1)文件菜单:主要功能是对文件进行编辑,如新建文件、打开文件、储存文件、导入文件、导出文件等设置。

(2)编辑菜单:主要功能是编辑图像,如还原、剪切、拷贝、粘贴、填充、描边,还有图片制作的定义画笔、定义图案预设等功能设置。

(3)对象菜单:主要功能是调整图片,如变换、排列、编组、取消编组、切片、混合、时实临摹等设置。

(4)文字菜单:主要是对文字图层进行编辑,如字体、大小、字形、路径文字、复合文字等设置。

(5)选择菜单:主要功能是对图层选区的调整,如扩大、缩小、羽化、平滑、变换选区等设置。

(6)视图菜单:主要功能是对图像的预览大小控制,如放大、缩小、实际比例、显示、标尺、对齐等内容设置。

(7)窗口菜单:主要功能是显示或者隐藏Illustrator的各项工作界面,如工作区、图层、外观、文字、画笔等窗口设置。

(8)帮助菜单:主要功能是对Illustrator的帮助和支持中心等设置。

2.3.3 Illustrator的选项卡

选项卡主要是显示打开的图像文件的名称,选项卡最右侧是最小化、最大化及关闭的按钮。

如果同时打开多个图像,图像的名称会依次并列显示在选项卡左侧,如图2-59所示。

图2-59

很多新手可能还不知道怎么分开编辑选项卡中并列显示的图像,其实很简单,只需将鼠标移至要编辑的图像名称那边右击将图像直接拖曳出,可以将拖曳出来的图像窗口移动到界面的任何一个地方。

2.3.4 Illustrator的工具箱

工具箱中不同的工具可以用来编辑图片、选择图层、移动图像等,运用工具箱内的不同工具可以制作出各种不同的图像效果。同时，为了方便操作，每个工具都设有快捷键，在相对应的快捷键指令输入的状态下，可以快速选择工具箱里面的工具，提高工作效率，如图2-60所示。

1.图层面板

图层面板是Illustrator中所有图层的管理和编辑操作，如新建图层、新建图层组、图层分组、删除图层、复制图层、图层调整编辑等，如图2-62所示。

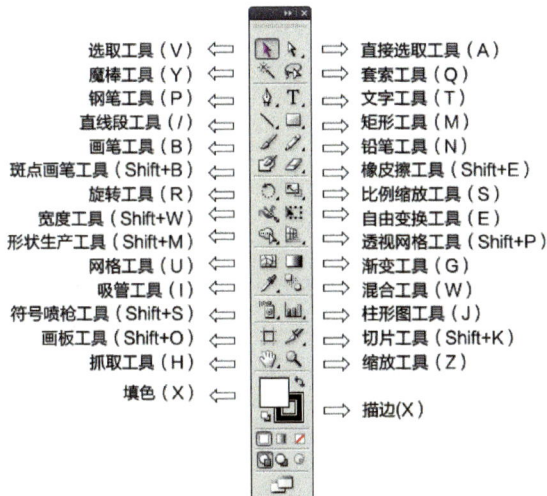

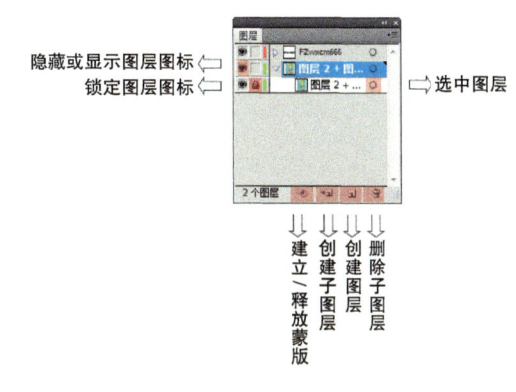

图2-62

图2-60

2.3.5 Illustrator的控制面板

图2-61所示的控制面板是Illustrator中进行颜色选择、编辑图层、通道、路径、撤销编辑等操作的主要功能面板，它是工作界面的主要组成部分，在这里介绍一下常用的功能面板。

2.字符面板

在图像中创建文字后，可以通过字符面板对创建的文字进行编辑和修改，可以显示并设置相关的文字属性，如字体样式、字体大小、字体间距等，如图2-63所示。

图2-61

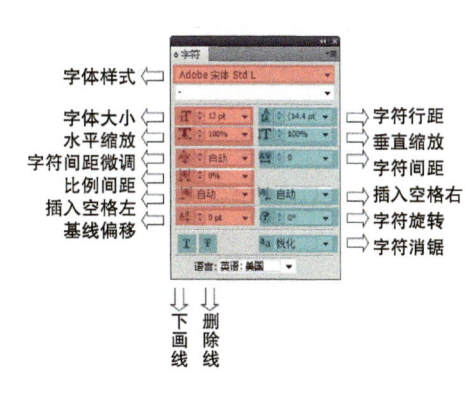

图2-63

字符面板并不是出现在默认面板中，所以要执行"窗口>字符"菜单命令，就可以打开"字符面板"，如图2-64所示。

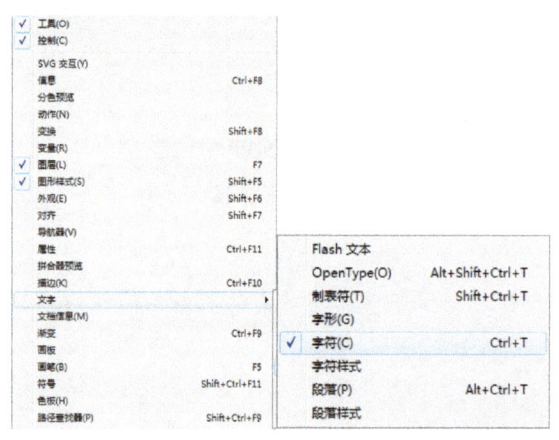

图2-64

TIPS　很多功能面板都在'窗口'的下拉菜单中，如果不小心关闭某个需要的面板，可以到窗口选项中去找命令单击打开。

2.3.6 Illustrator的快捷键

掌握快捷键的使用会省去很多不必要的麻烦，比如上述介绍的"字符"的对话框打开，如用相应的快捷键可以省去找相应命令步骤的麻烦。下面介绍一下简单实用的文件操作快捷键。

Illustrator 的快捷键		
新建文件：Ctrl+N	打开字符：Ctrl+T	复制图层：Ctrl+C
粘贴图层：Ctrl+V	全选图像：Ctrl+A	隐藏边缘：Ctrl+H
复制可见图层：Ctrl+Shift+C	粘贴图层：Ctrl+V	储存当前图像：Ctrl+S
图像文件另存为：Ctrl+Shift+S	显示标尺：Ctrl+R	撤销步骤：Ctrl+Z
关闭图像：Ctrl+W	图像放大：Ctrl++	图像缩小：Ctrl+-
实际大小：Ctrl+1	图像转曲：Ctrl+Shift+O	撤销步骤：Ctrl+Z

2.4 网页代码编写软件Dreamweaver

Dreamweaver系列软件主要是用于网站的编程和切图，是电商设计的辅助软件，电商设计大部分是用来替换网页格式的图片切片链接和添加图片的链接地址。

2.4.1 Dreamweaver的工作界面

打开Dreamweaver软件时，首先会看到的就是这个软件的工作界面，它的工作界面主要是由菜单栏、工具选项栏、选项卡、图像编辑窗口、状态栏、控制区、工具箱和控制面板等部分组成的，如图2-65所示。

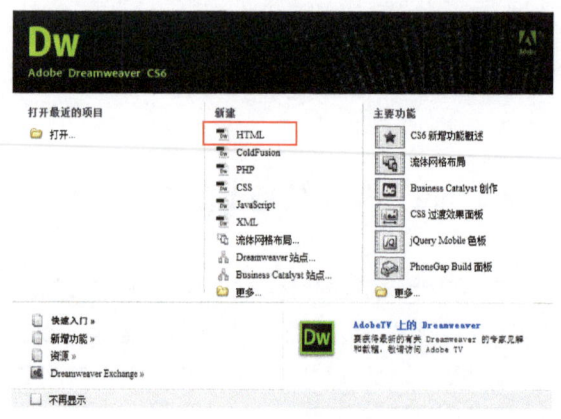

图2-65

单击新建HTML命令，即可新建文件，如图2-66所示。

图2-66

2.4.2 Dreamweaver的菜单栏

菜单栏的位置处于界面的顶部，主要是为所有的窗口提供菜单控制的作用，菜单栏的功能包括：文件、编辑、查看、插入、修改、格式、命令、站点、窗口、帮助的十项菜单选项，在单击其中的一个菜单选项时都会弹出相应的对话框，在下拉的菜单中也会有各项的命令和可执行的命令，主要是根据文件处理的需求来选择里面的功能选项，如图2-67所示。

图2-67

下面按顺序分别介绍菜单栏的选项功能的下拉对话框以及其主要的功能。

（1）文件菜单：主要功能是对文件进行编辑，如新建文件、打开文件、储存文件、导入文件、导出文件等设置。

（2）编辑菜单：主要功能是编辑文件，如还原、剪切、拷贝、代码折叠、查找和替换、查找下一个、代码提示工具等设置。

（3）查看菜单：主要是查看代码，如代码、拆分代码、设计、代码和设计、切换视图、实时视图等设置。

（4）插入菜单：主要功能是对文件编程中添加表单或图像，如标签、图像、图像对象、表格、表格对象、表单等设置。

（5）修改菜单：主要功能是编辑源代码，如页面属性、CSS样式、创建连接等设置。

（6）格式菜单：主要功能是对代码的格式编辑，如缩进、凸出、段落格式、对齐、列表、样式等设置。

（7）命令菜单：主要功能是对文件进行指令式的检查或扩展管理，如：检查拼写、扩展管理等设置。

（8）站点菜单：主要功能是在本地建立网页站点，如新建站点、管理站点等设置。

（9）窗口菜单：主要功能是显示或者隐藏Photoshop-CS5的各项工作界面，如插入、属性、CSS样式、文件、代码片段、历史记录、扩展、工作区等设置。

（10）帮助菜单：主要功能是对Dreamweaver的帮助和支持中心等设置。

2.4.3 Dreamweaver的基础运用

拆分代码和设计区域，可以清楚地看到代码区域和设计区域，这样可以方便图片的链接替换，如图2-68所示。

图2-68

选择设计区域的图片会看到属性区域出现相应的"源文件"链接：images/树_01.jpg，这里要做的就是替换"源文件"的代码，"images/树_01.jpg"这个代码是"本地切片的代码命名"，而要替换的就是切片上传到店铺的"图片空间"，复制"图片空间"相应的图片链接来替换"本地切片的代码命名"。"链接"则是添加图片的"超链接"，如首页的产品展示图片会添加该产品"详情页"链接，达到引导流量的作用。"目标"则是指这个链接打开方式为"_blank --新建窗口打开"，如图2-69所示。

图2-69

2.4.4 Dreamweaver的快捷键

掌握快捷键的使用会省去很多不必要的麻烦，如用相应的快捷键可以省去找相应命令步骤的麻烦，下面介绍一下简单实用的文件操作快捷键。

Dreamweaver 的快捷键		
新建文件：Ctrl+N	打开：Ctrl+O	复制：Ctrl+C
粘贴：Ctrl+V	全选图像：Ctrl+A	复制图层：Ctrl+C
图像文件另存为：Ctrl+Shift+S	储存当前文件：Ctrl+S	撤销步骤：Ctrl+Z
检查拼写：Shift+F7	标签：Ctrl+O	查找和替换：Shift+F
页面属性：Ctrl+J	CSS样式：Shift+F11	快速标签编辑器：Ctrl+T
更改链接：Ctrl+L	移除链接：Ctrl+Shift+L	

03

网店装修的主要工作

网店装修主要工作概要

产品拍摄

产品处理

首页装修

产品描述页设计

产品主图设计

活动图设计

直通车图片设计

钻展图设计

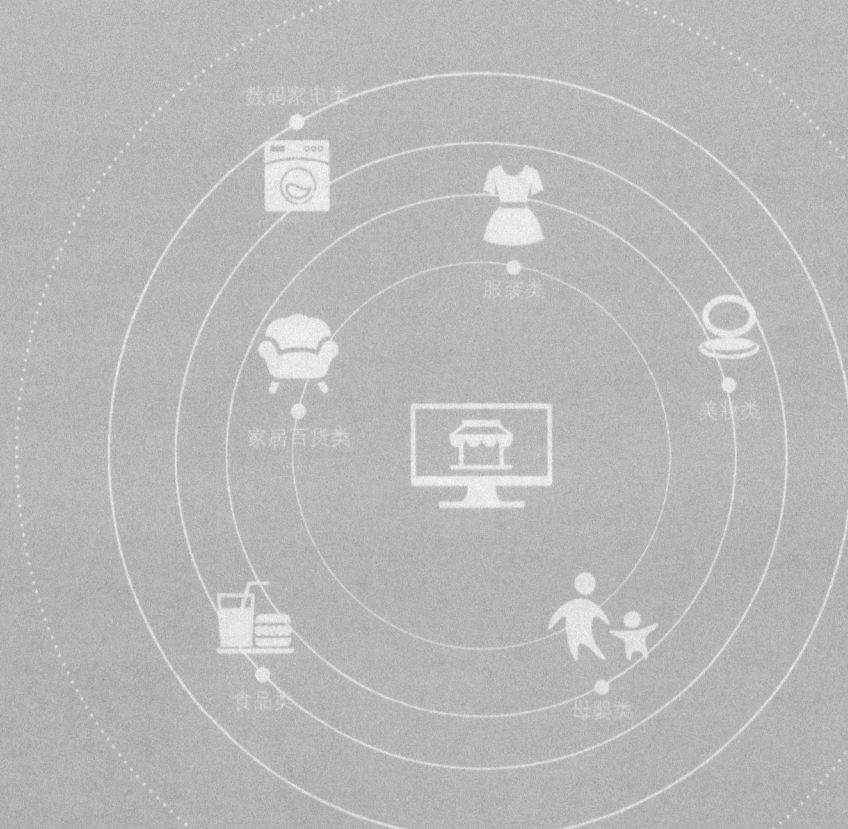

3.1 网店装修主要工作概要

对于初涉电商设计行业的人来说，可能对涉及的工作领域还不太了解，下面介绍一下网店装修设计主要的工作领域。

产品拍摄

熟练运用相机，产品图片最基本要用到的素材就是产品本身，那么拍摄产品也就成为设计的主要工作之一。

产品处理

产品照片的处理，很多电商的产品照片都非拍出来不做任何处理就放上去的，所以产品的效果处理也是电商设计师工作之一，将产品的效果处理好也能产生很好的转换率。

店铺首页设计

首页是一个品牌的门面，这对于品牌形象的展现是至关重要的，如何使首页设计贴合品牌形象也是设计的任务之一。

日常的店铺后台维护

熟练店铺后台操作，如页面装修、图片空间上传及替换、产品上架及产品描述修改等，在店铺前端出现什么问题可以及时处理。

产品描述页设计

产品的描述是产生购买率最重要的因素之一，如何将产品的卖点提炼到极致并且完美地展现出来就是设计功底的一种展现。

配合店铺运营做相关活动图和营销图片

一个高产量的商家不会单单只做日常维护而不去参加平台的活动，所以配合运营人员制订店铺活动，制作吸引眼球的活动图也是设计任务之一。

制作钻展图或直通车图片

制作钻展图或直通车图片，为店铺引流也是设计任务之一，这样的图片主要的意义就是吸引眼球赚点击量，从而达到为店铺活动造势和增加品牌曝光率的目的。

3.2 产品拍摄

线上网络店铺和线下实体店铺的区别在于：网上店铺的产品不能让顾客实际感受到，买家只能通过产品图片和观察详情页的细节图来判断是否进行交易。所以，要博得顾客的青睐，拍摄出优质的产品照片就是关键。而拍摄出高质量产品就要保证在真实性的前提下，拍摄出别出心裁又能够吸引顾客眼观的照片，在顾客观看了所展示的产品后，就能激发购买欲望。合理利用场景布置和光线的角度以及合理布置拍摄构图，从而展示产品诱人的一面，才是拍摄的关键。

3.2.1 场景布置

为了让顾客的注意力集中在产品上，建议拍摄场景布置得尽量简洁一些，杂乱或复杂的场景布置则会显得喧宾夺主，分散顾客的注意力，会严重影响到买家的购买欲望，所以拍摄的场景尽量简洁明了一些，简洁的场景也会显得产品比较大气一点。大家可以去观察大牌的产品拍摄，基本上都会采用纯色或渐变的背景来烘托产品氛围。

1. 利用颜色反差提亮产品

如何简洁明了的布置场景呢？最重要的还是要根据产品的属性来布置场景，比如不锈钢材质的产品背景最好是暗色的，这样才能利用颜色反差来提亮产品。下面来看一下两张不同拍摄场景的不锈钢刀具对比，如图3-1和图3-2所示。

 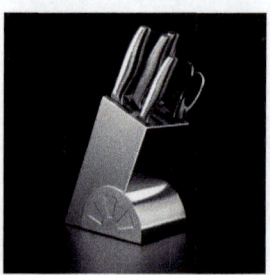

图3-1　　　　　　　　图3-2

图3-1和图3-2拍摄都是同一个产品，两张图都把不锈钢刀具清晰地呈现出来了，然而这两张图

哪张更让顾客有购买欲望却是显而易见的。为什么图3-2比图3-1更吸引买家呢？我们在观看图3-2时，是否觉得黑色的背景让这款产品的质感更淋漓尽致地体现出来了呢？图3-1则只是简单展示了产品，顾客或许能看到产品但并不会去细看产品的质感和细节，而图3-2则是用暗色背景来烘托不锈钢材质，光线恰到好处地打到产品上，让这款产品光面和暗面有更大的反差，使整张照片更有空间感，而产品的高光处和背景的反差很大，会让人很自然地将目光集中在产品上面。

2.利用道具烘托氛围

拍摄居家塑料或颜色鲜亮的产品时，建议用亮色或根据产品的属性来放置一些烘托氛围的道具，让顾客看了更有带入感，下面来看一下两张不同场景拍摄的厨用切菜器对比，如图3-3和图3-4所示。

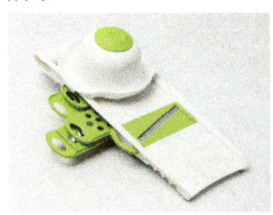
图3-3

图3-4

图3-3和图3-4拍摄的都是同一个产品，两张图都把切菜器清晰地呈现出来了，然而这两张图哪张更让顾客有购买欲望却是显而易见的。为什么图3-4比图3-3更吸引买家呢？我们在观看图3-4时，是否联想到自己在厨房使用这个产品呢？根据产品属性灵活运用一些道具布置场景，就比如这个产品是厨用切菜器，将背景布置为厨房的场景，这样让顾客在看到这个产品拍摄图的时候更有带入感，以场景展示让顾客产生联想，也使产品更加生动。

3.2.2 光线的角度

光线是拍摄产品的主要因素之一，光线的变化会直接影响到产品的质感表现，人们只会在适当的光线下才能充分地感受到物体的色彩。要拍出适合产品实物感官的图时，光线和角度的选择将起到决定性的作用。在专业的摄影领域里光源的位置摆放是很有学问的。下面简单地介绍下不同产品材质如何合理摆放光源来体现适合产品属性的质感的方法。摄影棚的构造主要是以主光源、背景光和辅助光组成的，简单的摄影棚构照如图3-5所示。

图3-5

在布置光源角度时，重点还是把握主光源位置，通常都会把主光源放置最前方或者高度调至最高，从顶部将光线投射至产品表面，然后再利用辅助光，来调整画面上由主光源散发的光进而形成反差，从而突出产品的层次感。下面介绍常用到的3种拍摄方式。

1.无暗角拍摄方式

这种拍摄方式主要是针对不锈钢类的产品，从正面的两侧布置灯光，投射出来的光线全面地分布到商品的表面，使得产品没有暗角，才能将产品清晰地展现出来。拍摄光线角度布局如图3-6所示，拍摄效果如图3-7所示。

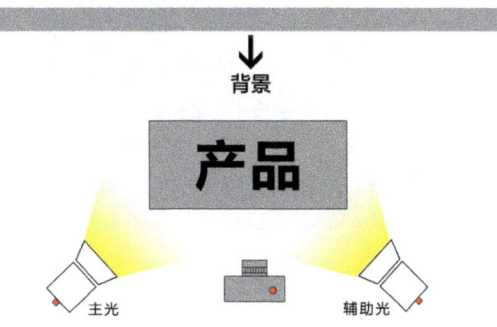
图3-6

图3-7

2.立体感拍摄方式

这种拍摄方式主要是针对背景偏暗一点的拍摄布局,从产品的前后交叉放置灯光,会让产品的轮廓更加明显,在背景上面产生投影效果,使得产品更有立体感,更好地体现产品的质感,拍摄光线角度布局如图3-8所示,拍摄效果如图3-9所示。

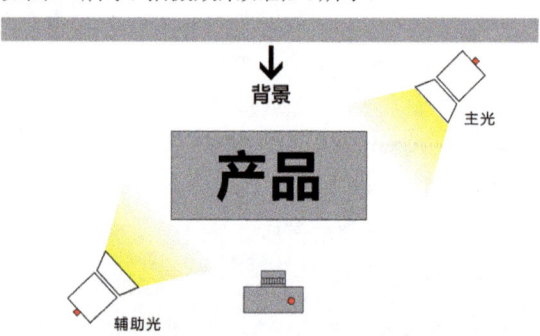

图3-8

图3-9

3.抠图拍摄方式

这种拍摄方式主要是针对拍摄的产品方便后期抠图,从产品的前方打主光源来保证产品细节,而辅助光线则是放在左右两侧,为了使产品轮廓更明显,也可以根据背景增减背景灯,这样的拍摄方式是为了方便后期抠图使用。拍摄光线角度布局如图3-10所示,拍摄效果如图3-11所示。

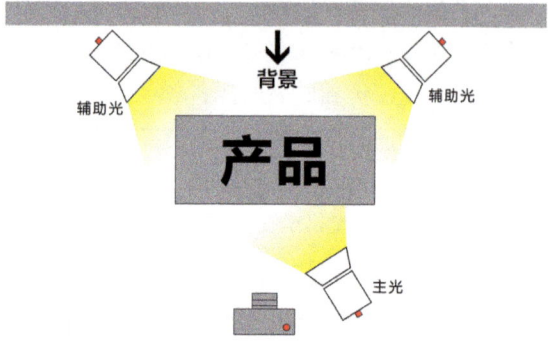

图3-10

图3-11

3.2.3 拍摄构图

拍摄构图就是把拍摄的物品和背景进行合理组合,让拍摄的图片更符合我们的视觉需求,也能使得它更美观。拍摄构图主要由4个元素组成:线条、形状、色彩和空间。同时根据人们的视觉惯性应该遵循一个原则:构图的结构中心应该是视觉中心。下面讲解一下视觉中心的构图法。

视觉中心构图法也被称为"九宫格"构图法,这种构图法就是把要拍摄的主体放置在"九宫格"的4个交叉点的位置上。"井"字的4个交叉点就是主体的最佳位置,也符合人们视觉的习惯,从而使主体变为视觉中心。这种拍摄方式可以使主体更为突出,并且使画面具备趋向均衡的特点,拍摄构图如图3-12所示,效果图如图3-13所示。

2.空间构图法

空间构图就是利用商品的位置和拍摄背景，通过制造空间的前后关系来表现出空间感，从而营造出适合商品属性的摄影氛围，让买家感到生动的视觉张力。这种摄影的方法要将产品作为主体，背景可以采用虚化的效果，摄影对焦的时候对准商品主体。例如，将一个系列商品摆放在厨房的桌子上，厨房的桌面上可以摆放一些盆栽或者餐具来营造氛围，摆放好后可以先试拍一张看看效果，然后通过调整产品位置和拍摄角度及调整距离远近等元素多拍几张，拍出自己想要的效果，如图3-15所示。

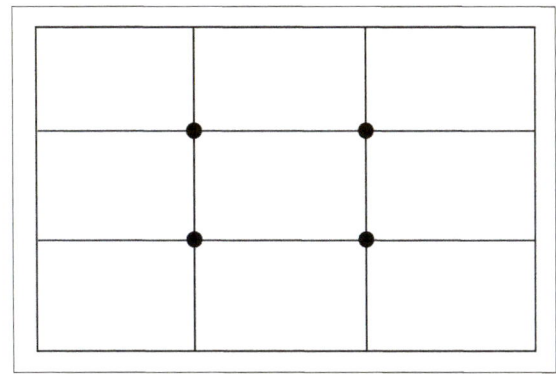

图3-12

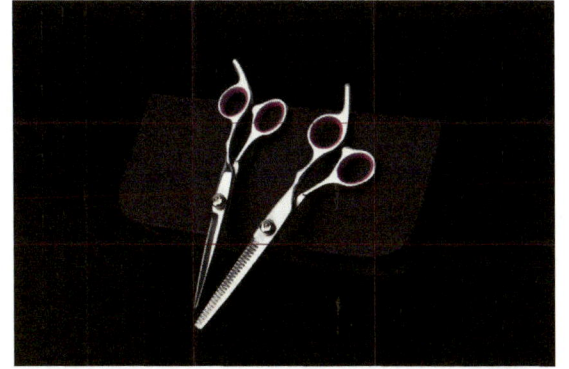

图3-13

下面介绍一下常用的两种构图方法。

1.平面构图法

平面构图是按照审美的视觉效果来对产品进行合理的摆放和组合，从而使得拍摄的产品画面产生视觉上的均衡感。在拍摄前首先要摆好主体，为了使产品拍摄的画面显得干净整洁，要尽量减少搭配的道具，找到一个合适的直视拍摄角度，使产品能清晰地展示出来，如图3-14所示。

图3-14

图3-15

3.3 产品处理

产品图片的好坏是影响购买率的主要因素，下面来看下产品处理前后的对比图，就能从感官上看出产品处理的重要性。

3.3.1 美发套装的处理（不锈钢材质）

通过观察图3-16和图3-17后，可以很明显地看出产品处理前后的差别，处理后的产品颜色比较鲜亮，不锈钢的质感也比较好，下面来说明一下不锈钢材质的处理方法。

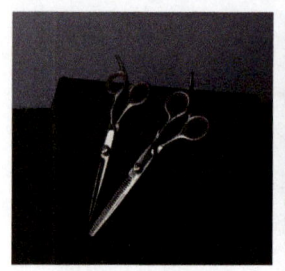
不锈钢材质修图前
图3-16

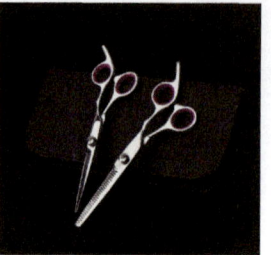
不锈钢材质修图后
图3-17

步骤详解

01 复制一层原始图片。在Photoshop中打开要处理的图片,以防万一再复制一个图层,以便在处理的过程中有任何差错可以用备份的图层补救,如图3-18所示。

02 调整图片的光亮度。见图3-19,原图的光线整体偏暗,光亮度曝光严重不足,让人有种说不出的压抑感,那么就可以处理一下产品的光亮度。首先执行"图像>调整>曲线"菜单命令,也可以按Ctrl+M快捷键进行曲线调整,曲线的作用主要是让图片的对比度更强烈,也可以用来调整图片的亮度和暗度。设置曲线的输出数值为216,输入数值为137,如图3-20所示。这样就能看到调整后的效果,如图3-21所示。

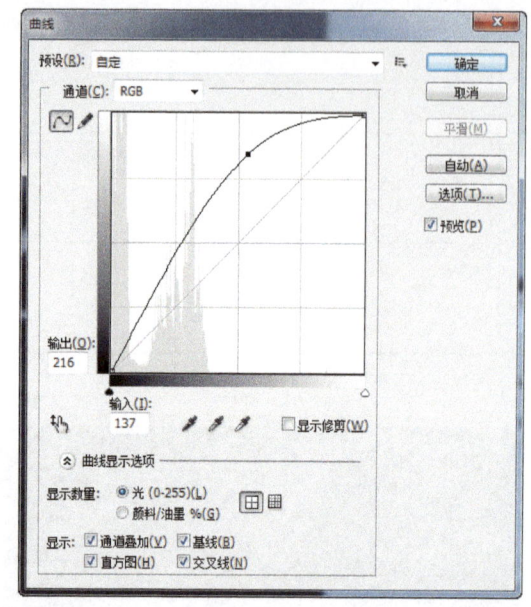
图3-20

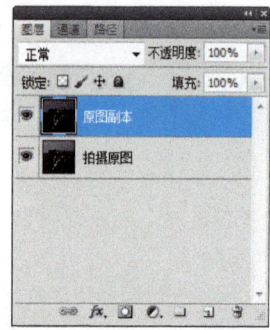
图3-18

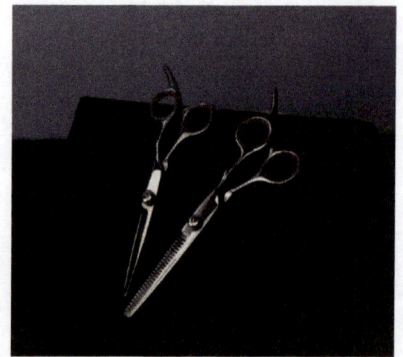
图3-19

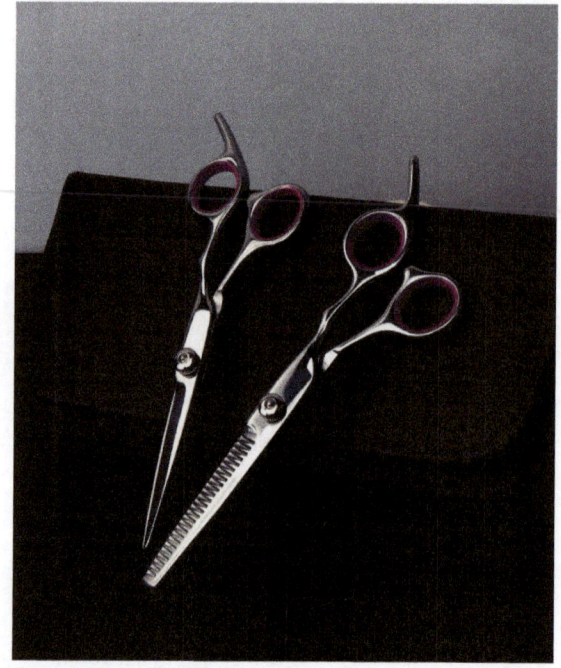
图3-21

03 调整图片的饱和度。现在的图片看起来整体的饱和度还偏弱,那么就可以开始处理一下产品的饱和度,执行"图像>调整>色相/饱和度"菜单命令,也可以按Ctrl+U快捷键进行色相/饱和度的调整,这样会让产品看起来颜色更鲜亮。设置饱和度数值为+20,如图3-22所示。这样就能看到调整后的效果,如图3-23所示。

03 网店装修的主要工作

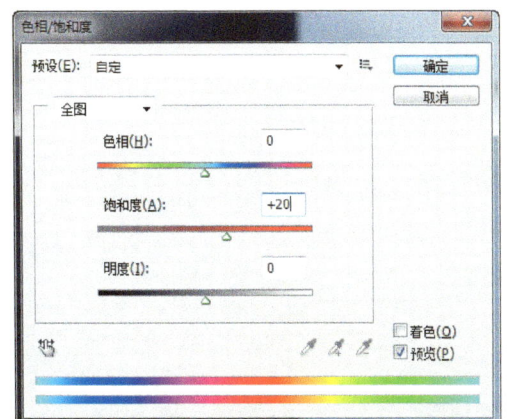

图3-22

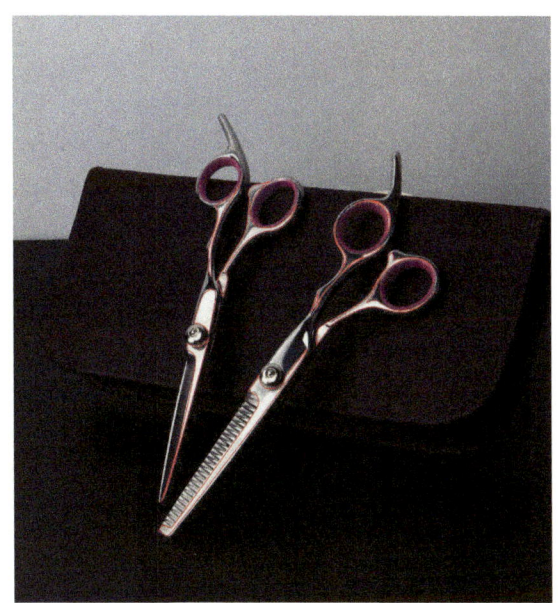

图3-24

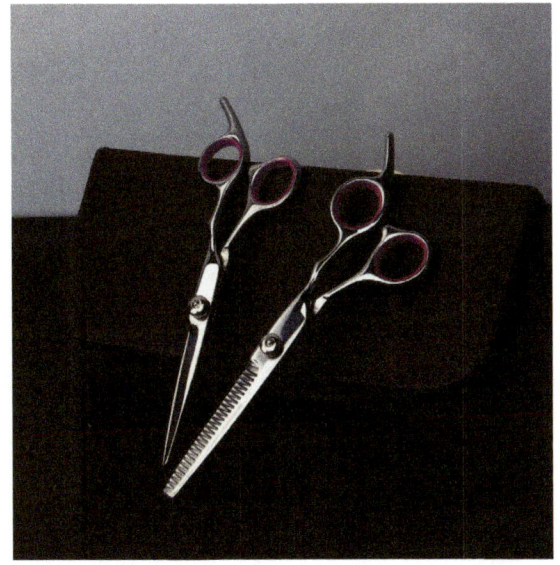

图3-23

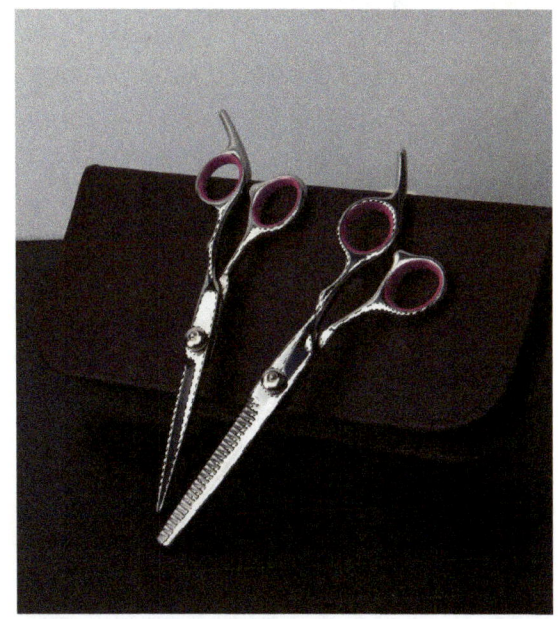

图3-25

04 进一步提亮图片高光部分。将图片的高光部分再进一步提亮，让整个图片的对比度更加鲜明，从而使不锈钢产品的质感更好地体现。首先要先明确产品图片的高光部分是哪部分，高光就是指产品照片中最亮的地方，使用"钢笔工具" 或者"套索工具" 圈出这张产品图片的高光部分，如图3-24中红色圈住的区域。接着，按住Ctrl+回车键将圈出来的部分转换为选区，再按住Ctrl+J快捷键复制选区内的图层，最后按住Ctrl+M快捷键，通过曲线继续将图层提亮，设置曲线的输出数值为199，输入数值为144，如图3-25至图3-27所示。这样就能看到调整后的效果，如图3-28所示。

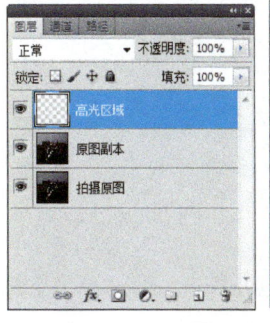

图3-26　　　　　　图3-27

037

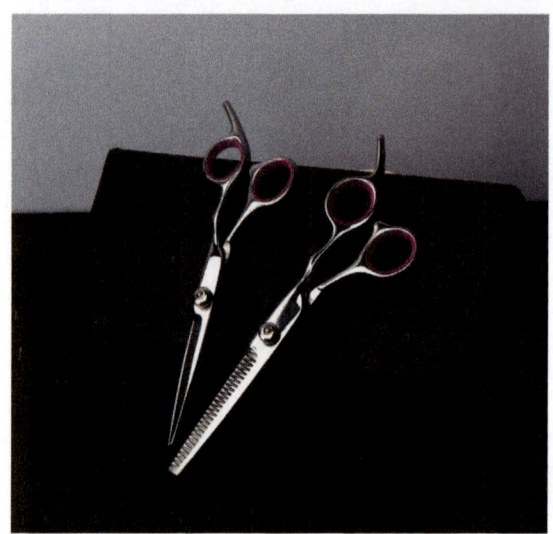

图3-28

图3-30

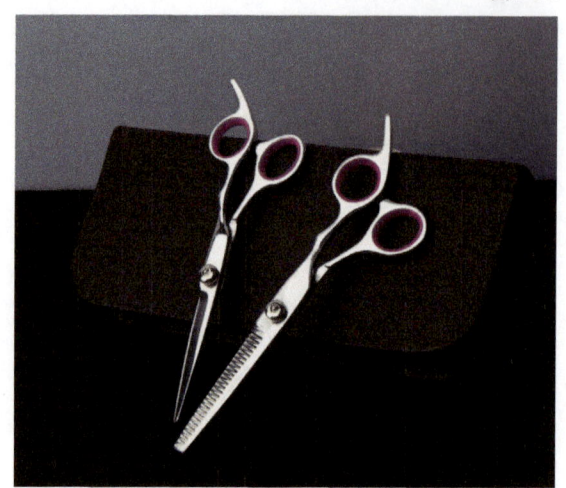

图3-31

05 增加图片高光部分。产品照片有些部分看起来还是很暗,而且看起来有点旧旧的感觉,这样会让产品一下就掉了几个档次,所以,对于比较旧的地方用"钢笔工具"圈出,按住Ctrl+回车键将圈出来的部分转换为选区,然后按住Ctrl+Shift+N快捷键新建一个图层,再按住Shift+F6快捷键将其羽化,羽化半径为2像素,如图3-29和图3-30所示。最后将前景色设为白色,按住Alt+Delete快捷键将图层填充为白色,如图3-31所示。

06 给图片增加统一的背景。因为场景的问题所以产品上部有些地方是白色的,使得整张产品图片有些不协调,所以要增加一个统一的场景。首先使用"钢笔工具"将产品部分抠出来,然后建立选区再复制图层,然后选择"渐变工具",设置前景色为黑色背景相近的颜色,可以用"吸管工具"在黑色部分吸取一下色值,如图3-32和图3-33所示。最后再新建一个图层,使用"渐变工具"在图层上面拉动一下,如果第一次不能达到想要的效果,可以多试几次,直到满意为止,如图3-34所示。

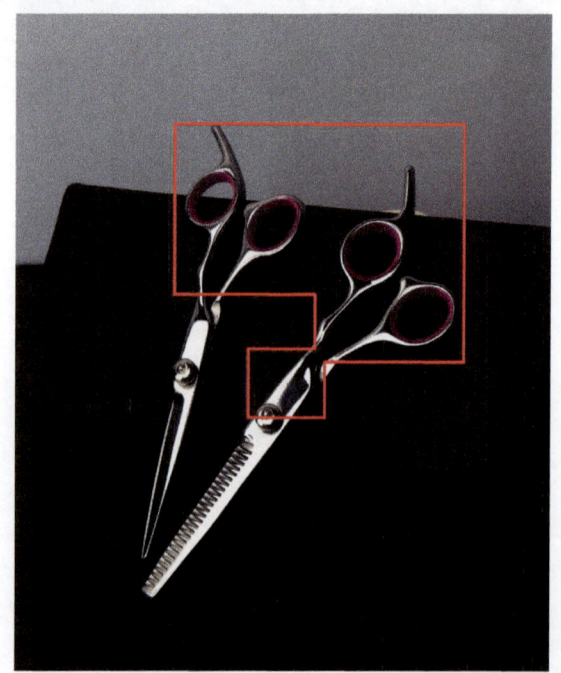

图3-29

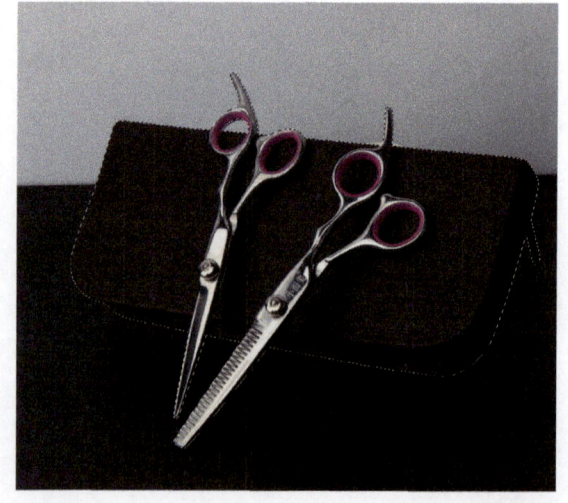

图3-32

03 网店装修的主要工作

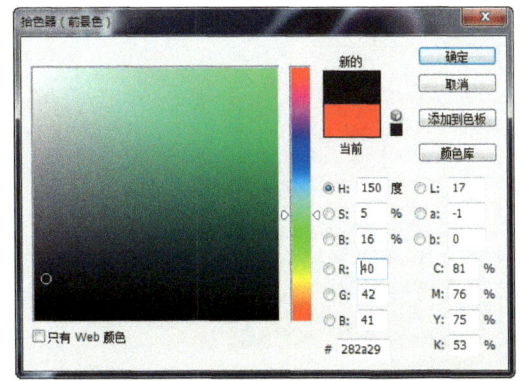

图3-33

塑料材质修图后

图3-36

步骤详解

01 复制一层原始图片。在Photoshop中打开要处理的图片,以防万一再复制一个图层,以便在处理的过程中有任何差错可以用备份的图层补救,如图3-37所示。

02 调整图片饱和度。从原图中可以看出,拍摄图片的饱和度明显不足,让整个产品失去了光彩,所以需要将产品的色彩饱和度调整一下。按住Ctrl+U快捷键进行"色相/饱和度"的调整,为了让产品看起来颜色更鲜亮,设置饱和度数值为+20,如图3-38所示。这样就能看到调整后的效果,如图3-39所示。

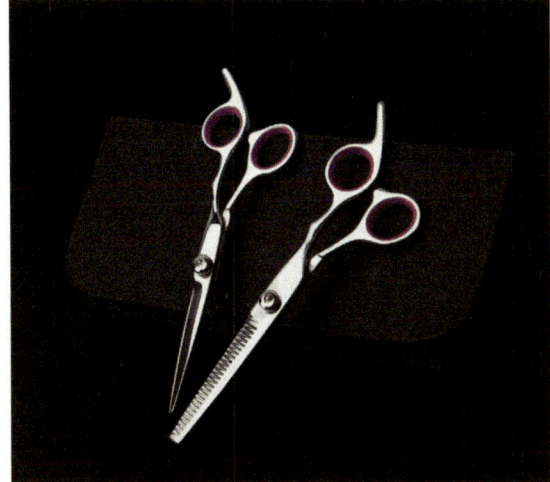

图3-34

3.3.2 刨丝器的处理（塑料材质）

观察图3-35和图3-36,可以很明显地看出产品处理前后的差别,处理后的产品颜色比较鲜亮,塑料的质感也比较好,下面来说明一下塑料材质的处理方法。

图3-37

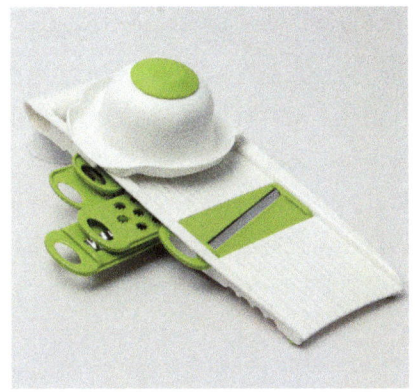

塑料材质修图前

图3-35

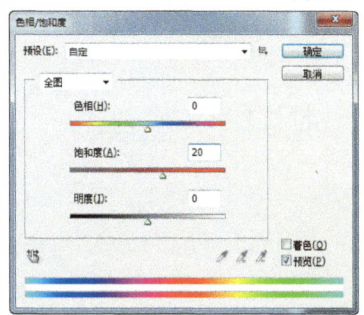

图3-38

039

图3-39

03 图片质感调整。目前,这个产品没有很好地体现出塑料的质感,所以要为产品添加高光部分,用"钢笔工具" 勾画出产品的高光处,从产品的阴影可以判断光源位置在哪里,那么想象一下产品最强的受光面在哪里,如图3-40所示。可以在受光面的区域内选择高光部分,将其选中,然后设置前景色为白色,使用"渐变工具" 在选中的高光区域拉动,如图3-41和图3-42所示。

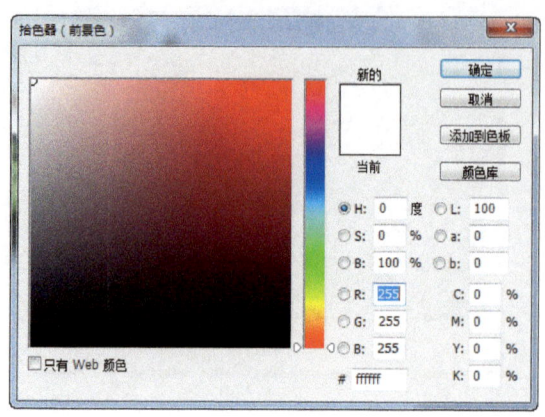

图3-41

图3-42

图3-40

04 增加刀片的质感。产品图片的刀片整体偏灰,要让产品刀片看起来有锋利的感觉,使得卖点更突出,还需要优化一下刀片的部分。首先使用"钢笔工具" 勾选出刀刃部分,如图3-43所示。执行"图像>调整>曲线"菜单命令,将其刀片调亮,然后再选中刀片暗部,使用曲线命令将其调暗,设置曲线的输出数值为101,输入数值为152,如图3-43和图3-44所示。这样可以形成鲜明的对比,也能很好地凸显刀片的锋利感,最后的效果如图3-45所示。

03 网店装修的主要工作

3.4 首页装修

图3-43

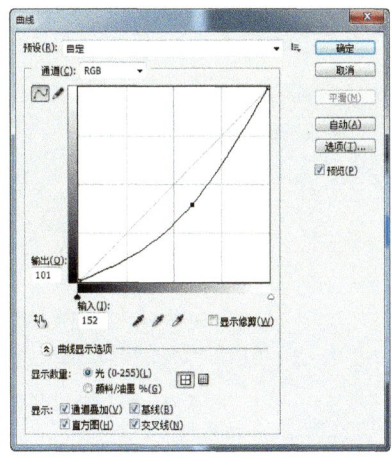

图3-44

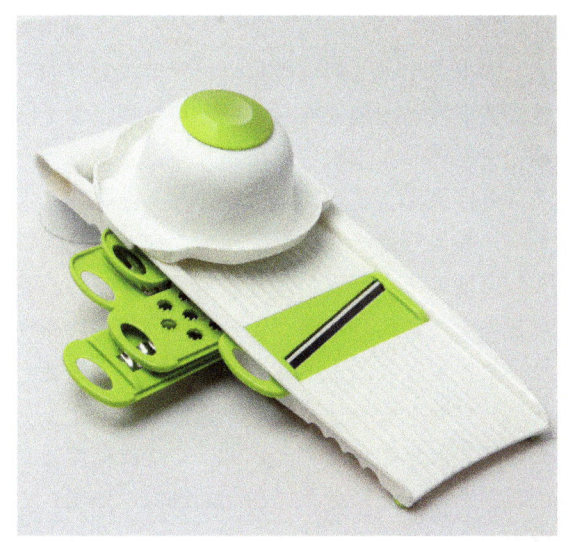

图3-45

首页布局的好坏将直接影响买家能否在浏览页面的第一时间产生购买欲望。有不少商家不懂得页面布局的主要原则，而盲目地堆砌一些功能模块，使整个页面没有主次，显得很混乱，这样不但会导致页面加载速度变慢，不利于顾客体验，同时也无法突出店铺的主打款和促销活动产品，从而导致流量流失。因此，卖家需要根据自己的产品品牌基调来制订店铺风格。研究如何在有限的页面中以图片和文字的形式将信息传达给买家，把握店铺流量，从而提高客单量。

进行页面布局时，需要用最简单的表现手法达到好的宣传效果，同时也要考虑客服体验因素，这里主要将布局原则分为4个：布局分明，分清主次；分布明确，突出重点；布局丰满，条理清晰；客户体验，尤为重要。总而言之，只有接近买家需求的页面布局才有价值。

3.4.1 首页布局原则

1.布局分明，分清主次

淘宝的统计数据显示：买家进入店铺以后前三屏的点击量是最高的，而越靠后的模块点击量则越低，所谓的主次之分就是指，要好好地把握点击量最高的前三屏。所以，要将店铺的爆款和潜力爆款放置在最佳的位置，至于爆款和潜力爆款则需要根据店铺的实际销量数据和转换数据进行评估后及时更新。千万别将过时或者没有鲜明特点的产品放在前三屏位置盲目地展示给买家。而且页面整体模块的陈列也是有规律的，要按照主次将产品依次排列，如图3-46所示。

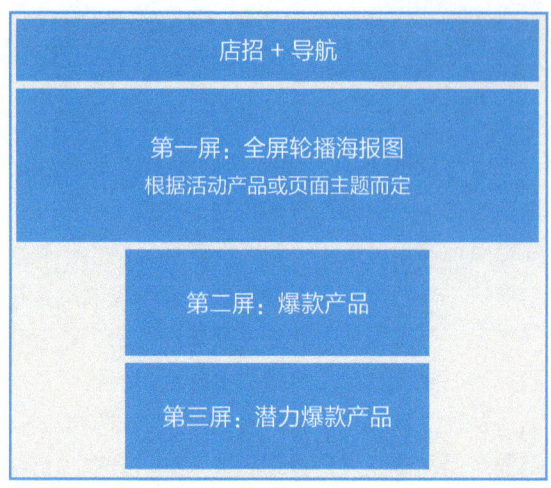

图3-46

2.分布明确，突出爆款

在制作产品模块时，可以在每个模板的上面位置将主要的产品作为海报的模块展示，也就是可以占据较大的空间展示出来，这样也可以在潜意识里面将顾客的思维引导到主打产品上，占篇幅大一点的产品即为主打产品。在页面上将主次分清，才能把主要的产品作为重点突出。切记，整个模块的风格最好统一，不然会显得不伦不类，如图3-47所示。

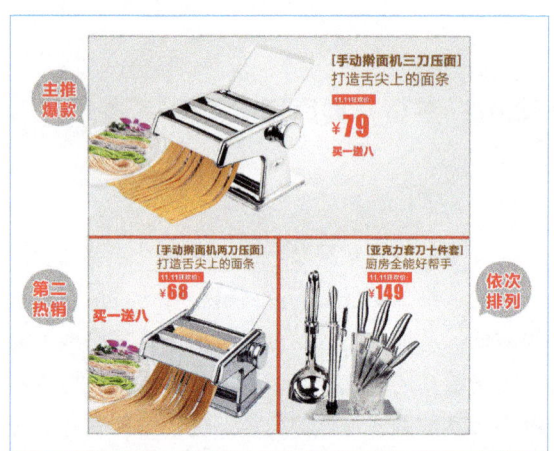

图3-47

3.布局丰满，条理清晰

在页面区域划分产品模块的时候，条理要清晰，如果需要将同一主题或者同一性质的产品在首页上面进行展示的话，就要将产品按分类进行陈列，而做这个分类也是让有购买目标的顾客可以直入主题进行购买，也能相对地帮顾客节省时间。这个分类可以视店铺的情况而定，如通过销量、价格、产品属性等进行区域划分，使新老顾客轻松地找到自己的消费目标，如图3-48所示。

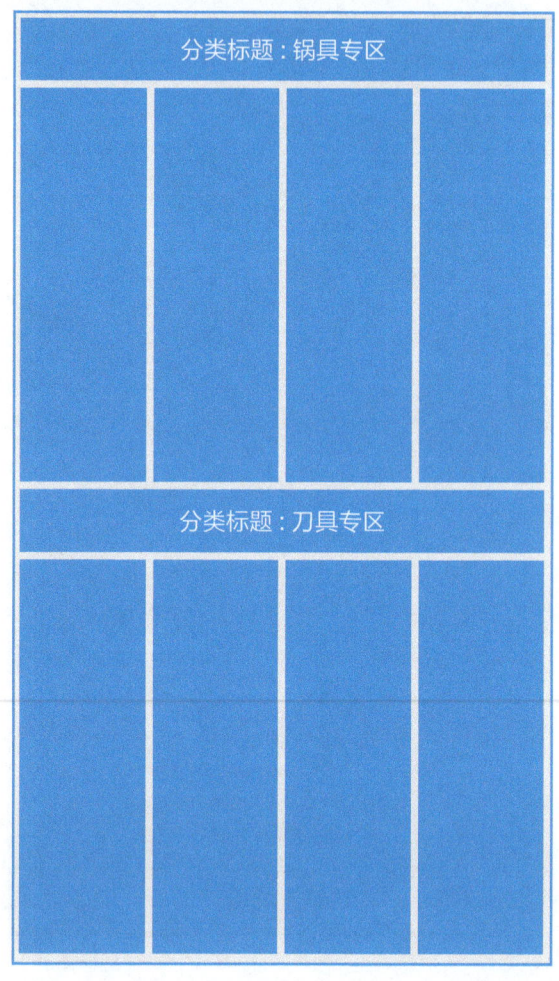

图3-48

在根据产品的属性类目来进行模块划分的时候，要使产品的模块布局清晰，可以根据每个区域的主推产品对模块进行组织分块，建议每行产品最好不要超过4个，因为首页的模块展示宽度有限，如果每行产品的个数增加，那么产品就要相对应地缩小。所以，每行展示的产品越多就会在视觉上相对弱化产品。还有最好不要使产品过分重复出现在页面上，这样除了会给顾客感觉产品单一以外，还会使顾客产生视觉疲劳。而每个产品模块展示在页面上时，可以通过改变标题颜色和展示样式来区分不同的产品区域，如图3-49所示。

3.4.2 将首页进行切片

如何将做好的首页上传到店铺展示给大家看呢？首先要做的就是将设计好的首页按照之前设计的布局划分进行切片，然后保存在本地才能上传到空间。那么下面讲解一下如何将图片进行切片。

1.将一个页面进行模块划分

首页切片不是指将整个首页的页面进行切片，可以将首页的布局先划分一下，如店招导航模块、轮播模块、分类模块。每个模块作为单个部分来上传，也是为了当商品有价格调整或者信息修改时容易找到目标，还有后期要删减或者调换模块的顺序时也比较方便，如图3-51所示。

图3-49

4.客户体验，尤为重要

页面上除了产品模块的展示以外，还有其他要添加的模块，如收藏店铺模块、分类模块、店铺动态模块、客服模块等，这些都是可以达到更好的用户体验的主要因素。这些模块的作用则是可以增加顾客对店铺的黏性，提升新老顾客的忠诚度，从而达到多次购买，如图3-50所示。

图3-51

将划分出来的模块选取出来

接下来，按照划分的模块进行先后切片，按顺序先切"导航模块"，将其选取出来进行复制，然后新建一个图片文件，将其粘贴在新建图片文件里。这里要说明一下，导航切片时，要注意尺寸的问题，如天猫的导航尺寸限制为990像素×150像素，淘宝C店为950像素×150像素，如图3-52所示。至于超过这个宽度的部分可作为店招的背景上传，如图3-53所示。

图3-52

图3-53

图3-50

关于切片的说明

在这里说明一下,要添加网页页面超链接的地方就需要切片,如添加关注模块就需要切片,就是说单击这个关注的切片就能将页面跳转到关注本店的链接页面。首页也需要切片,即为单击首页这个切片区域以内就可以将页面跳转到首页的链接页面。这里不代表只有这两块需要切片,只要有添加网页页面超链接的地方就需要切片,如图3-54所示。

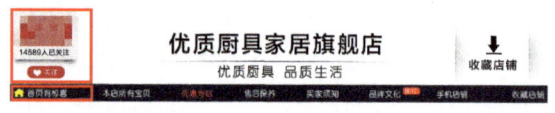

图3-54

进行切片

首先要选择"切片工具",然后按照上述讲解的切片原理,将模块进行切片。进行切片的时候要注意每个切片不要有断层或者顺序不对等问题,切片时要检查一下1后面是不是2,如果不是2的话就说明切片有问题,那么就要用"切片选择工具"进行调整,如图3-55所示。

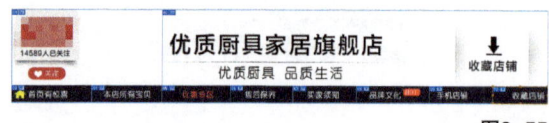

图3-55

2.将切片进行储存

将切好的文件进行保存,同时按住快捷键Ctrl+Alt+Shift+S将文件保存为Web格式,按住这4个快捷键就会跳出一个对话框,如图3-56所示。单击"储存"会跳出另外一个对话框,格式选项选择为HTML和图像,如图3-57所示。

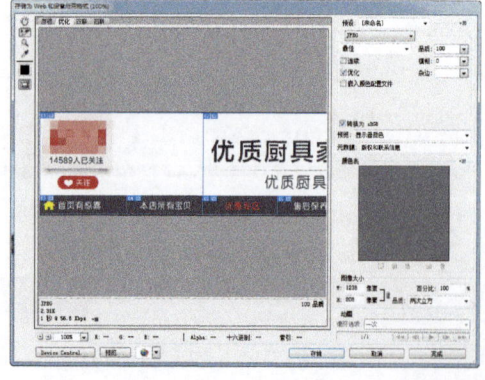

图3-56

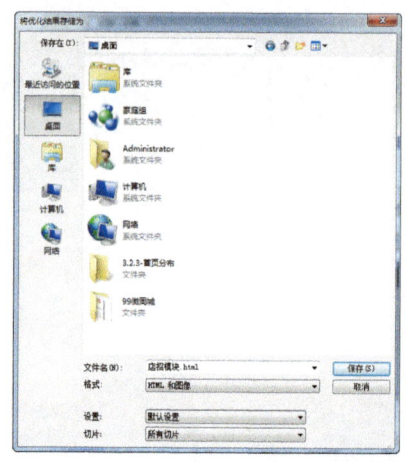

图3-57

查看储存的文件

保存出来的模块切片为两个格式,一个是图片的文件夹格式,如图3-58所示。另一个是HTML的网页代码格式,如图3-59所示。这里建议一点,为了让图片方便查找,可以在桌面上新建一个文件夹专门来存放首页切片的文件。其他的模块切片也是按照这个原理操作的,这里就不再赘述。

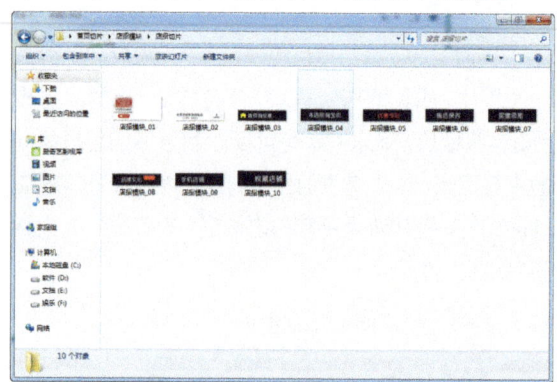

图3-58

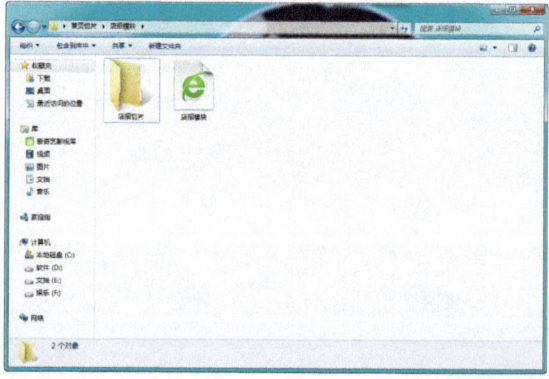

图3-59

3.将切片上传到图片空间

什么是图片空间

图片空间是店铺装修最不可缺少的一部分，简单来说就是店家拿来储存和管理店铺所有图片的网络相册。这就等于凡是在淘宝前台展示的图片都需要上传到图片空间，至于安全性的问题可以不用担心，淘宝官方提供的图片空间是可以保证安全的。

如何进入图片空间

接下来介绍怎么进入图片空间，首先进入淘宝的主页，会看到淘宝的导航栏，单击登入的选项，如图3-60所示。

图3-60

单击"亲，请登录"后就会转到另外一个页面，如图3-61所示。下面按照页面上的指示在相应的位置上输入自己店铺的账号和密码，然后单击确认，这样就可以登入店铺的后台，如图3-62所示。

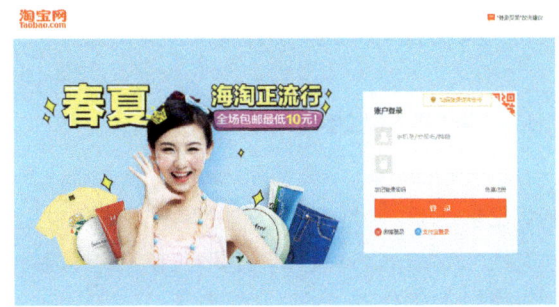

图3-61

图3-62

登入后页面就会跳转到卖家淘宝内页，可以看到淘宝的导航上面已经显示了卖家账号，然后单击"卖家中心"这个选项，然后就会跳转到卖家的后台（注：这个按钮是有注册卖家账号才能跳转的），然后选择"图片空间"，如图3-63和图3-64所示。

图3-63

图3-64

如何上传图片

选择"图片空间"页面后就会跳转到"图片空间"主页，可以看到有很多的图片文件夹，这些图片都是前台展示的图片归类，然后单击"上传图片"（注：在上传图片前先新建文件夹，将图片做一个归纳，这样后期会比较好找），下面就会跳出一个对话框，单击"点击上传"的按钮，然后就会跳出一个对话框，在本地找到相应要上传的图片后，单击"选择"，上传完以后图片空间就会出现"上传成功"的提示，然后就会在图片空间看到从本地上传的图片，如图3-65至图3-68所示。

图3-65

4.图片空间的链接替换

只有替换了图片的链接模式才能让其他人看到图片,就是说打开切片后保存出来的HTML格式的代码,只有在进行操作保存图片的电脑里才能看得到。因为将页面切片保存出来的图片只在我们电脑的本地文件夹里,而其他电脑上没有这些图片就看不到相应的图片,那么就需要将图片上传到淘宝后台的"图片空间",并且替换网页格式的链接才能使大家都看到相应的页面图片。下面讲解一下如何将图片的链接替换掉。

先打开Dreamweaver软件

将我们的图片进行切片并上传到"图片空间"后,可以利用Dreamweaver软件将图片的本地链接替换成网页格式的图片链接,如图3-70所示。

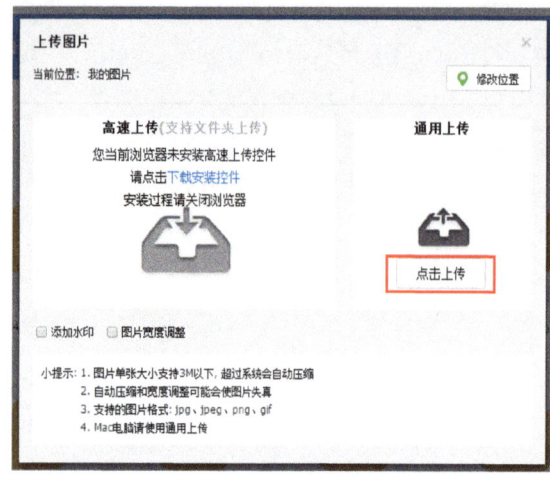

图3-66

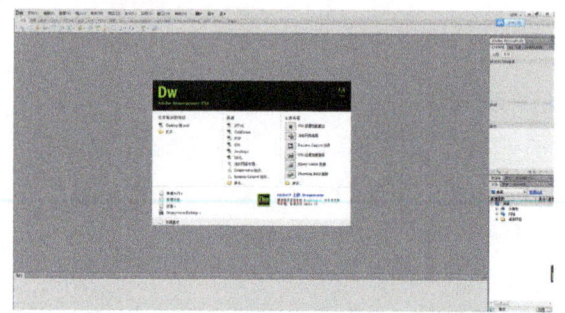

图3-70

再打开相应的代码文件

打开Dreamweaver软件后,找到之前页面切片后保存出来的HTML格式的文件"首屏",直接选中这个文件,拖入Dreamweaver软件即可,接着就会看到"首屏"文件的代码,如图3-71所示。

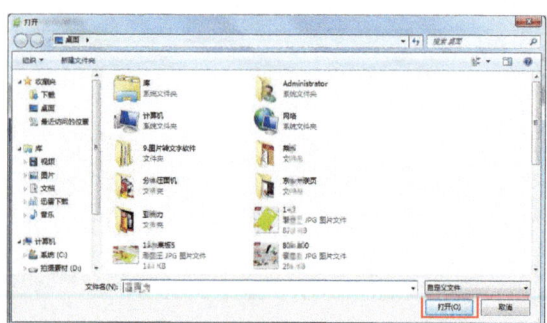

图3-67

图3-68

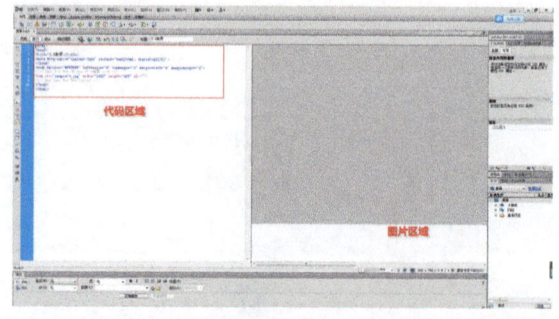

图3-71

替换图片链接

单击图片区域的图片,就会看到底下的属性

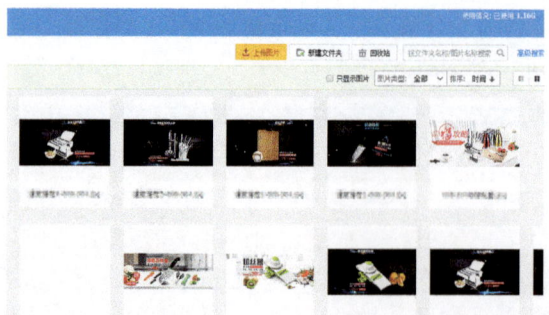

图3-69

模块跳出相应的图片链接，这个链接在还没替换前还只是"本地的图片链接地址"，如图3-72所示。全选"本地的图片链接地址"，如图3-73所示。回到图片空间，复制相对应的图片链接，单击红框内的图片，页面上方跳出"复制成功"即可，如图3-74所示。回到Dreamweaver软件的界面，将图片的"网页格式链接"粘贴上去即可，如图3-75所示。替换完的图片区域的灰色模块就可以显示出相应的图片，如图3-76所示。

5.添加超链接地址

设计一张图片的原因大多数是为了导流量，无论是详情页的关联模块，首页的产品展示模块，还是店铺的互连模块，无非就是通过首页导流到产品详情页以产生购买率，又或者是通过详情页导流到另外一个详情页，这种模块统称为"详情关联"。添加超链接的作用就是利用好从站外或者站内导进的流量，从而产生购买率。简单来说，就是这张图要让看到的人单击后跳转到另一个页面。下面讲解如何在图片上添加超链接。

如何添加超链接

上述讲解了如何将"本地的图片链接地址"替换成"网页格式的链接地址"，可以看到，在Dreamweaver软件的属性模块中，替换图片链接的框下方还有一个框，那就是放超链接的位置，现在在延续上述的模块继续讲解。上述那张广告图是一个"38节的保温壶产品海报图"，为了贴合这张海报图，要添加的超链接就是这个产品的详情页链接（注：这只是一个例子，并不代表超链接只能链接产品的详情页地址，也可以链接店铺的活动页面或者是自定义页面，而超链接指的是说有链接的统称而已），如图3-77所示。接着，在浏览器中打开相对应的产品链接，全选并复制页面的链接地址，如图3-78所示。接着，回到Dreamweaver软件界面，将复制的链接地址粘贴到超链接的所在的框里面，单击下面的"目标"选框，选择"_blank"，因为"_blank"这个指令可以使顾客单击这个图片后新建窗口打开，当顾客不喜欢这个产品的时候关闭该产品详情页的页面，不会使顾客找不到店铺首页。如果不选择"目标"选项的话，淘宝会默认在原窗口打开，也就是说从首页直接跳转到产品详情页，那么顾客关闭产品详情页的时候就找不到店铺首页了，如图3-79所示。

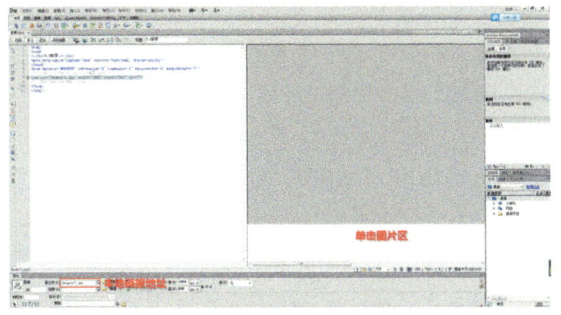

图3-72

图3-73

图3-74

图3-75

图3-76

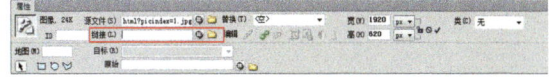

图3-77

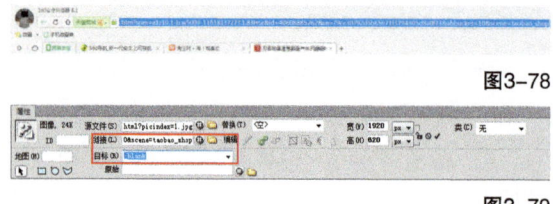

图3-78

图3-79

6.装修店铺及发布

首页的装修发布是切片和替换链接的最后一步，前面所有的步骤都是为了将设计好的页面转化为网页格式的图片，下面介绍一下关于首页装修发布的步骤。

打开首页装修的页面

回到买家站内信的页面，单击店铺装修的选项，然后就会跳转到店铺装修的界面，单击"店铺装修"按钮，这时就可以看到首页界面，如图3-80至图3-82所示。（注意：这个界面只有登录后台才能编辑。）

图3-80

图3-81

图3-82

添加自定义模块

如果首页空空如也，之前全部都没有装修过的话，可以选择首页界面的自定义模块，将自定义模块的选项拖动到页面中，如图3-83所示。接着，将鼠标移至新建自定义模块上方，这时右上方就会出现编辑、删除和调换顺序的按钮，然后单击编辑按钮，这时就会弹出一个对话框，如图3-84所示。下面的操作步骤与编辑已有的自定义模块操作步骤一样，这里不再赘述。

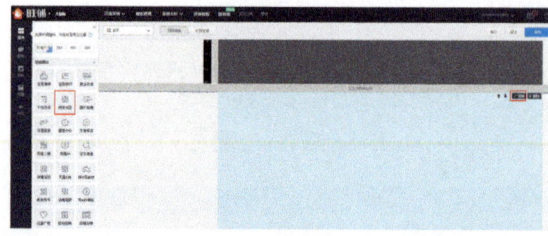

图3-83

图3-84

编辑已有的自定义模块

如果是在原有的模块上进行修改，可以将鼠标移至相对应的模块，这时右上方就会出现编辑、删除和调换顺序的按钮，如图3-85所示。单击编辑按钮，这时就会弹出一个对话框，然后单击源代码的标志，如图3-86所示。再回到Dreamweaver软件界面，将刚刚替换图片的文件代码全选并复制，如图3-87所示。回到首页装修的界面，将刚刚复制的所有代码粘贴在自定义模块的源代码中,然后单击确定即可,如图3-88所示。其他的模块也是这样编辑的,这里就不一一举例了。

图3-85

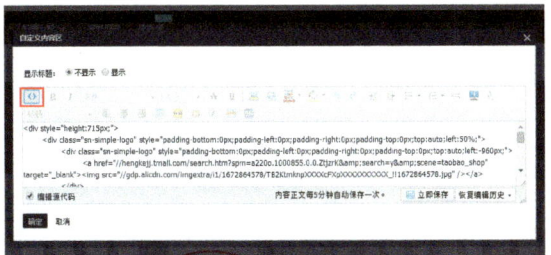

图3-86

图3-87

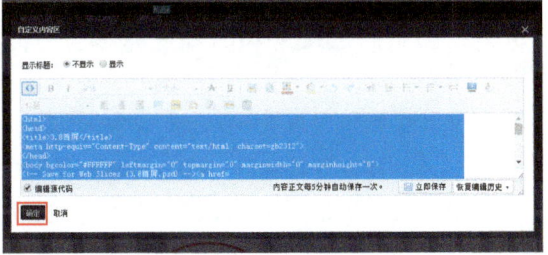

图3-88

3.4.3 店招设计

1.设计原则

一个店铺的店招代表了该店铺的名称标示展示和品牌形象,在店招设计上要结合自己的产品和品牌进行定位,让买家看到店招就能明确地知道这家店铺出售的是什么商品,下面来看下两款店招的对比图,如图3-89和图3-90所示。

从设计上来讲,图3-89的颜色鲜明,也比较唯美,很符合大多数人审美,但是单从店招上面来看根本无法看出这家店铺所出售的是什么样的商品,而图3-90简单清楚地体现出了该店铺的主营类目,也体现出了该品牌的形象,也将整个店铺的基调定位为简单现代风格,让买家一目了然。

 图3-89

 图3-90

2.设计要求

根据淘宝网店的设计规范,对店招进行设计,才能让店招更好地展现出来,店招的规格和其他的区域一样,也分为天猫尺寸和淘宝C店尺寸,天猫官方尺寸为990像素×150像素,淘宝C店尺寸为950像素×150像素,高度尺寸一致,唯一不同的是天猫尺寸宽度比淘宝C店的尺寸宽度多出40像素。为了更好地展示店招请务必根据官方的尺寸要求进行设计,如果有超出的话将会被直接截断屏蔽,发布后将不在页面上展现出来。图片上传的格式可以分为GIF、JPG、JPEG和PNG这四种。

3.4.4 导航栏设计

1.设计原则

导航在店铺页面的作用就是让顾客可以根据自己的需求快速访问到相应的内容,查看店铺的各类产品及信息,也是从店铺首页快速转到另外一个页面的通道。导航和店招在页面的最上方,所以在店铺中的展现量最高,起到的作用也是非常大的。那么,为了提高顾客的满意度,设置有条理的导航是非常重要的，根据常规思维，一般商家会在导航上面体现所有宝贝、首页等分类，也可以根据产品的种类进行分类，或者放上店铺的活动，将流量导入到活动的页面上，想要让顾客了解品牌信息的话也可以增加品牌故事等选项。导航的内容没有硬性规定，主要是根据商家自己的运营思路进行调整，如图3-91所示。

图3-91

2.设计要求

在设计店铺导航之前，要先知道导航的基本要求，它跟店招一样，天猫官方尺寸为990像素×30像素，淘宝C店尺寸为950像素×30像素，高度尺寸一致，唯一不同的是天猫尺寸宽度会比淘宝C店的尺寸宽度多出40像素，为了更好地展示店招请务必根据官方的尺寸要求进行设计，如图3-92所示。从淘宝给的尺寸规则来看，导航能够设计的空间是非常有限的，导航的设计分为以下两种。

图3-92

第一种：淘宝网默认导航，不用自己设计效果，只需要在后台添加宝贝分类和分页名称及连接，这种方法很简便，但是缺乏特色，如图3-93所示。

图3-93

第二种：除了对颜色和文字进行编辑之外，很难有更深层次的创作，但是随着网页编辑软件的逐渐普及，有很多电商设计师会用网页代码对导航进行自定义修改，关于导航的代码样式可以搜索"西色设计"这个素材网，里面有很多淘宝装修代码样式，大家可以根据自己的店铺进行编辑，如图3-94所示。

图3-94

3.4.5 客服中心设计

客服中心的作用是搭建买家与商家沟通的桥梁，在首页中添加客服中心会提升买家点击客服中心的概率，能让买家对店铺活动或者商品存在疑惑时及时与商家进行相应的咨询。通过客服的沟通也会相应地提升购买的概率，而客服模块的展现模式是不受限制的，可以自定义设计客服的头像，添加商家的工作时间、联系方式和旺旺分组信息，如图3-95所示。

图3-95

3.5 产品描述页设计

3.5.1 什么是产品描述页

产品描述页也称为产品详情页，产品描述页的好坏会直接影响顾客的停留时间和购买率，这也是产品描述页的重要之处。总的来说产品描述页就是详细地介绍产品的优势（功能）以及这个产品能给顾客带来什么，抓住顾客的心理来促进购买欲望。

3.5.2 设计产品描述页时要注重哪些方面

重点在于描述页中各个内容的展示顺序及阅读逻辑，而且经过数据统计，描述页前五屏的转化率最高，接下去就直线下降，因此在做描述页布局规划的时候，千万要注重前五屏的内容。

（1）了解顾客的心理，要把顾客当作非专业人士，把产品介绍得越易懂越好。因为大多数顾客都是偏懒的，他们不愿意花太多时间去理解潜在的表达意思，所以在表现产品的优势和功能时越直观地表现出来越好。

（2）充分地寻找并了解该产品的优势和功能，要充分地放大产品的优势，让顾客肯定该产品。

（3）如果该产品有促销信息时,也能当作一个优势放大,不过要注意的是只有当宝贝的价值被认同时（促销点）才会发挥作用。反之,如果顾客不认同该产品,那么不管送什么赠品或者价格再低廉都不会成为让顾客购买的说服点（相信商家也不会做亏本的买卖来促进购买）。

（4）谨记三秒钟注意力原则,这三秒则是指宝贝描述前三屏,它将直接影响到顾客的去留,由此可见前三屏的重要性。所以,前三屏要将产品的特点充分体现出来。宝贝描述一定要有情感营销的因素在,且能吸起买家的共鸣,才能将顾客留下来继续往下看。

（5）消除一切买家的疑虑和暂缓购买的想法,在文案上面可以体现出优惠信息时间,让顾客觉得过了今天或许就不是这个价格了,切记这样的文案要切合实际。

3.5.3 产品描述页的要素组成和顺序摆放

（1）情感营销文案,引起买家共鸣。现在大多数人都比较感性,要让买家感觉到暖意从而促成购买,不要让买家感觉到商家只是在卖货,只是在简单地阐述产品的优点,这样就不会有好感。

（2）产品大图非常重要。引发买家兴趣的广告图,是根据产品的属性来设计的,举个例子,如果商家是卖保温壶的,那么广告图则可以以居家的氛围为切入点,让买家看到图片时产生带入感,让顾客联想到这个产品放到自己家的厨房的画面,那么就会产生共鸣。

（3）价值促销点,比如限时抢购或者活动送赠品之类的,促进今天购买的要点,但应该先有价值,后有价格。

（4）产品获得荣誉,比如产品的外观设计独特,或者产品的销量高、评价好,尤其是评价好这点非常重要。

（5）产品在本店的销售情况,要打上本店买家好评（切记一定要本店的）。

（6）产品最独特卖点的图文说明,独特卖点可以多体现几次加强买家的记忆。

（7）产品功能介绍,产品图片以及图片文案体现,力求详细。

（8）产品的参数尺寸和颜色展示。

（9）产品实拍图,最好是产品的场景实拍图片,让顾客更有带入感。

（10）添加一些感性的软文,让顾客产生共鸣。

（11）添加售后保障等,消除顾客的购买疑虑。

3.5.4 如何设计产品描述页

1.头图设计（承上启下）

做出一个留住顾客的头图是关键,头图是整个详情页的开始,所以,这张图的风格体现将起到承上启下的作用。在设计一个产品的详情页时,一定要清楚地知道这个产品的详情页风格的定义,从头到尾地贯穿统一的风格,这样才能做到整体的页面统一。最忌讳的就是一个详情页同时拥有太多风格或者太多的不同色块,风格不统一是其次,如果顾客看到后觉得厌烦,就会造成严重的跳失率,下面举个例子。

这个产品是一个保温壶,把这个产品的详情页定义为清新自然的居家风格,所以第一张采用的是一个偏素的厨房背景,为了突出清新的氛围,添加了一些叶子的元素,背景进行了虚化处理。为了使整张图看起来既不单调也不会抢走产品的风头,让顾客的视觉集中在产品和广告文案上面,在文案的处理上采用了中国风的毛笔元素,将文案的重点突出,效果如图3-96所示。

图3-96

步骤详解

01 首先找一张清新的厨房背景素材，如图3-97所示。接着，执行"滤镜>模糊>镜头模糊"菜单命令，这时就会跳出一个设置窗口，将半径设置为15像素，其他的数值不变，整体调模糊一些，如图3-98所示。

图3-97

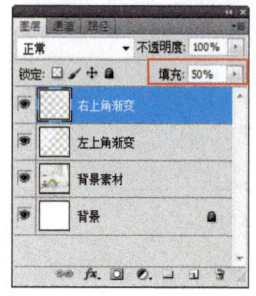

图3-99　　　　　图3-100

03 将素材背景的餐桌部分删除，使用"矩形选框工具"将不要的部分选取，按Delete键将其删除，如图3-101所示。再新建一个5像素×5像素的图层，命名为"背景纹路"，再用"矩形选区工具"将整个画布都选中，将前景色设置为（R:243, G:243, B:243），右击鼠标，选择"描边"选项，宽度设置为1像素，然后单击确认即可，如图3-102所示。将文件的背景图层隐藏掉，然后执行"编辑>定义图案"，接着这个文件就可以关闭了。这么做的原因是要在背景上面添加一个细格子的纹路。

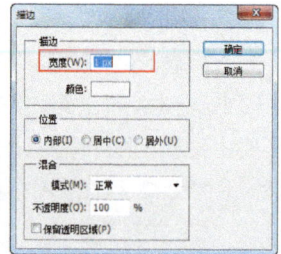

图3-101　　　　　图3-102

04 再回到头图文件，双击背景图层，就会跳出一个窗口，单击"图案叠加"选项，选中刚刚预设的图案即可，然后单击确定，如图3-103所示。这时就可以看到背景图片上有一个很淡的线条纹路，之后做这种背景平铺的图片时都可以用这种方法，效果图如图3-104所示。现在可以再找一张餐桌椅的素材，将背景填补得更完整，如图3-105所示。

图3-98

02 新建一个图层，命名为"左上角渐变"，使用"渐变工具"将前景色设置为白色，然后选择顶部的"径向渐变"按钮，在背景的左上角拉动，制作一个光照的效果，然后新建一个图层，命名为"右上角渐变"，在右上角也稍稍拉动，然后将图层的"填充"调为50%，做一个减淡的效果，图层如图3-99所示。也可以根据个人的感觉进行调整，最终效果如图3-100所示。

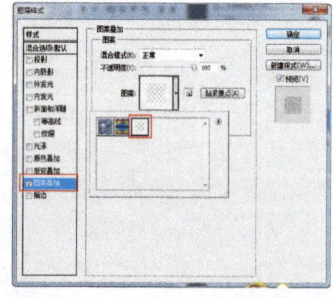

图3-103

图3-104　　　　　　　　图3-105

05 以上操作是背景的处理，接下来将产品放进背景里。这款产品有3个颜色，要先分一下主次，将产品的主打色放在前面，根据空间定义近大远小的原理，将其他两个颜色的产品相对地缩小一点，产品的排版以对称的模式成三角排开，这样会让人视觉上比较舒服一点，如图3-106所示。

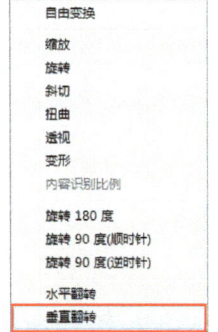 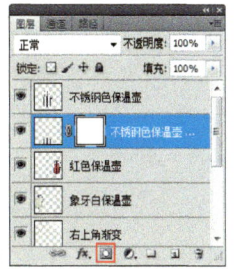

图3-107　　　　　　　　图3-108

图3-109

图3-106

06 为了使产品看上去更有质感，可以为其增加一个倒影的效果。首先选中该产品图层，按快捷键Ctrl+J复制一个图层，再按快捷键Ctrl+T并右键单击鼠标，会有一个选项窗口弹出，然后单击"垂直翻转"选项，如图3-107所示。将复制的图层拖到产品图层下方，单击图层下方的"添加蒙版"按钮，再选择"渐变工具"里的"线性渐变"按钮，然后在复制的产品图层上从下往上拉动，可以根据自己的视觉感受多试几次，直到满意为止，如图3-108和图3-109所示。

07 其他两个颜色的保温壶的倒影也是按照上述方法来制作的，效果如图3-110所示。最后再加上一些叶子，飘落的路径从上到右下，摆放的随性一点，不要太整齐不然会显得很死板，可以缩放大小，效果如图3-111所示。

图3-110　　　　　　　　图3-111

接下来进行剩余文案的处理部分，首先要分清文案的主次，主要体现的主题应占较大篇幅，其他的文案可以做一个衬托的作用，顾客看到一张图的时间可能就一瞬间，也许就一秒，这一秒顾客看到的是哪个文案，那么哪个文案就可以作为主题，下面我来为大家讲解一下这张图的文案部分如何制作。

08 使用"横排文字工具" 并选择一个毛笔字体,然后设置文字的颜色为黑色,在画布上写一个"保"字,再新建一个文字图层写"温"字,保温两个字体可以进行缩放,"保"字偏大,"温"字偏小,如图3-112所示。

图3-112

TIPS　字体可以在求字网、站长字体、找字网等网站上面下载。

09 新建一个文字图层,文字的颜色设置为(R:194,G:4,B:1),加上"后引号",如图3-113所示。再新建一个文字图层,文字的颜色设置为(R:167,G:2,B:6),字体选用宋体,加粗,在画布上写上"双层不锈钢真空"文案,再新建一个图层,设置文字的颜色为(R:167,G:2,B:6),字体选用黑体,加粗,在画布上写上"保温保冷随心所欲"字样,如图3-114和图3-115所示。

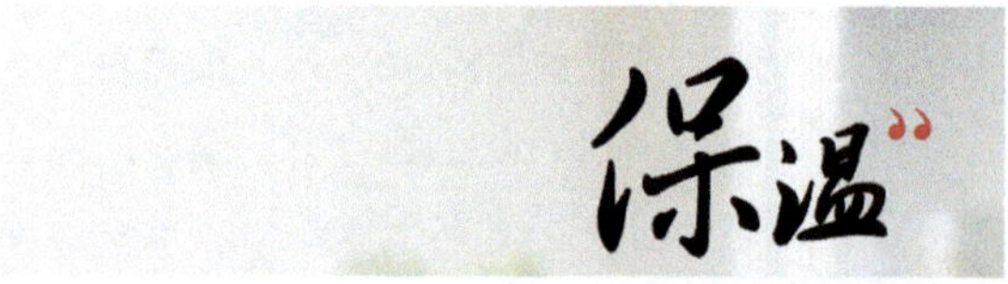

图3-113

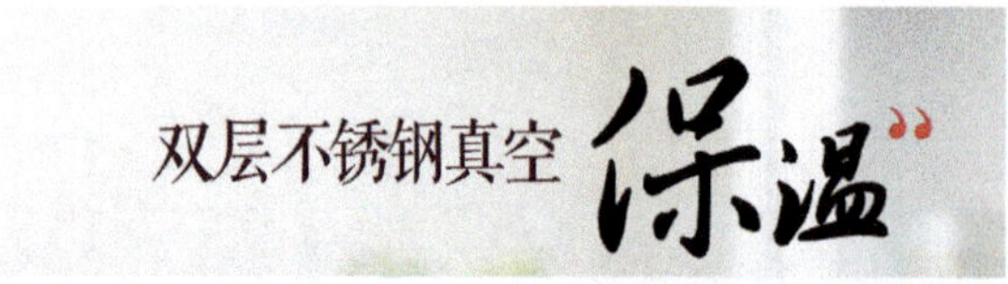

图3-114

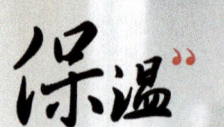
图3-115

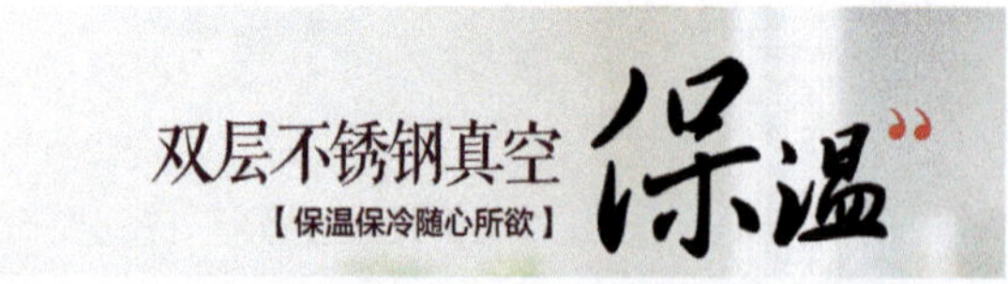

10 使用"矩形选框工具" 拉出一个适当大小的长方形,新建一个图层,命名为"红色印章",将前景色设置为(R:194,G:4,B:1),然后按Alt+Delete快捷键填充前景色,如图3-116所示。使用"橡皮擦工具" 点击顶部的样式,如图3-117所示。沿着红色选框的周围稍稍擦拭,尽量弄出中国风印章的效果,如图3-118所示。

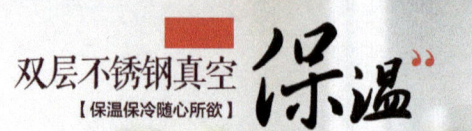
图3-116

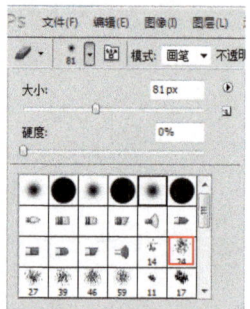
图3-117

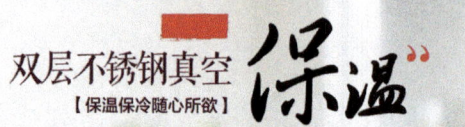
图3-118

11 新建一个文字图层,设置文字的颜色为白色,字体选用宋体,加粗,在画布上写上"品质厨具"字样,如图3-119所示。首图最后的效果如图3-120所示。

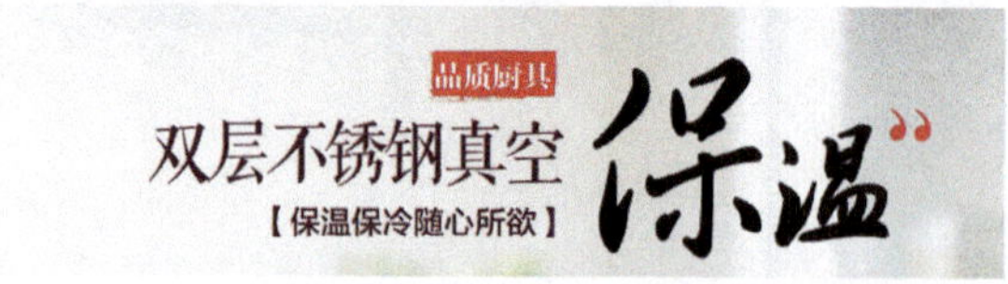

图3-119

图3-120

2.第二屏设计（抛砖引玉）

第二屏设计可以用抛砖引玉的方法，先向顾客抛出产品升级的几大优势，让顾客产生好奇心往下看。因为，第一屏的高度有限，没办法在有限的高度里面将所有的优势全部体现出来，只能向顾客抛出一个升级的主题，引发他们的好奇心，从而往下看。第二屏的效果如图3-121所示。

图3-121

步骤详解

01 首先找一张清新的背景处理成模糊的效果，跟首图的处理效果一样，这里就不重复说明了，再将产品放入背景图层中，摆放方法与效果图一样，然后再做倒影的效果，倒影的效果与头图一样，这里也不说明了。下面来讲解一下文案的排版，文案以"8大升级"为主题，这里的处理方法是用毛笔字体将主题特色化，然后用抢眼的红色进行填充，再加上光效、圆形线条和圆点来点缀，充分地将顾客的注意点集中在这几个字上。接着，加上一个"不痛不痒"的卖点，这只是作为点缀用，让整张图看起来不会太单调，主要还是突出主题，所以在排版上面一定要明白主次之分，不能什么都突出，这样只会让顾客分散注意力而忽略产品所要体现的主要部分。下面讲解一下文字的处理步骤。

02 新建一个文字图层，选择"横排文字工具" 在画布上写上数字8，文字的颜色设置为（R:203，G:18，B:7），字体选用黑体，加粗，再新建一个文字图层，文字颜色跟数字8的一样，字体选用毛笔字体，在画布上写上"大升级"字样，如图3-122所示。

图3-122

03 新建一个图层，命名为"圆形描边点缀"，使用"椭圆选框工具" 在数字8的周围画一个适当大小的圆圈，然后右击"描边"选项，将描边的大小设置为2像素，描边颜色设置为（R:203，G:18，B:7），再在圆形描边的图层上方拉出一个适当大小的圆形，按住Delete删除键，将圆形弄出一个小缺口，再在缺口中间拉出一个小圆形，填充颜色为（R:203，G:18，:7），效果图如3-123和图3-124所示。

图3-123

图3-124

04 新建一个文字图层，设置文字颜色为黑色，在画布上写上LONG INSULATION字样，再新建一个文字图层，字体选用黑体，加粗，在画布上写上"长效保温"字样，效果如图3-125所示。双击"长效保温"文字图层，会跳转出一个图层样式的窗口，选择"外发光"选项，如图3-126和图3-127所示。勾选外发光选项提亮文字，让文字在背景上更明显，效果图如3-128所示。

图3-125

3.优势和细节展示

上面的广告图体现了"8大升级"的主题,那么接下来的优势功能展示这块要列出这8个点。每个优势主题列出数字,这样能暗示和引导客户往下看,在文字排版上面还是要遵循主次之分,优势的体现可以提炼出4至8个字来放大进行展示,详细的解说可以用小的文字衬托。客户大多数只是快速浏览一下,他们不会把每张图的每个字都看完,所以主要的卖点还是要提炼出来,做到一屏一主题,这样的排版比较大气,在视觉上让客户看起来也比较舒坦,如图3-133所示。

背景、产品和文案的制作步骤与上述的处理方法一样,这里就不再一一赘述。下面讲解优势模块的制作步骤。

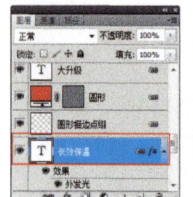
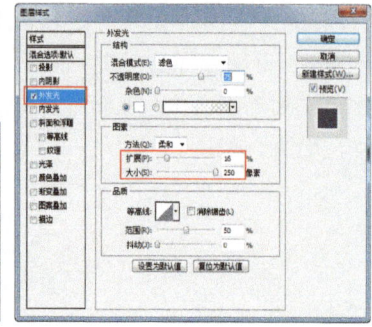

图3-126　　　　　　　图3-127

图3-128

05 在网上找一张光效的素材,将素材拖入画布中,如图3-129所示。到图层的"混合选项"中选择"滤色",如图3-130所示。这时,效果如图3-131所示。第二屏最终效果如图3-132所示。

图3-129　　　　　　　图3-130

图3-131

图3-132

图3-133

步骤详解

01 使用"钢笔工具" 在背景上先新建一个图层,命名为"绿色背景",再描绘出序号的图形,然后按快捷键Ctrl+回车键建立选区,前景色设置为(R:156,G:180,B:40),按快捷键Ctrl+Delete填充图层,如图3-134所示。再写上文案,如图3-135所示。

图3-134

图3-135

02 新建一个图层,命名为"箭头",使用"钢笔工具" 绘制箭头后,填充颜色为(R:14,G:204,B:254),如图3-135所示。暗部的箭头绘制出来后,填充颜色为(R:48,G:148,B:223),然后复制一个"箭头副本"的图层,按快捷键Ctrl+T将一个箭头缩小一些,并且写上"壶外温度"字样,如图3-137所示。

图3-136

图3-137

03 下面来制作内胆的特效,首先新建一个图层,命名为"内胆背景",再使用"钢笔工具" 绘制出内胆区域的部分,填充颜色为(R:150,G:150,B:150),如图3-138所示。双击图层,跳出"图层样式",单击"内阴影"选项,参数设置如图3-139所示,效果如图3-140所示。这时,执行"滤镜>杂色>添加杂色"菜单命令,跳转出窗口,设置杂色数量为6,勾选"高斯分布"和"单色",如图3-141和图3-142所示。

图3-138

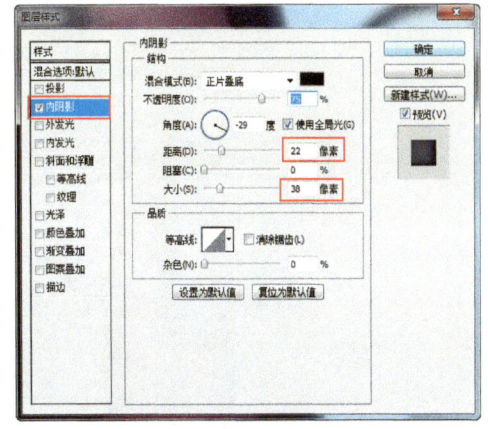

图3-139

图3-140

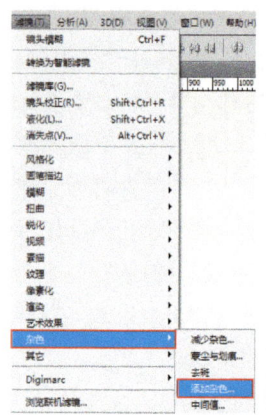
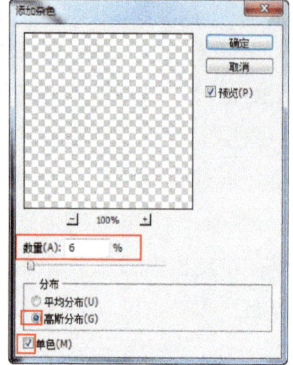

图3-141　　　　　　图3-142

04 新建一个图层，命名为"内胆高光"，使用"钢笔工具"绘制出高光部分，按快捷键Shift+F6将其羽化，羽化半径为30像素，然后填充图层，再按住Alt键将鼠标移至高光图层和内胆图层中间并单击，将图层剪切在容器中，如图3-143和图3-144所示。另一个高光区域也用同样的方式进行绘制，效果如图3-145所示。

05 新建一个图层，命名为"真空层"，使用"钢笔工具"绘制出真空层，填充颜色为（R:250，G:144，B:67），如图3-146所示。到图层面板将"真空层"的"填充"设置为57%，如图3-147所示。在真空层图层上绘制一个细的弧度图像，填充的颜色与真空层一样，如图3-148所示。加上文字说明后效果如图3-149所示。

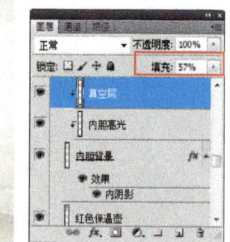

图3-146　　　　　　图3-147

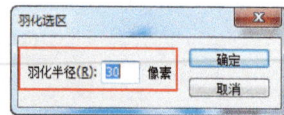

图3-143

图3-144

图3-148

图3-145

图3-149

06 在产品下面制作一个阴影的效果，不要让人感觉阴影是飘浮在空中的。首先使用"椭圆选框工具"在产品下面拉一个椭圆的选区，羽化半径设置为8像素，填充颜色为（R:150，G:150，B:150），如果觉得效果还是很生硬的话，可以执行"滤镜>模糊>动感模糊"菜单命令，设置其数值，如图3-150和图3-151所示。效果如图3-152所示。下面的部分就是在各形状图层上面叠加文字，这里不再赘述，效果如图3-153所示。其他的优势展示也都如法炮制，用产品的细节加上优势的文案展示，文案和产品展示的图片要贴切，否则会让顾客看不明白。

色，最好也要展示出来，供顾客挑选。制作方式这里就不重复说明了，与上述的制作方式一样，产品图案加上文字说明，如图3-254所示。

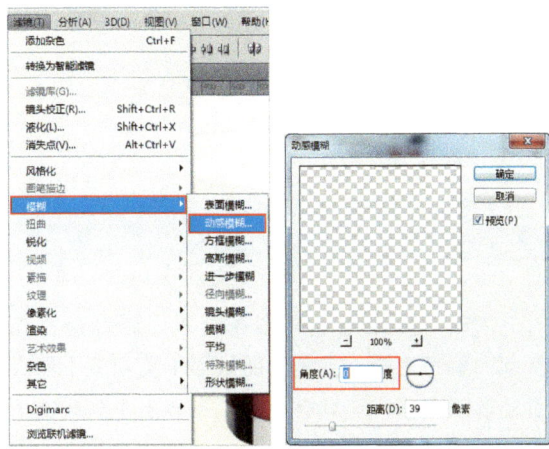

图3-150　　　　　　图3-151

图3-154

5.适用范围

添加适用范围是为了让顾客更有带入感，暗示顾客购买产品后可以如何使用，举例说明中如果能让顾客产生共鸣的话，就会让顾客产生购买欲。制作方式这里也不重复说明了，就是素材加上文字说明。素材和文字要贴切，如图3-155所示。

图3-152

图3-153

4.参数和颜色展示

产品的参数部分是产品描述页不可缺少的部分，为的是让顾客直观地知道产品的详细参数，如产品尺寸、材质用料等。如果产品有不同的颜

图3-155

059

6. 场景展示

添加场景展示也是为了让顾客更有带入感，用温馨的厨房背景，暗示顾客购买产品后放置在自己家里也可以有这样的效果，再加上一些软文，起到情感营销的作用，制作方式就不重复说明了，就是素材加上产品和文字说明，如图3-156所示。

图3-156

7. 包装展示

添加包装展示是为了让顾客消除产品在运输过程中可能破损和压迫变形的疑虑，让顾客放心购买，如图3-157所示。

图3-157

3.6 产品主图设计

大家应该知道，顾客在进入店铺之前首先看到的就是主图，要是主图做得不美观就不能吸引顾客的眼球，那顾客根本就不会点击到店铺里来。当然，可能会有人说顾客看中的是价格，那如果在同等价格上，你的主图做得没其他家的主图好看，客户还是去选择图片好看的其他家。所以，了解主图所代表的意义关键。主图就是一个店铺的门面，也是淘宝搜索这一大块中引流的关键！同时也是抓住客户的第一要素！

这里讲解一下产品主图的设计。打开一个产品描述页面时，最先看到的不是产品的描述，而是产品的主图，所以，主图的好坏也直接影响购买率，主图的展示位置如图3-158所示。

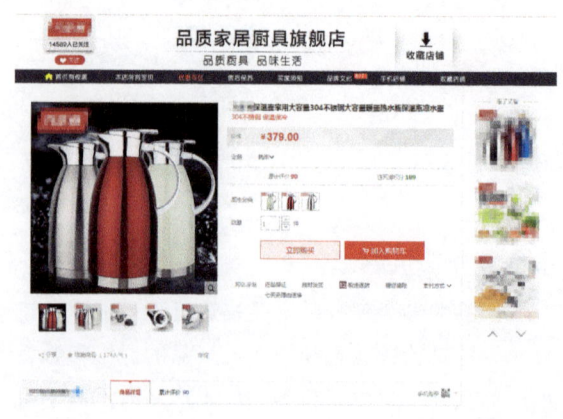

图3-158

以上的展示图只是卖家店铺内的展现，主图一共有5张，而第一张的作用则至关重要，第一张图片会在整个平台的关键词搜索中展现。比如，在淘宝页面搜索关键字"保温壶"，底下出现的商品主图就是图3-158。所以，第一张主图意味着能否让顾客在众多同行中选择点击该图片，从而引流至产品描述页面，如图3-159所示。

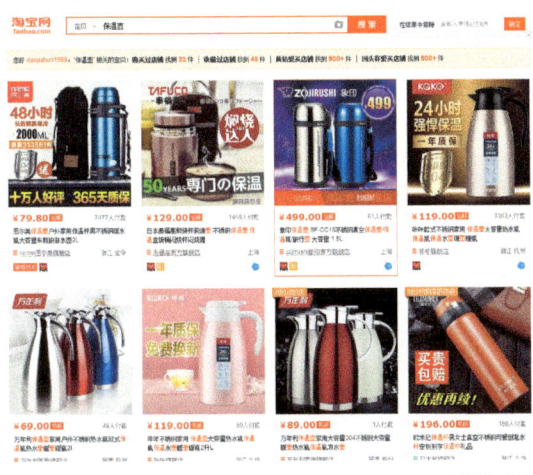

图3-159

3.6.1 做好产品主图的要素

（1）尽量凸显该宝贝，让客户认为这款宝贝在淘宝上是有特色的，是独特的，尤其是新品首发时。

（2）提高自己店铺的辨识度，制作主图的时候要放上自己品牌的Logo，从而提高客户认知度。

（3）提高点击率，在排名靠前的情况下，观察周围的卖家主图大致风格，如果其他的图整体偏花哨时，则我们可以用素一点的背景，如果其他的图整体偏素，我们就用抢眼或深色的背景。利用风格差距来突出该款产品，做到独树一帜来吸引客户去点击该宝贝。

（4）制作主图时，建议把自己店铺的Logo加在左上角，因为这符合多数人浏览信息的习惯。放上Logo后可以提高自己店铺的辨识度，还可以做隐性的品牌宣传，增大自己品牌的曝光率，让顾客有认知度。

（5）背景颜色统一，主图的背景颜色要根据同行或者整个行业来定位自己店铺的品牌基调。

（6）主图内的产品要做到高清不变形，模糊变形的产品会让买家产生不好的印象，严重时会质疑卖家的专业程度。

（7）主图文案和产品的结合排版要简洁美观。切勿放太多的文字让顾客产生视觉疲劳。

（8）拍摄的图片要清晰，凸显产品品质和体现档次，在贴合实际的情况下，可以优化产品的拍摄图。切勿过分美化，过分美化会使顾客拿到实物后感觉反差极大，因而增大退货率。

（9）不要添加太多文字在主图上面，特别是做促销主图时，信息要做到精简，易于阅读。

（10）不要在主图上加水印，否则影响顾客观看产品。

（11）产品的主图大小是800像素×800像素，但是在搜索页面上显示的预览大小却只有250像素×250像素。所以，在添加文案的时候，千万不要放过多的图，因为放的太多就要将文字缩小，文字缩小的话会导致预览的时候看不清所表达的文案，因此得不偿失。所以，在制作主图时，也要适当地缩小下以观察效果，如果在缩小后预览也能达到想要的宣传效果，那么就可以放，这是很多卖家会忽略的一点。

3.6.2 五张产品图要怎么体现

第一张：这张主图比较重要，一般买家会有两种备案，一种是用来做活动预热，比如，这款产品要参加平台某个活动，那么就要在这张主图上面体现活动的利益点，如价格优惠，或者有相应的赠品赠送给顾客等，另外，还有这个活动的具体时间，让顾客在活动当天来购买该产品，如图3-160所示。另外一种备案是日常的主图，在不做活动的情况下，可以在第一张主图上面体现产品的最大优势，或者是这款产品的特点，如图3-161所示。切记不论是哪种备案都要保证产品的清晰和质感。

图3-160

第3张：可以放一张适合产品属性的场景图，让顾客看了以后更有带入感，这跟很多服装类目的产品为什么要放模特图一样的道理，为的就是让顾客能够想象自己购买这个商品后，穿在身上或者用起来是什么样的感觉，如图3-163所示。

图3-163

图3-161

第2张：B店（企业店铺）的要求大部分是白底背景，但是很多商家都没有按照这个要求执行。大多数商家都是拿第2张图作为日常的广告图，也就是说商品的大卖点会在第2张主图上体现，让顾客更直观地看到产品的优势和价值，如图3-162所示。

第4张和第5张：可以放一些产品的细节图，因为主图是轮播的，所以很多顾客不会花时间把5张图片全部看完，所以越到后面停留时间越少。不过还是要充分利用好这5张图片的展示机会，可以挑选主要的细节优势放在上面，最好是放一些能让产品体现质感的图片，如图3-164和图3-165所示。

图3-164

图3-165

3.7 活动图设计

活动图是商家向平台提报单品活动和店铺活动时需要制作的图片，平台活动负责人审核通过后，则需要设计制作对应的活动图。制作的活动图会直接放在平台的活动页面中，那么，活动入口图的制作就尤为关键。要怎么做到让顾客在众多的商品中看到自己家的图片从而产生点击，将

图3-162

图片引入到自己家商品描述页呢？下面讲解一下活动图设计的关键。

3.7.1 店铺引流的活动图设计

整店的引流不单单针对某一款产品，这个活动图是针对整店而制作的。那么，店铺有什么优惠信息或者店铺某款产品有什么优惠信息都可以写上去。如果店铺的优惠信息比较多，应挑选最诱人的一点来写便可。顾客大多数还是会以实惠为主，在不出现亏损的情况下不妨抛一些诱人的条件给顾客。

1.有针对性的产品展示活动图

可以挑选店铺里最"拿得出手"的产品，对这款产品有兴趣的顾客就会点击，这样的点击量比较低，但是转换率会相对高，如图3-166所示。

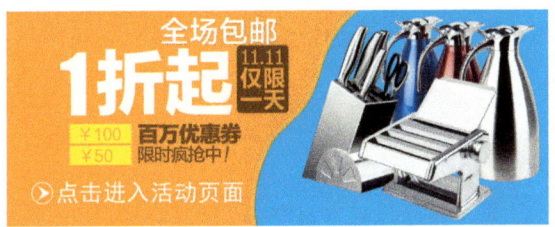

图3-166

优劣势分析

优势：直接把"底牌"亮出来，只针对有兴趣的客户，这样引进店铺的顾客所产生的转换率都比较高。

劣势：这样的展现比较乏味，没有亮点，不一定能勾起顾客的点击欲望，所以，点击率会相对低一点。没有点击率就更别说会产生购买率了。

所以，在做这类的活动图时最好有诱人的优惠条件，最好用颜色鲜亮一点的图片，能让顾客产生视觉冲击是最基本的要求。下面讲解一下图3-166的制作方式。

页面分析

这张活动图的背景采用的是大面积的撞色，用暖色调的橙色和冷色调的蓝色进行搭配，为了能让顾客产生视觉冲击，从而起到醒目的作用。

排版手法采用的是黄金比例3:7，文案占70%，产品图片占30%，左文右图。根据人们的视觉习惯，黄金比例是大多数人能接受的排版布局。

步骤详解

01 新建一个图层，将背景填充为橙色（R:255，G:100，B:0），将图片按照比例分布，再新建一个图层，命名为"蓝色背景"，使用"钢笔工具"画出一个不规则的波浪线，然后按住Alt+回车键转换为选区，填充为蓝色（R:0 G:174 B:255），双击"蓝色背景"图层，勾选"描边"选项，描边大小设置为24像素，颜色设置为（R:252，G:167，B:46），如图3-167所示。

图3-167

02 使用"横排文字工具"在橙色区域写上"全场包邮""1折起"等字样，颜色设置为白色，再使用"圆角矩形工具"拉出一个圆角长方形，颜色设置为（R:125，G:74，B:0），在矩形上面写上"11.11仅限一天"字样，颜色设置为（R:255，G:100，B:0），如图3-168所示。

图3-168

03 新建一个图层，命名为"优惠券"，使用"钢笔工具"画出优惠券的形状，将其转换为选区后填充黄色（R:255，G252，B:0），然后再复制一个优惠券图层，分别在两个优惠券上面写上"￥100"和"￥50"字样，再写上"百万优惠券限时疯抢中！"字样，颜色设置为（R:125，G:74，B:0），如图3-169所示。

图3-169

2.广撒网性创意文案展示活动图

另一种活动图上面不放产品,放一些能让顾客产生好奇的文案和图片,让顾客产生好奇后点击进来。不过,这样的点击量虽然高,但当顾客看到的产品并不是他们想要的就会立马关闭窗口,总的来说各有各的优势,如图3-173所示。

图3-173

04 使用"自定义形状工具" ,并选择相对应的形状,在图层上拉出一个适当大小的形状,如图3-170所示。将自定义形状的颜色设置为白色,再写上"点击跳转到活动页"字样,颜色设置为白色,如图3-171所示。最后在蓝色区域内放上产品素材即可,如图3-172所示。

用创意性和能让顾客产生好奇心的文案来让他们进行点击,首先创意性的图片会让顾客觉得有新鲜感,再加上一些能让顾客产生好奇的文案,这些文案可以根据当下的时局来把握,可以用当下流行的网络用语或者一些令民众都关注的话题。

图3-170

优劣势分析

优势:让顾客有新鲜感和产生好奇心,好奇这个标题里面所表达的到底是什么页面或产品,这样的图片点击量会比较高。

劣势:有很多顾客点击进来纯属好奇,这不代表他们就需要该产品,在没看到该产品展示的时候就点击进来,当看到该产品并不符合他们的要求时就会关闭页面,会造成很高的跳失率。

下面讲解一下图3-173的制作方式。

图3-171

页面分析

这张活动图的背景采用的是大面积的相近色,用暖色调的玫红和黄色进行搭配,这种配色大多数是用来设计活动图的,用刺激的亮色来烘托活动的氛围,从而起到刺激顾客感观的作用。排版还是采用用黄金比例3:7,文案占70%图片占30%,左文右图。(根据人们对视觉的惯性,黄金比例是大多数人能接受的排版布局)

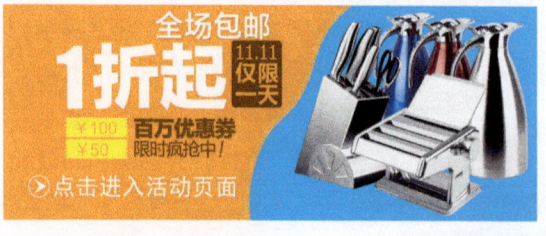

图3-172

步骤详解

01 新建一个图层，先将背景填充为玫红色（R:255，G:100，B:0），将图片按照比例分布，再新建一个图层，命名为"黄色背景"，使用"钢笔工具"画出一个斜角的菱形，按住Alt+回车键转换为选区，填充为黄色（R:255，G:236，B:36），如图3-174所示。

图3-174

02 将前景色设为（R:255，G:236，B:36），使用"椭圆工具"拉出一个适当大小的正圆形，将图层命名为"圆形"，双击"圆形"图层，勾选"描边"选项，描边大小设置为9像素，颜色设置为（R:239，G:189，B:18），如图3-175所示。

图3-175

03 复制"圆形"图层，勾选"描边"选项，描边大小设置为9像素，颜色设置为（R:239，G:189，B:18），然后将其颜色改为（R:253，G:201，B:15），按快捷键Ctrl+T将其缩小到适当大小，如图3-176所示。

图3-176

04 新建一个图层，命名为"头发"，再使用"钢笔工具"画出头发的形状，将其转化成选区，然后颜色填充为（R:136，G:0，B:1），如图3-177所示。

图3-177

05 新建一个图层，命名为"脸蛋"，使用"钢笔工具"画出脸蛋的形状，将其转化成选区，然后颜色填充为（R:255，G:251，B:208），如图3-178所示。

图3-178

06 新建一个图层，命名为"眼睛眉毛"，使用"钢笔工具"画出眼睛和眉毛的形状，然后选中所有路径，右击选择"描边路径"，描边颜色（R:136，G:0，B:1），如图3-179所示。

图3-179

07 新建一个图层，命名为"晕红"，使用"钢笔工具"画出晕红的形状，然后将其转化为选区，颜色设置为（R:247, G:192, B:131），再新建一个图层，命名为"嘴巴"，使用"钢笔工具"画出嘴巴的形状，将其转化为选区，颜色设置为（R:24, G:153, B:117），再把"晕红"和"嘴巴"图层选中后复制出来，按住Ctrl+T快捷键右击选择"水平翻转"，移至另外一张脸蛋的线条图中，如图3-180所示。

图3-180

08 新建一个图层，命名为"裙子"，使用"钢笔工具"画出裙子的形状，将其转化为选区，颜色设置为（R:251, G:62, B:84），再新建一个图层，命名为"手脚"，使用"钢笔工具"画出手和脚的形状，将其转化为选区，颜色设置为（R:255, G:251, B:208），再新建一个图层，命名为"袜子"，使用"钢笔工具"画出袜子的形状，将其转化为选区，填充为白色，在袜子的上面画上蓝色的条纹，颜色设置为（R:135, G:170, B:217），如图3-181所示。

图3-181

09 新建一个图层，命名为"木棍"，使用"钢笔工具"画出木棍的形状，将其转化为选区，填充颜色为（R:209, G:157, B:0），再新建一个图层，命名为"上面木板"，使用"钢笔工具"画出木板的形状，将其转化为选区，填充颜色为（R:219, G:114, B:0），再新建一个图层，命名为"下面木板"图层，使用"钢笔工具"画出木板的形状，将其转化为选区，填充颜色为（R:237, G:140, B:0），再新建一个图层，命名为"白色箭头"，使用"钢笔工具"画出箭头的形状，将其转化为选区，颜色为白色，再写上"高能预警"的字样，颜色为白色，如图3-182所示。

图3-182

10 将前景色设置为（R:255, G:236, B:36），使用"椭圆工具"拉出一个适当大小的正圆形，将图层命名为"金币圆形"，双击"金币圆形"图层，勾选"投影"，设置距离为6像素，扩张为0%，大小为19像素，颜色设置为（R:253, G:201, B:15），然后复制"圆形"图层，勾选"描边"选项，描边大小设置为5像素，颜色设置为（R:239, G:189, B:18），将其颜色填充为（R:253, G:201, B:15），按Ctrl+T快捷键将其缩小到适当大小，使用"横排文字工具"在圆形图层中心写上$，将图层命名为"美元符号"，双击"美元符号"图层，选择"渐变叠加"设置渐变颜色和角度，设置左边颜色为（R:109, G:63, B:3），右边颜色为（R:150, G:97, B:3），这样就制作出金币的效果，如图3-183至图186所示。复制金币图层，按照图片进行缩放和排版，如图3-187所示。

03 网店装修的主要工作

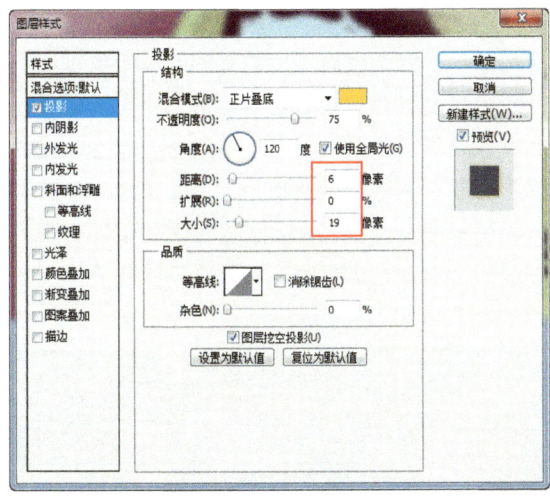

图3-183

图3-186

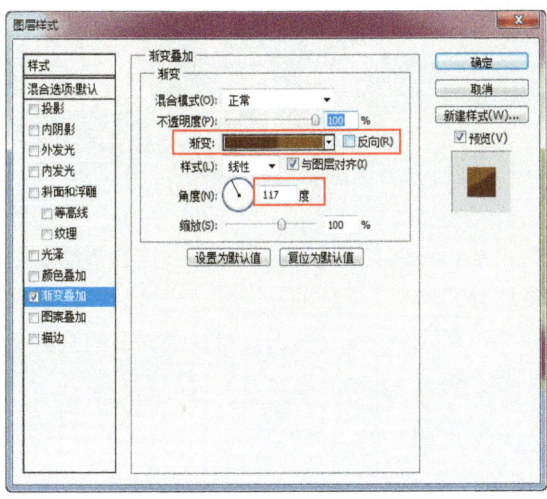

图3-184

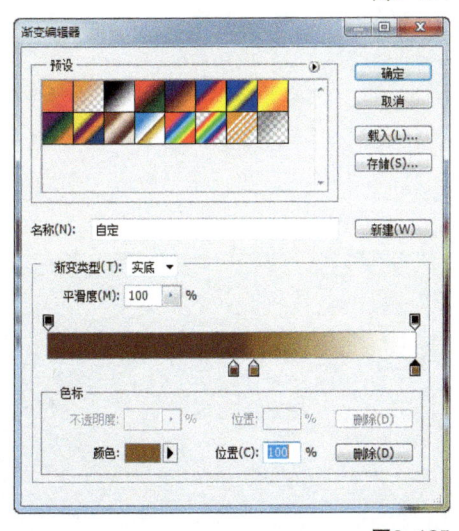

图3-187

11 新建文字图层，命名为"标题1"，使用"横排文字工具" T 在枚红色背景上写上"启禀小主！是他 就是他家"字样，字体为白色，然后双击"标题1"图层，勾选"投影"选项，设置投影颜色为（R:253，G:0，B:0），距离5像素，扩展为0%，大小为0像素，如图3-188所示。新建一个图层，命名为"蓝色底色"，使用"钢笔工具" 画出不规则菱形的形状，将其转化为选区，填充颜色为（R:0，G:236，B:218），再新建一个图层，命名为"蓝色底色阴影部分"，用"钢笔工具" 画出不规则三角形的形状，然后将其转化为选区，填充颜色为（R:9，G:172，B:152），再新建一个图层，命名为"蓝色底色折叠部分"画出不规则菱形的形状，将其转化为选区，填充颜

图3-185

067

色为（R:65，G:254，B:240），最后新建文字图层，命名为"标题2"，在枚红色背景上写上"破坏市场平衡"字样，设置字体颜色为（R:251，G:62，B:284），效果如图3-189所示。

尽量在符合实际的基础上把产品处理得好看点。毕竟活动平台上会有很多同行的竞争，所以，产品的美观度也会直接影响到点击率，再者就是配上吸引眼球的背景搭配，尽量用鲜亮有对比度的背景搭配，氛围则以活动为主。如果该产品有什么优惠和赠品可以在文案上面放大体现，客户的心理都是喜欢有优惠的，有优惠不妨作为第一卖点，如图3-190所示。

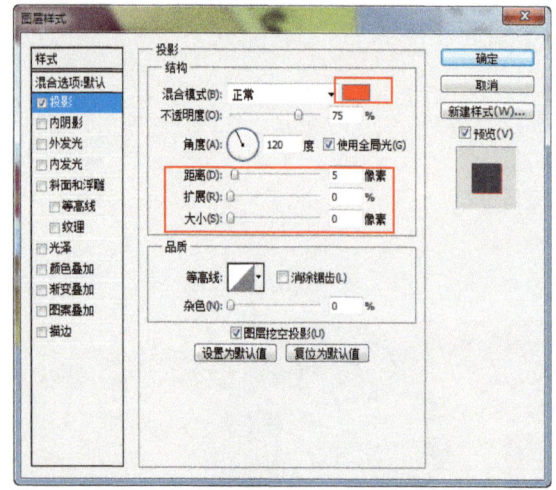

图3-188

图3-190

为了迎合该平台的活动主题，这张活动图主要是为了营造圣诞节的氛围。关于背景素材大家可以到素材网上找免费的素材，圣诞节的素材还是比较多的，不难寻找。

2.步骤详解

01 先制作背景部分，新建一个图层，命名为"绿色背景"，将其填充为绿色（R:2，G:91，B:43），然后新建图层，命名为"渐变光效"图层，使用"渐变工具"▇选择顶部导航栏中的"径向渐变"▇按钮，设置前景色为（R:158，G:226，B:39），在画布中拉出一个适当大小的绿色光效，如图3-191和图3-192所示。

图3-189

产品活动入口图是商家向平台提报单品活动通过后要按照平台的模板制作的产品入口图，在提及具体活动日期后，该图会在平台某活动页面中展现，所以产品的入口图是非常关键的，如何提高点击率是关键，下面讲解一下制作产品入口图的关键点。

3.7.2 活动入口产品图设计

1.页面分析

单品活动图是指商家提报的某款产品。所以，制作的图片只能针对这款单品，针对产品的话要多注意产品的细节处理，也就是产品修图，

图3-191

图3-192

02 新建图层,命名为"雪地",使用"钢笔工具" 在画布上面画上不规则的波浪形,将其转换为选区,填充为白色,再选择"渐变工具" ,颜色设置为(R:195,G:204,B:217),在雪地图层上稍微拉动,做出阴影的效果即可,这样的步骤可以多重复一两次,就可以做出雪地的效果,3-193和图3-194所示。

图3-193

图3-194

03 新建图层,命名为"雪花",将前景色设为白色,选择"画笔工具" ,笔尖形状为"柔边圆" 在画布上不规则地点上圆点,可以根据感官

进行放大或缩小,然后将图层的"不透明度"降低到80%,效果如图3-195所示。最后加上一些圣诞元素的素材,比如圣诞树、礼物盒,还有挂满小饰品的松树等,这些素材可以到网上寻找,将素材合理地摆放在画布上,如图3-196所示。

图3-195

图3-196

04 背景处理完后,接下来处理产品和文案,首先将产品素材拖入画布,为了突出产品,产品可以居中,可以占比大一点,如图3-197所示。为了使产品的加入不会显得突兀或者不会给人飘在空中的既视感,可以为产品加上一些阴影效果,如图3-198所示。

图3-197

图3-198

05 接下来是文案部分的处理,选择"自定义形状工具" 里的"箭头形状",然后在画布上拉出一个适当大小的箭头,按Ctrl+T快捷键将其顺时针旋转90°,填充为红色(R:196, G:0, B:1),如图3-199和图3-200所示。使用"横排文字工具" 在上面写上"双旦狂欢直降300元"等字样,颜色均为白色,将"直降"的文字栅格化,然后使用"钢笔工具" 画出相应的箭头和直线,将其填充为白色,如图3-201所示。

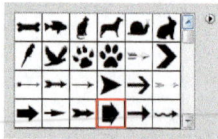

图3-199

图3-200

图3-201

06 新建图层,命名为"透明矩形框",选择"圆角矩形工具" 在画布右侧部分拉出一个适当大小的矩形,将图层填充为白色,然后双击图层,在图层样式选项中选择"描边"选项,描边颜色设置为白色,在图层面板中将"透明矩形框"图层的"不透明度"降低到80%(不透明度降低是指整个图层的透明度都降低),填充降低到26%(除了图层样式外如描边、外发光等的样式,效果外的图层会降低透明度),如图3-202所示。

图3-202

07 使用"圆角矩形工具" 拉出一个枚红色的矩形框,图层命名为"红色矩形框",如图3-203所示。在网上找一张线性光效的素材拖进来,命名为"光效1",将图层放置在"红色矩形框"图层上,如图3-204所示。到图层面板中将图层的混合选项设置为"线性减淡",如图3-205所示。将"光效1"图层复制一个出来,命名为"光效2",将图层剪切到"红色矩形框"图层内,如图3-206所示。

03 网店装修的主要工作

图3-203

图3-204

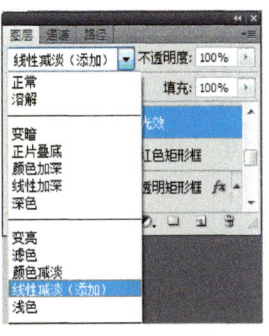

图3-205

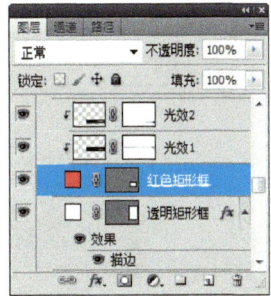

图3-206

08 使用"钢笔工具"画出一个斜角圆角矩形,命名为"斜角矩形",双击"斜角矩形"图层会跳出图层样式的选框,选择"描边"选项,设置大小为13像素,位置为内部,再选择"渐变叠加"并设置渐变颜色和角度,设置左边颜色为(R:242,G:149,B:65),右边颜色为(R:123,G:250,B:121),如图3-207至图3-209所示。这样就制作出斜角矩形背景的效果,复制"斜角矩形"图层,按照图片进行排版,如图3-210所示。

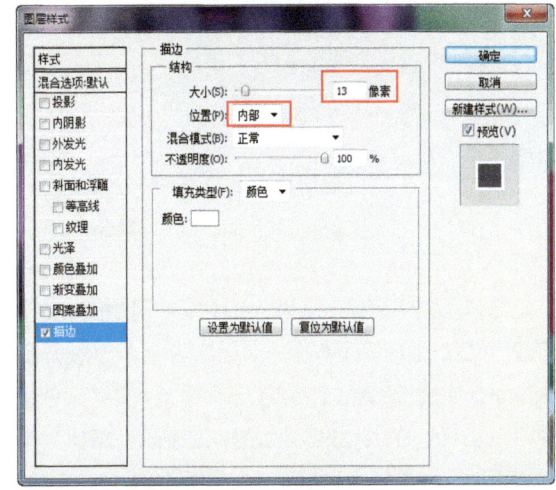

图3-207

071

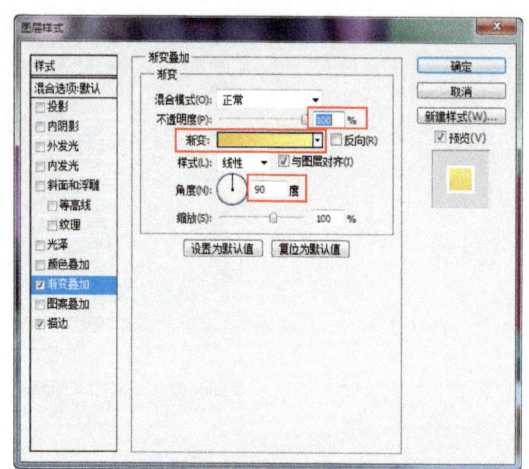

图3-208

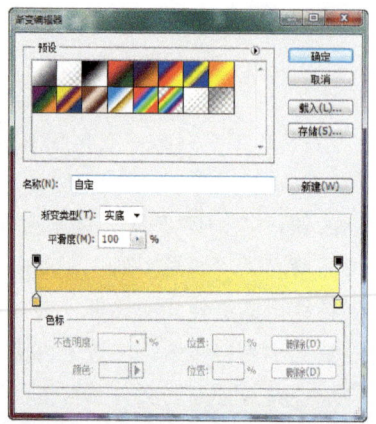

图3-209

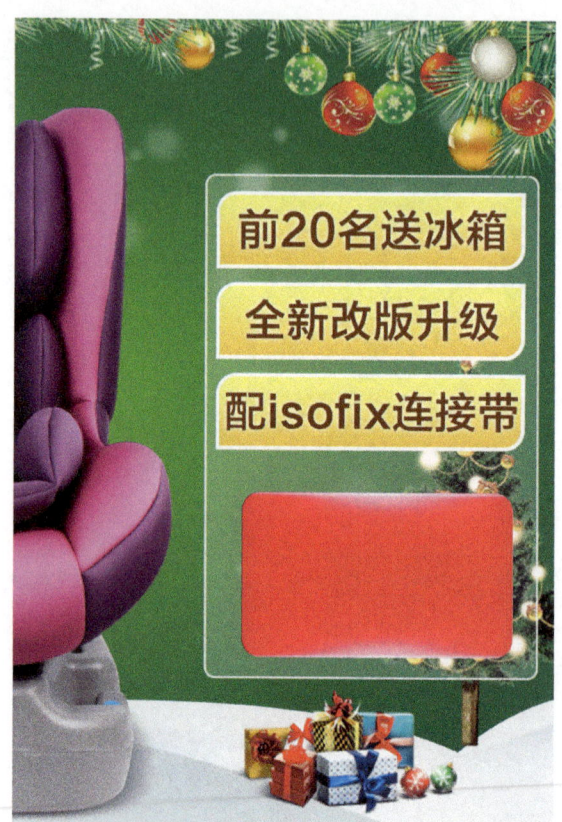

图3-211

图3-210

图3-212

09 新建文字图层,命名为"卖点",使用"横排文字工具" T 在上面写上"前20名送冰箱 全新改版升级 配isofix连接带"这3个卖点,分行排放,文字颜色设置为(R:115,G:62,B:0),如图3-211所示。新建一个文字图层,命名为"价格",并写上"仅售:1180 赠送豪华礼包"字样,也分行排放,颜色设置为白色,如图3-212所示。

3.7.3 活动营销图设计

1.页面分析

营销图片是展示在产品的描述页面最前面几屏的图片，营销图片要制作两个尺寸，一个是手机端的尺寸大小，另一个是电脑端的尺寸大小。营销图片的主要作用是让顾客觉得该产品对其很合适。所以，该产品有什么优惠信息最好都体现出来，主要是两个部分，一是赠品和优惠信息的体现，二是价格曲线图的体现。同时营销图的高度最好控制在三屏以内（高度过高，顾客看了半天还看不到关于产品的详细描述，会失去耐心），如图3-213所示。下面讲解一下营销图的制作方法。

图3-213

2.步骤详解

`01` 这张营销图为了切合入口的风格，延续了圣诞节的氛围，为了使背景不那么单调，可以去找一些有纹理的背景，然后在上面写上主题"狂欢不断 让利不止"字样，双击主题图层会跳出图层样式的对话框，选择"斜面浮雕"，并设置大小为38像素，软化为16像素，再点击"投影"设置角度为120°，距离为13像素，扩展为0%，大小为17像素，如图3-214至图3-216所示。效果如图3-217所示。

图3-214

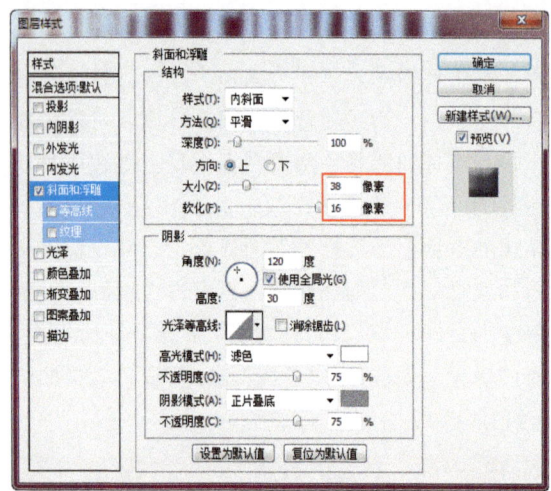

图3-215

层上分别写上文案和画上图形，效果如图3-220所示。下面的优惠券模块和豪礼模块也是用这样的处理方法，就不重复说明了。

图3-219

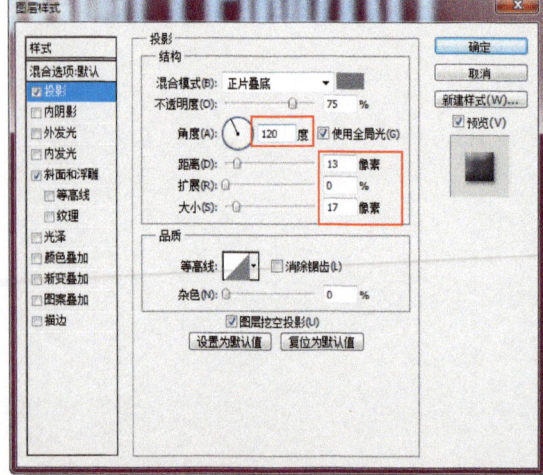

图3-216

图3-220

狂欢不断 让利不止

图3-217

02 为了烘托氛围，可以在画布上面添加一些圣诞节的元素，如图3-218所示。

3.8 直通车图片设计

狂欢不断 让利不止

图3-218

03 接下来是制作价格曲线图，新建一个"白色背景"图层，在四周放上红色丝带的素材，如图3-219所示。使用"钢笔工具""自定义形状工具""横排文字工具"在"白色背景"图

设计直通车图片是商家为了将顾客流量引到产品详情页，而在平台上面投放的产品图片，这种引流的资源是要商家出钱的，商家投放的直通车图片排序则是根据商家出的价格多少来定。简单来说出价越高，那么关键词搜索出来的排名就越高，比如，搜索一个"刀具"的关键字，下面有勾选"天猫"或者"销量"等筛选条件，这不

会不影响直通车的排名。直通车区域和商品主图区域的区分，如图3-221所示。

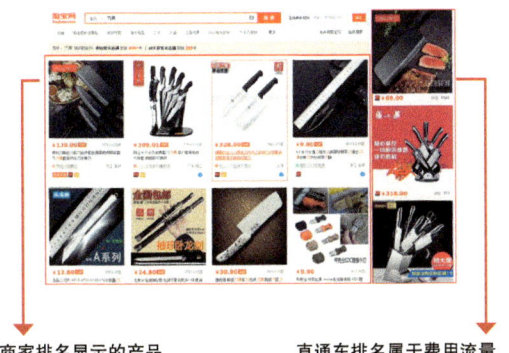

商家排名显示的产品主图第一张属于免费流量　　直通车排名属于费用流量

图3-221

那么，商家为什么不用免费流量而会选择要费用的直通车流量呢？免费的流量会根据买家所勾选的筛选条件进行筛除，比如，勾选"天猫"选项，那么淘宝C店的店铺产品就会被筛除掉，勾选"销量"选项，那么排名就会根据这个关键字的商品销量从多到少排序，如果商品销量少，顾客看到的概率就非常低。但是对于直通车来说不一样，直通车只根据商家的关键字出价来排名，不论买家勾选任何选项都不会影响到这个排名，这就是直通车的作用。

直通车的设计是很关键的，如果所设计的图片不吸引人，那么该产品的排名再高都没有用，展现量高但点击率越低的图片费用反而会越高。如通过搜索关键字，平台给顾客展现了10000次该产品，点击量只有1次，那么这个费用会根据商家出价的费用进行翻倍扣除，也就是说，点击率越高的图片越省钱。所以，学会做出抢眼而不失产品质感的图片是关键。下面进行举例说明。

1.页面分析

这张直通车图片用的是大片的红色作为主背景色，因为红色是比较抢眼的颜色，为了使背景不那么单调，采用了几何形状的拼接来增加背景的饱满度，下面部分用亮灰色的颜色背景，起到提亮的作用，可以制造一个桌面的既视感，让刀具放在背景上有真实感。文案是亮黄色，再用一些渐变的效果，可以使文案有光效的既视感，多

数人会对亮闪闪的东西有兴趣，可以有吸引眼球的作用。产品和赠品的部分，因为放上赠品会让喜欢实惠的顾客产生点击欲望，在价格相差不多的情况下，可以让顾客更多地倾向于该款产品，效果如图3-222所示。

图3-222

2.步骤详解

01 将背景图设置为2∶8的比例，红色背景占80%，新建图层，命名为"红色背景"，使用"矩形选框工具"▭选取适当大小，将其填充为（R:255, G:0, B:27），再新建图层，命名为"灰色背景"，使用"矩形选框工具"▭选取适当大小，将其填充为（R:237, G:237, B:235），如图3-223所示。

图3-223

02 新建图层，命名为"几何图形"，使用"钢笔工具"在画布中画出不规则的三角形，填充和红色背景相似但又深浅不一的颜色，可以多画几个三角形，可以根据自己的感官来填充颜色，为了有错落的感觉，可以降低"几何图形"的"不透明度"，在亮灰色区域，也是用"钢笔工具"在亮灰色背景区域内画一个三角形，在上面填充深一点的颜色，如图3-224所示。

图3-224

03 使用"横排文字工具"在红色区域写上"金门菜刀 持久锋利"的字样，颜色设置为（R:236，G:208，B:158），再新建图层，命名为"文字光效"，使用"渐变工具"在画布上拉出一个渐变的径向圆形，颜色设置为（R:246，G:245，B:234），如图3-225所示。

图3-225

04 将产品素材拉到画布中，在产品图层下方制作阴影效果，如果3-226所示。选择"椭圆选框工具"和"多边形工具"，设置边数为3，制作一个对话标的效果，颜色设置为（R:255，G:234，B:0），在上面写上"送"字，并且添加上赠品素材和+号，如图3-227和图3-228所示。

图3-226

图3-227

03 网店装修的主要工作

图3-228

3.9 钻展图设计

在淘宝网站上展示钻展图片也是需要商家付费的，基本上和直通车图片差不多，只是展现的位置不同，展示直通车的费用则是根据商家投放的位置来定的，下面举个例子，这个只是一部分位置。

钻展的展现位置不定，在淘宝网站上有很多位置可以展现，大部分商家会投放在淘宝首页，因为淘宝首页每天的流量是最大的，而在打开首页的最上面位置能展现的图片，则被顾客看到的概率是非常大的，如图3-229所示。很多商家会在商品报名的活动时，配合活动来投放钻展图片，让更多的人知道该商家的商品有活动的消息，同时也可以增加品牌和产品的曝光度，让更多的人知道自己的品牌和商品。

图3-229

1.页面分析

钻展图大部分都是用具备创意性和能让顾客产生好奇心的文案进行展示，让顾客产生点击购买的欲望。首先创意性的图片会让顾客产生新鲜感，再加上一些能让顾客产生好奇的文案，这些文案的创意可以根据当下的时局来把握，可以用当下流行的网络用语或者一些广大民众都关注的话题。下图产品采用的是素描的效果来展现的，主要是让顾客产生对产品的好奇感，从而让顾客产生点击购买的欲望，如图3-230所示。

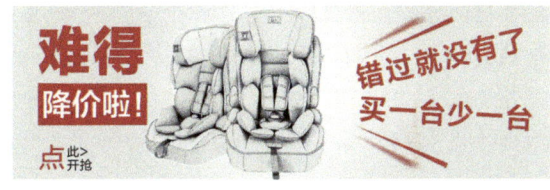

图3-230

2.步骤详解

01 这张活动图的背景颜色采用的是亮灰色，为了配合素描的效果，产品和背景的效果采用的是黑白灰的色调，颜色设置为（R:220，G:220，B:220），新建图层，命名为"背景光效"，使用"渐变工具"里的"径向渐变"按钮，拉出一个渐变的效果，为了让顾客的目光集中在产品上，如图3-231所示。

图3-231

02 将产品素材拖进画布，放置在中心位置，如图23-232所示。将产品处理为素描的效果，按住Ctrl+Shift+U快捷键进行去色处理，将产品设置为灰白色，如图3-233所示。

图3-232

图3-233

03 按住Ctrl+J快捷键复制产品素材1，图层命名为"产品素材1 副本"，按住Ctrl+I快捷键将"产品素材1 副本"图层进行反相处理，如图3-234和图3-235所示。

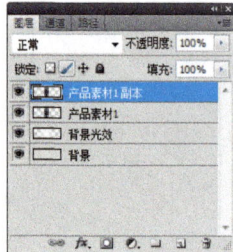

图3-234

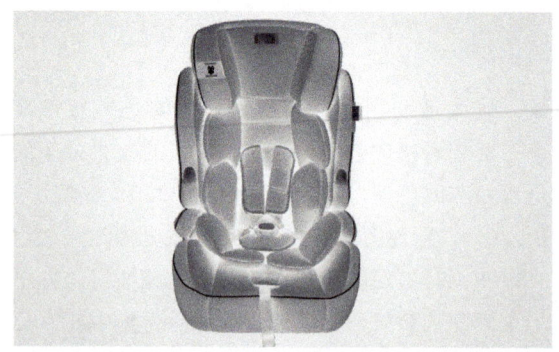

图3-235

04 在图层面板中，将"产品素材1 副本"的图层"混合模式"改为"颜色减淡"，这时产品的颜色几乎为白色，如图3-236所示。执行"滤镜>其他>最少值"菜单命令，设置半径为2像素，如图3-237和图3-238所示。

图3-236

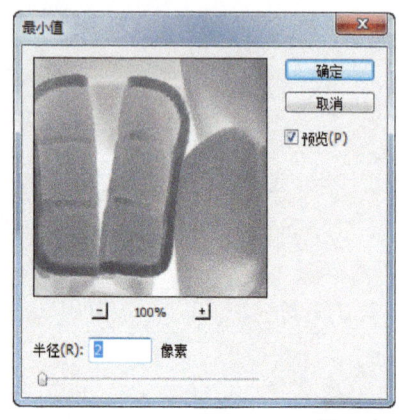

图3-237

图3-238

05 到图层面板中双击"产品素材1 副本"图层，添加"图层样式"，并选择"混合选项"，再选择"混合颜色带"中的"灰色"，按住Alt键的同时用鼠标拉出"下一图层"的深色滑块到右半部分合适的位置，如图3-239所示。这时的产品得到如图3-240所示的效果。

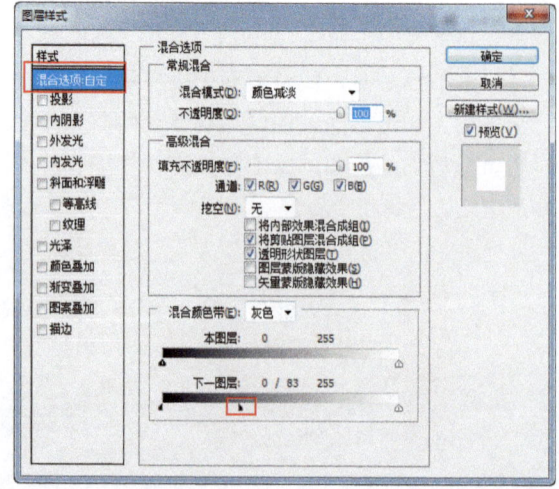

图3-239

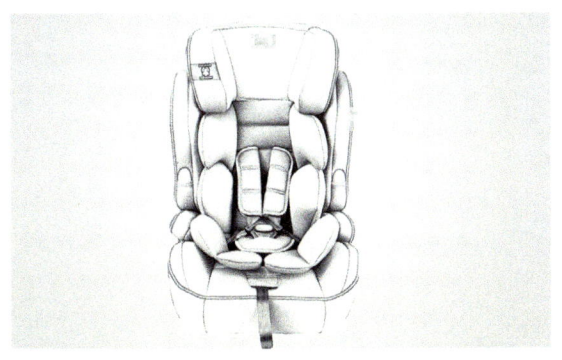

图3-240

06 新建图层,命名为"杂色"图层,使用"矩形选框工具" 建立一个适当大小的选区,将其颜色设置为(R:232,G:232,B:232),然后执行"滤镜>杂色>添加杂色"菜单命令,设置数量为20%,勾选高斯分布和单色选项,参数如图3-241所示。效果如图3-242所示。

最后将所有的图层都剪切在"产品素材1"内,如图3-246所示。最终效果如图3-247所示。

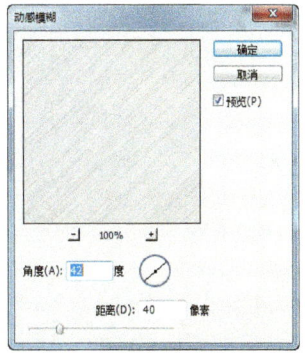

图3-243

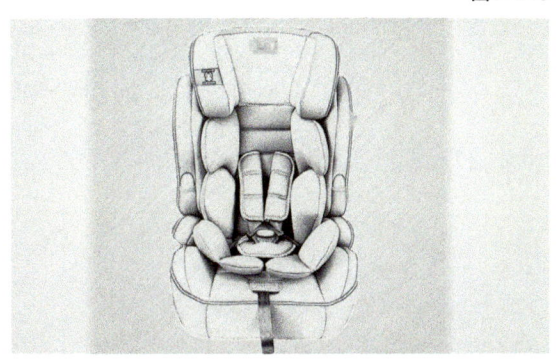

图3-244

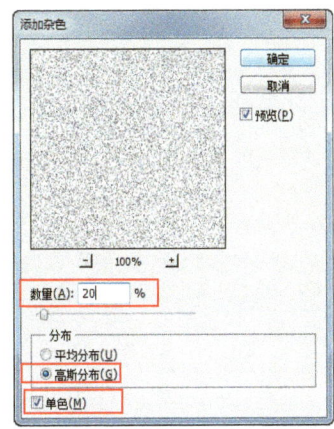

图3-241

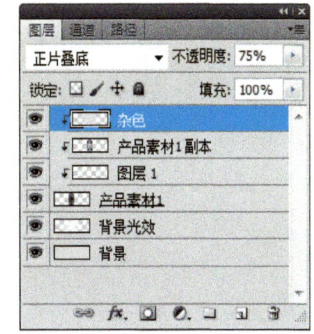

图3-245

图3-242

07 执行"滤镜>模糊>动感模糊"菜单命令,并设置参数,如图3-243和图3-244所示。将图层混合样式勾选为"正片叠底",降低不透明度,如图3-245所示。

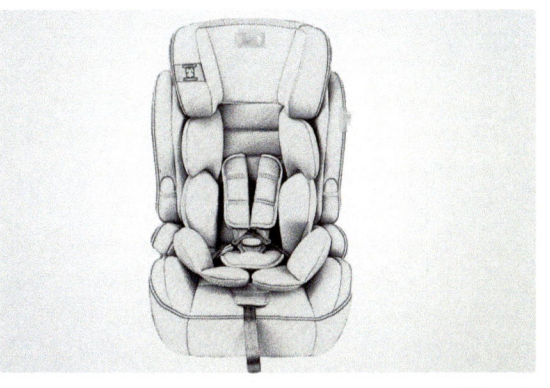

图3-246

08 旁边侧边的产品效果也是按照上述的步骤进行处理,如图3-247所示。然后加上文案,文案的制作步骤这里也不再赘述,最后效果如图3-248所示。

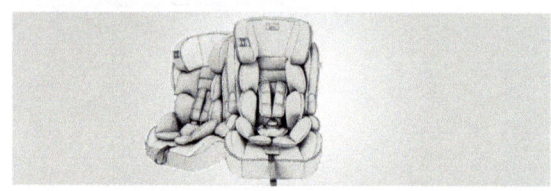

图3-247

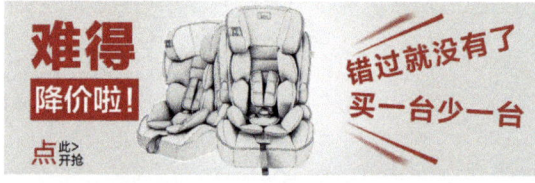

图3-248

04

高级设计的主要技巧

文字特效制作

简洁明了的排版

选用合适的背景搭配

整体的色彩搭配

产品光效处理

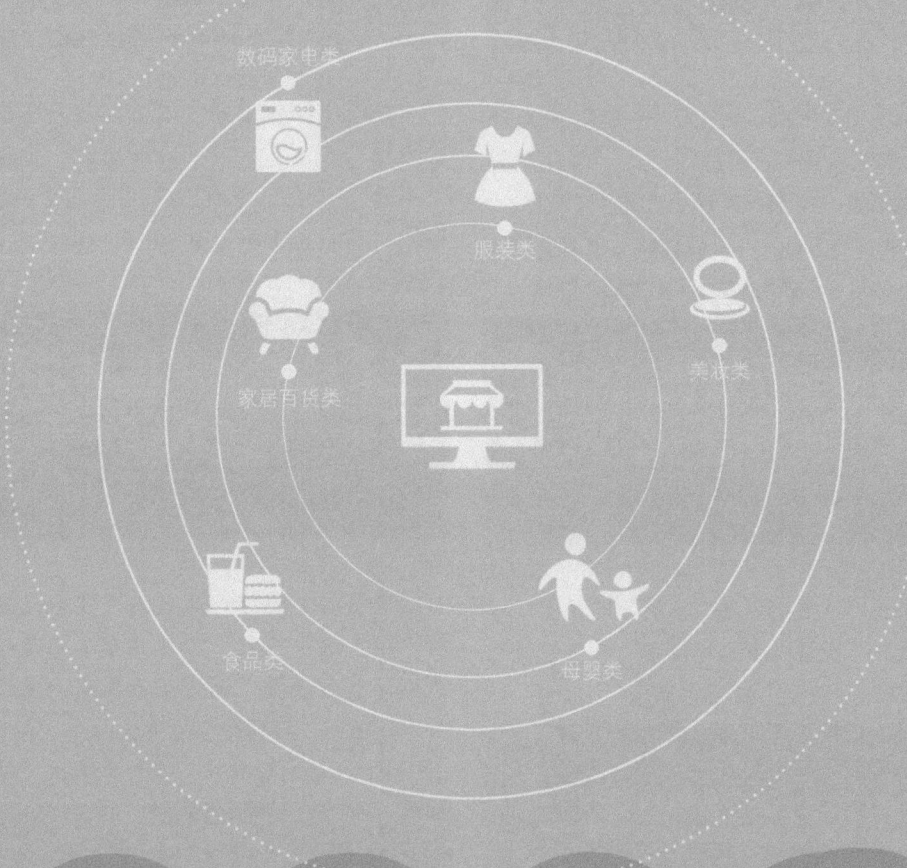

4.1 文字特效制作

4.1.1 星光熠熠的文字

现在很多电商设计师都会使用星光和光线的特效来让主题更加突出，更加吸引人的眼球。因为大多数人都会对亮闪闪的东西感兴趣，电商设计师抓住这样的心理才能把主题做得更突出，如图4-1所示。

图4-1

01 新建一个文字图层，命名为"主题"，在画布上输入"狂欢返场让热度再持续一下"字样，最好找一些比较粗的字体，将文字颜色设置为（R:252, G:243, B:184），再按Ctrl+T快捷键将文字适量地旋转一下，旋转的角度不要太大，如图4-2所示。

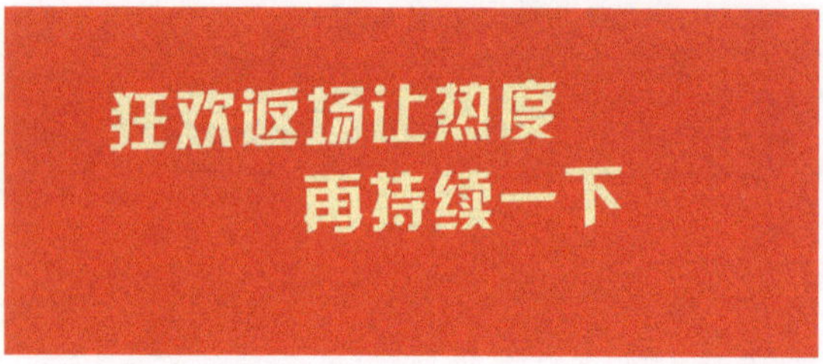

图4-2

02 到图层面板双击"主题"图层，选择图层样式为"描边"，设置大小为15像素，颜色设置为（R:73, G:7, B:141），如图4-3所示。

图4-3

03 新建一个图层，命名为"渐变光效"，选择"渐变工具"中的"径向渐变"按钮，将前景色设置为白色，在画布上拉出一些白色的径向渐变，然后使用"画笔工具"中的"柔边圆"画笔，大小适量而定，将前景色设置为（R:251, G:237, B:140），画出一些淡黄色，可以画得乱一点。最后使用"钢笔工具"在画布上画出一些不规则的三角形，将前景色设置为（R:241, G:225, B:70），将三角形路径转为选区，颜色填充为黄色，如图4-4所示。

图4-4

04 到图层面板中将"渐变光效"图层剪切到"主题"图层内，将"渐变光效"图层放置到"主题"图层上面，将鼠标移至两个图层中间并按住Alt键，单击图层中间即可，剪切后效果如图4-5所示。

图4-5

05 新建一个图层，命名为"线形光效"，使用"矩形选框工具"在画布上随意拉出一个矩形，然后选择"渐变工具"中的"对称渐变"按钮，将前景色设置为白色，在画布上拉出一个白色的对称渐变效果，如图4-6所示。

图4-6

06 按3下向下键↓，然后按Delete键把矩形框内的部分都删除掉，再按Ctrl+D快捷键取消选区，线形光效就完成了，如图4-7至图4-9所示。

图4-7

图4-8

图4-9

07 按Ctrl+T快捷键将"线形光效"图层调整至适合大小，按Ctrl+J快捷键复制"线形光效"图层，可以多复制几层，将"线形光效"变形后放置文案周围，如图4-10所示。

图4-10

08 新建一个图层，命名为"星光"，在网上找一些星光的笔刷，使用"画笔工具"将前景色设置为白色，在主题文字上面画上一些白色的星光，效果如图4-11所示。

图4-11

4.1.2 立体和有层次的文字

主题文字的处理是为了让其看起来更加醒目，通过对文字进行立体和有层次的处理能够吸引大多数人的目光。将主题文案做出3D立体的层次感让整体的图片更有空间感，再加光效等素材的点缀让主题更加聚焦，如图4-12所示。

图4-12

01 新建一个文字图层，命名为"主题"，使用"横排文字工具"在画布上输入"年货钜惠"字样，最好找一些比较粗的字体，颜色设置为（R:252，G:175，B:11），按Ctrl+T快捷键将其旋转，角度不要太大，如图4-13所示。双击"主题"图层，设置图层样式为"投影"，混合模式为"正片叠底"，再勾选"图案叠加"，设置混合模式为"叠加"，图案为黑点，参数如图4-14和图4-15所示。效果如图4-16所示。

图4-13

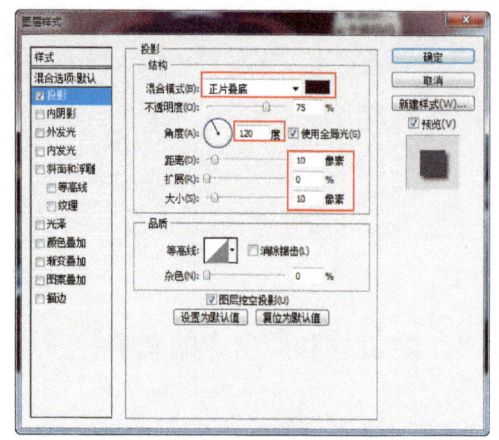

图4-14

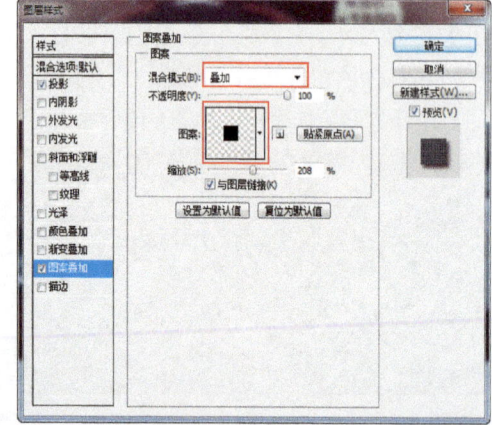

图4-15

图4-16

02 复制"主题"图层，将其图层样式清除，向左下移动至适合的位置，字体颜色改为（R:163，G:3，B:3），如图4-17所示。

图4-17

03 新建一个图层，命名为"渐变光效"，选择"渐变工具"中的"径向渐变"按钮，将前景色设置为白色，在画布上拉出一些白色的径向渐变效果，然后使用"画笔工具"中的"柔边圆"画笔，大小适量即可，将前景色设置为（R:251，G:237，B:140），画出一些淡黄色，可以乱一点，不用太规则，最后使用"钢笔工具"在画布上画出一些不规则三角形，将前景色设置为白色，将三角形路径转为选区，颜色填充为白色，如图4-18所示。

图4-18

04 到图层面板中，将"渐变光效"图层剪切到"主题"图层内，将"渐变光效"图层放置到"主题"图层上部，将鼠标移至两个图层中间并按住Alt键，单击图层中间即可，剪切后效果如图4-19所示。

图4-19

05 在"主题"图层上面添加线性光效素材，如图4-20所示。

图4-20

06 新建一个图层，命名为"主题描边背景"，使用"钢笔工具"沿着主题文字外围形状勾画出主题的描边形状，将其颜色填充为（R:77，G:2，B:3），如图4-21所示。

图4-21

07 使用"横排文字工具"在画布上输入"回家过年 安全随行"字样，文字颜色设置为（R:255，G:255，B:59），再写上"无敌浩克洗脸安全座椅"字样，文字颜色为白色，如图4-22所示。

图4-22

4.1.3 创意的文字

制作创意文字的效果时就要发挥自己的想象力，在原有的字体上进行删减和增加图形、图像。这种图形、图像可以自己手绘，也可以找一些相关的素材，也同样是为了让主题更加活泼和形象，从而更具画面感。只在海报上面输入主题，会太死板而且没有聚焦的效果，为了使整个主题更加形象一点，不妨试试这种文字的处理方式，如图4-23所示。

图4-23

01 新建一个文字图层，命名为"主题"，使用"横排文字工具"在画布上输入"让嘴巴去旅行"主题，最好是找一些比较有曲线的字体，如倩体等，文字颜色设置为（R:241，G:20，B:35），如图4-24所示。

图4-24

02 为了使整体的排版看起来不那么死板，要将文字摆放的错落一点，如图4-25所示。

图4-25

03 选中"主题"图层，然后右键选择"栅格化文字"，因为文字图层没办法进行删减，所以要将其栅格化后才能删减。使用"钢笔工具"将"主题"图层中的"去"字的最后一笔圈住，将路径转为选区，按住Delete键将"去"字的最后一笔删除，如图4-26所示。

图4-26

04 使用"钢笔工具"勾画出爱心桃的形状，设置前景色为（R:241，G:20，B:35），将其进行"描边"处理，描边大小为5像素，效果如图4-27所示。

图4-27

05 使用"钢笔工具"将"主题"图层中的"旅"字向左边画出丝带的形状，并向左边延伸，将其颜色填充为（R:241，G:20，B:35），如图4-28所示。

图4-28

06 在"巴"字上面增加一个嘴唇的素材，并且使用"钢笔工具"在"让"字上增加细小的曲线，进行点缀，如图4-29所示。

图4-29

07 使用"横排文字工具"在画布上输入"全场满68元包邮（偏远地区除外）"字样，字体和主题的字体一样，为了整体的统一性，不要有太大的差别，文字颜色设置为（R:241，G:20，B:35），如图4-30所示。

图4-30

08 双击"主题"图层，勾选图层样式为"外发光"，设置发光颜色为白色，大小为76像素，如图4-31和图4-32所示。

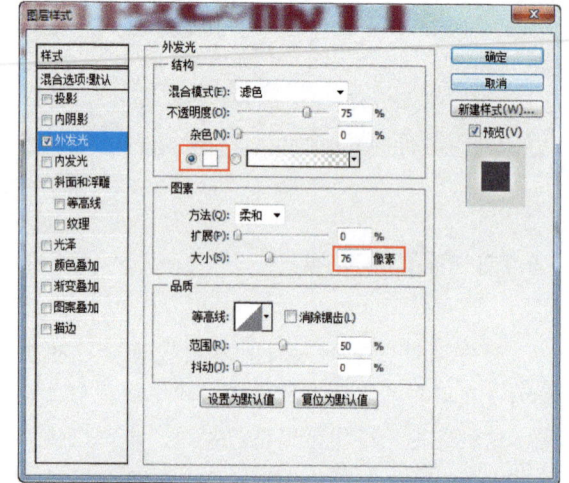

图4-31

图4-32

4.2 简洁明了的排版

4.2.1 居中排版

很多电商设计师都会把主题和副主题按照从上到下的方式排放，主题的占版可以大一些，更醒目一些，而这里选用的处理方式是添加一些有趣的文案来烘托主题，比如"小主！这家折扣还这么低！！！"为了使字体看起来不单调，这里选用的是添加立体标的背景效果来衬托这些有趣的文案，这样看起来主题明确，整张图片都烘托出活动的效果，那么整体的效果就更加耐看，如图4-33所示。

图4-33

01 新建一个图层，命名为"副标题"，使用"横排文字工具"在画布上输入"小主！这家折扣还这么低！！！"字样，颜色设置为（R:101，G:17，B:165），可以把要突出的文案放大，因为大多顾客都比较懒，他们不会去仔细地看每一个字，那么就要学会把重要的文案挑选出来，让顾客看到，如图4-34所示。

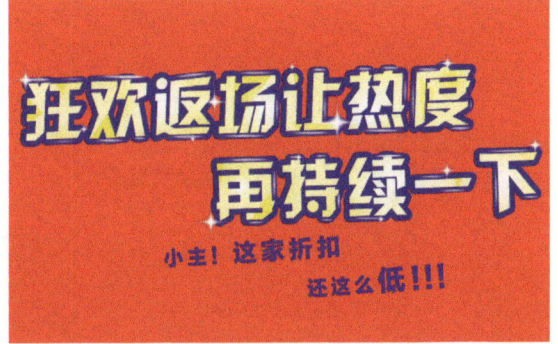

图4-34

02 副标题这样放着显得很单调，所以要给它加上一些背景。新建一个图层，命名为"立体标签背景"，使用"钢笔工具"先在图层上面画出两条不规则的菱形，填充颜色为（R:248，G:228，B:5），然后再添加一个不规则的几何图形，颜色可以适当深一点，这样可以营造出标签的立体感，如图4-35所示。

图4-35

03 现在画面整体看起来会比较空，可以画一个吉祥物，为了迎合这个主题而选用惊讶的表情，这个图像比较简单。新建一个图层，命名为"天猫吉祥物"，使用"钢笔工具"在画布上画出吉祥物的身形，填充颜色为黑色，如图4-36所示。

图4-36

04 将前景色设置为白色，然后选择"椭圆工具"并按Shift键同时拉动鼠标，这样可以拉出正圆形，作为天猫吉祥物的眼白，再拉出一个小的正圆，填充颜色为黑色，选中这两个图层并复制，再拖动到适合的位置上，如图4-37所示。

图4-37

05 新建一个图层,命名为"鼻子嘴巴",使用"钢笔工具"画出鼻子和嘴巴,填充颜色为白色,在嘴巴的地方画一个相对小的嘴巴,并填充颜色为(R:178,G:16,B:48),如图4-38所示。

图4-38

06 新建一个图层,命名为"对话框",使用"钢笔工具"画出一个不规则的对话框,填充颜色为(R:141,G:0,B:10),再复制一个出来,缩小一点并填充颜色为(R:248,G:228,B:5),再使用"横排文字工具"在画布写上"惊!"字样,填充颜色为(R:141,G:0,B:10),文案部分就完成了,如图4-39所示。

图4-39

4.2.2 上下排版

这种排版方式是上面放主题文案,下面放产品和其他的文案,更加强化主题,弱化产品。在这种海报整体较高的情况下,通常顾客打开页面会先看小主题文案,再往下看才能看到产品部分,主题文案占整体版面的比例大,海报看起来也比较大气,如图4-40所示。

图4-40

01 将聚划算的图标素材放置在画布上部,如图4-41所示。

图4-41

02 复制聚划算图标素材将其向右下方移动,然后将其颜色设置为(R:57,G:6,B:5),如图4-42所示。

图4-42

04 高级设计的主要技巧

03 在聚划算图标素材上面放上光效素材,如图4-43所示。

图4-43

04 使用"横排文字工具" T 在画布写上"品牌团·精品就要劲爆"字样,文字颜色为白色,如图4-44所示。

图4-44

05 在聚划算图标素材下方放上产品素材,如图4-45所示。

图4-45

06 使用"横排文字工具" T 在画布上输入"(活动时间:4月9-11日 时间有限 抓紧抢购)"字样,填充颜色为(R:158,G:0,B:3)。新建一个图层,命名为"分割线",设置前景色为(R:158,G:0,B:3),然后选择"渐变工具"中的"对称渐变"按钮,在画布上拉出一个适当大小的渐变效果,如图4-46所示。

图4-46

07 使用"横排文字工具" T 在画布写上"各种惊爆价 精品厨具等你来抢!"等字样,文字颜色设置为(R:121,G:121,B:121),如图4-47所示。

图4-47

4.2.3 左右排版

左右的排版方式大部分都是左文右图或者左图右文,将产品和文字按照3:7的比例排版,也

089

就是所谓的黄金分割线，商家可根据店铺要突出的是产品还是文案，将这比例进行分割，左右的排版方式是比较常见的，因为这种排版方式比较耐看，将文案和产品划分开，文字集中在一边体现，产品图案在另外一边体现，比较简单但是很耐看，如图4-48所示。

图4-48

01 将产品素材和飘带等素材放置在画布右边，如图4-49所示。

图4-49

02 新建一个图层，命名为"主题"，使用"横排文字工具"在画布上输入"女神节"字样，文字颜色设置为白色，如图4-50所示。再新建一个图层，命名为"主题阴影"，将"主题"图层转为选区，并且将其进行"羽化"，羽化值为5像素，将其颜色填充为（R:128, G:6, B:9），如图4-51所示。

图4-50

图4-51

03 复制"主题"图层，右击选择"栅格化文字"，将"主题"图层栅格化，然后执行"滤镜>模糊>动感模糊"菜单命令，参数设置如图4-52所示。效果如图4-53所示。

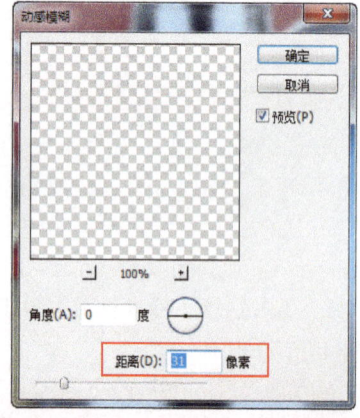

图4-52

图4-53

04 新建文字图层，使用"横排文字工具" T 在画布上输入相关文案，如图4-54所示。

06 使用"横排文字工具" T 在画布写上"超大容量/24小时超长恒温/优质不锈钢"文案，文字颜色为（R:16，G:0，B:1），如图4-56所示。

图4-54

图4-56

05 使用"圆角矩形工具" ▢ 在画布上拉出一个适合大小的圆角矩形，填充颜色为（R:255，G:234，B:0），如图4-55所示。

07 使用"横排文字工具" T 在画布写上"原价：315元"，和"仅售：79元"文案，文字颜色为白色，如图4-57所示。

图4-55

图4-57

08 将"仅售：79元"文字图层转为选区，将其羽化，羽化值设置为2像素，颜色填充为（R:152，G:21，B:36），按住Ctrl+T快捷键将其斜切变形，如图4-58所示。

01 将白色的纹理素材放置在画布中间，如图4-60所示。

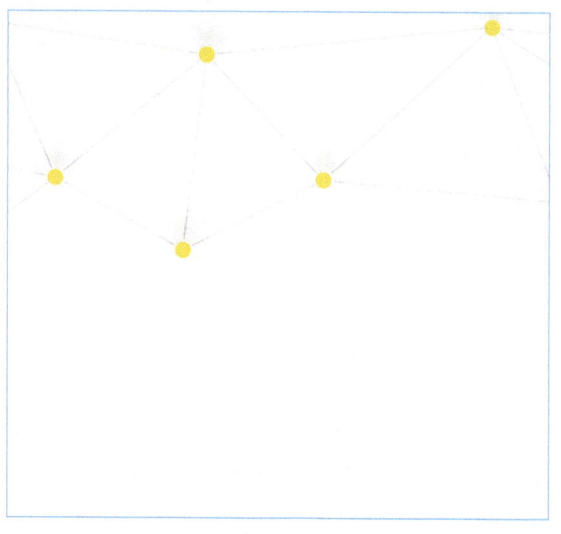

图4-60

02 在画布上面添加金币素材，将其错落地摆放，不要太整齐显得太生硬，如图4-61所示。

图4-58

4.3 选用合适的背景搭配

4.3.1 简单大气

简单大气的背景，不需要太多的素材和色块，只需将白色的背景进行简单的处理，就是为了突出主题。背景越简单越不容易将顾客的目光分散到背景上，而是集中在主题上，这样的处理方式搭配得好的话，会使整体效果非常简洁大气，如图4-59所示。

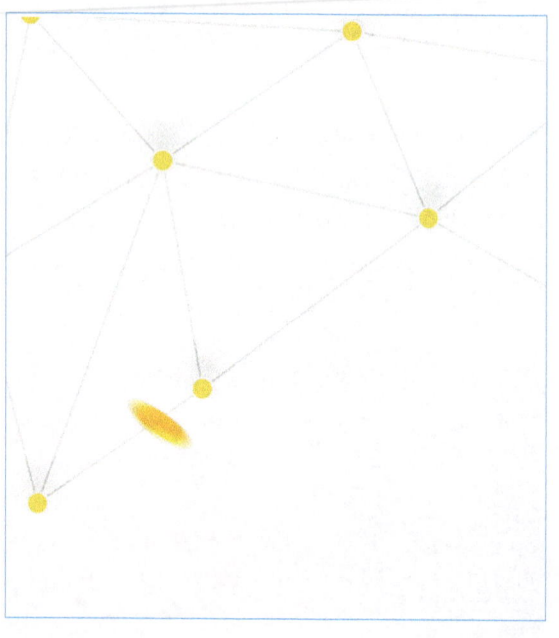

图4-61

03 新建一个图层，命名为"尾部锯齿背景"，使用"钢笔工具" 在画布上面画上锯齿图形，可以先画一个图形，然后复制向右排开，再将复制的所有图层合并为一个图层，如图4-62所示。

图4-59

图4-62

04 将红色的几何图形素材放置在"尾部锯齿背景"图层上,把鼠标移至两个图层中间并按住Alt键,单击图层中间即可,剪切后效果如图4-63所示。

图4-63

05 新建一个图层,命名为"渐变阴影",设置前景色为(R:146,G:3,B:6),使用"渐变工具"在画布上拉出一个线性渐变,如图4-64所示。

图4-64

06 在"尾部锯齿背景"图层上添加光效素材,如图4-65所示。

图4-65

07 放上主题后的效果如图4-66所示。

图4-66

4.3.2 唯美风景

选用唯美风景作为背景图时,要根据产品的色调和产品属性来选择相对应的风景图案背景,可以起到烘托主题的效果。这种搭配方式对产品和背景的融合度要求比较高,如果背景选择和产品格格不入,则会让顾客看起来很不舒服。所以,采用这种背景搭配方式的话要将产品和背景处理得恰到好处,让人感觉到产品和背景是一体的,如图4-67所示。

图4-67

`01` 将粉色手绘花卉素材放置在画布上部,如图4-68所示。

图4-68

`02` 将花卉素材放在画布右下角,复制花卉素材移动至左下角,如图4-69所示。

图4-69

`03` 在花卉素材上面添加光效素材,将整体颜色进行提亮,如图4-70所示。

图4-70

`04` 将产品素材放置在画布中,如图4-71所示。

图4-71

`05` 在产品素材上部位置添加上文案素材和光效素材,如图4-72所示。

图4-72

`06` 在产品素材上面加上花卉素材和云朵素材,如图4-73所示。

图4-73

04 高级设计的主要技巧

4.4 整体的色彩搭配

整张图片的颜色搭配是非常重要的，电商设计师除了懂得如何利用文案和产品的排版以外，还要对色彩方面有视觉敏感。因为，整张图的色彩搭配关系着该图的视觉协调性，如果在颜色搭配上给人感觉到刺眼或视觉不舒服的话，那么所设计的图片就是失败的作品。而在色彩的搭配上主要分为"对比色搭配"和"相近色搭配"这两大块，下面举例说明一下。

4.4.1 对比色搭配

对比色搭配，整张图片颜色搭配都很抢眼，大部分是使用红色调与黄色调这两个相近色，这两个颜色的搭配比较经典，在处理活动图时，为了使整个活动氛围强烈一点，一般都会采用这两个色调的搭配，除了这两个相近色以外，还搭配进了紫色。黄色和红色都属于暖色调，而紫色则属于冷色调，冷色调和暖色调的搭配通俗称为"对比色搭配"。暖色调和冷色调的颜色差和对比度都比较强烈，会给人的视觉带来很大的冲击，所以，在图片中添加一些紫色，可以让整张图片更有冲击力，为了使整个图片不那么突兀，所以紫色占版面比较少。

但是进行"对比色"颜色搭配时要谨慎，对比色的搭配都比较难，要怎么把两个完全不是同一色系的颜色搭配在一起呢？如果对色彩不是很熟悉的情况下最好不要尝试，因为两个完全不搭的颜色放在一起，会使整个页面看起来很别扭，如图4-74所示。

图4-74

黄色和蓝色的搭配是对比色里面较为经典的，这两个颜色对视觉的冲击力也比较大，也是互补色。下面为大家展示一下比较经典的对比色搭配，如图4-75至图4-78所示。

图4-75

图4-76

图4-77

图4-78

4.4.2 相近色搭配

相近色的搭配，指同一色系的颜色进行搭配，这类搭配没有"对比色搭配"的视觉冲击力强，但是相对而言，在配色方面就不会那么难。"相近色"是指在同一色系里面找比较相近的颜色做搭配，比如红色，可以与橙色搭配，可以与玫红等跟红色比较相近的颜色进行搭配，如图4-79所示。使用"相近色"做整体的搭配时，想要突出活动的氛围，基本上都会选择红色、橙色、玫红等比较刺眼的颜色，达到吸引眼球的目的，如图4-80所示。还有一种是使用白色和粉色进行搭配，这种搭配一般会吸引女性的眼球，所以在美妆、女装、母婴等针对女性顾客比较多的类目都会使用这样的搭配，如图4-81所示。

图4-79

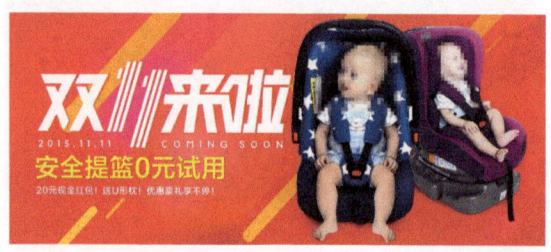

图4-80

图4-81

4.5 产品光效处理

在扁平化普及的设计时代，很多电商设计师都会使用光效处理来突出主题因为人们都会把目光集中在一张图片中比较亮的点。所以，要在一张图片中凸显产品的话，产品光效处理这块也得掌握。

凸显产品的方法就是把产品和背景融合在一起，同时又能从视觉感官上区分开，可以从颜色对比度上入手。拿不锈钢的产品来讲，在做不锈钢的产品方面很多背景都会采用深色的，因为不锈钢产品属于亮色的产品，黑色作为背景，可以与产品有对比度的区分。而人们都喜欢把目光集中在图片中比较亮的点，自然就会把目光放在你的产品上。暗色的背景最能体现一个产品的质感，这就是为什么很多数码电器、皮质、不锈钢等产品都喜欢使用暗色背景原因，如图4-82所示。

见图4-82，在背景的处理上采用的是"追光"效果，就像舞台剧在演员独白时，会把舞台灯光调暗而给演员打上追光，这样就能把台下观众的目光从偌大的舞台上引导在演员身上。处理产品的方法也是这样，把整体的背景调暗，但是会在放产品的位置加上光效，就是为了将顾客的目光引导到产品上。

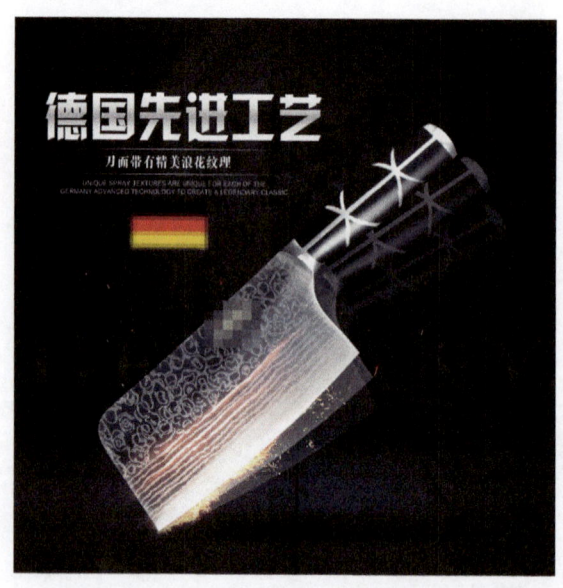

图4-82

4.5.1 不锈钢类产品

01 把产品素材放置在背景上,然后找一些光效素材拖入画布中,将图层命名为"线性光效"图层,如图4-83所示。

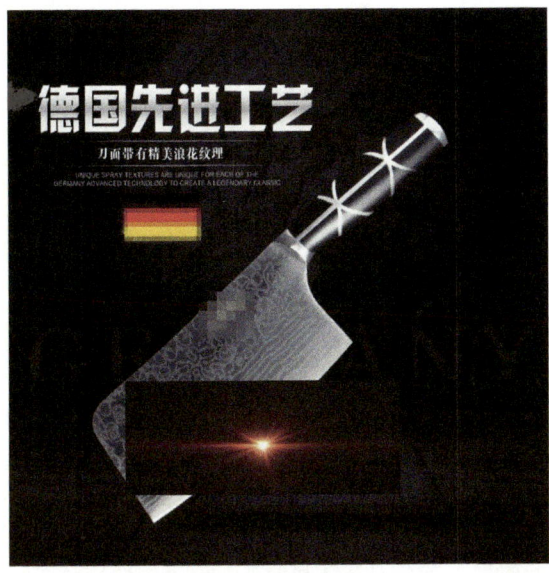

图4-83

02 选中"线性光效"图层,在图层控制面板上选择图层样式为"滤色",效果如图4-84所示。

图4-84

03 按住Ctrl+T快捷键,将光效素材旋转至与刀面平行,然后使用"涂抹工具" 将素材沿着刀面的纹路进行涂抹,这样就能做出刀面纹路发光的特效,如图4-85所示。

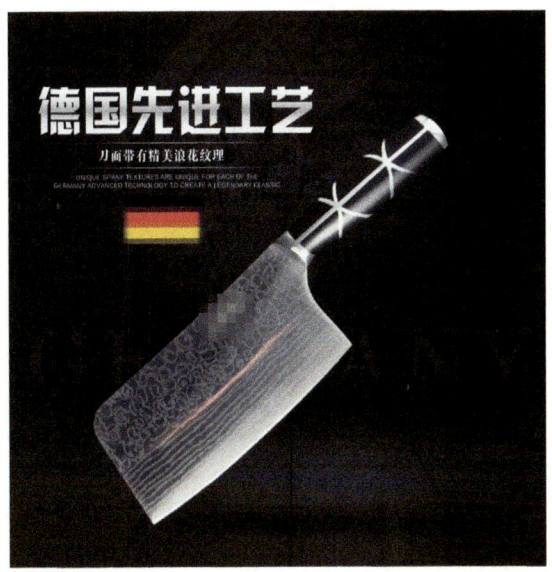

图4-85

04 将刀面纹理的"线性光效"图层多复制几个出来,把其他的纹理也做出合适的效果,如图4-86所示。

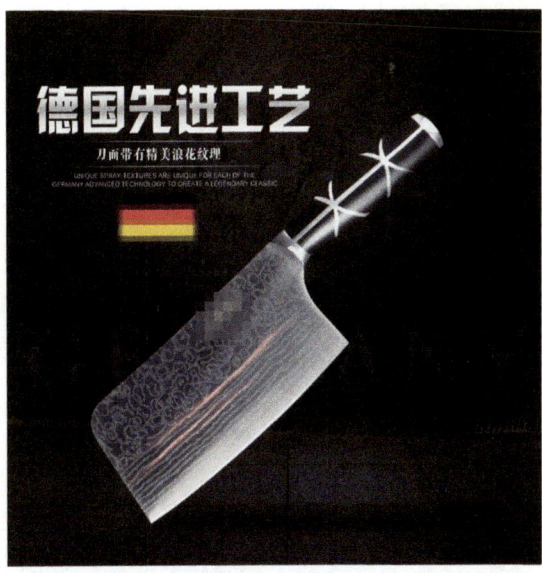

图4-86

05 按住Ctrl键,同时到图层控制面板单击"产品素材"图层,将产品轮廓的选区选出来,然后新建一个图层,命名为"白色亮光",将前景色设置为白色,使用"渐变工具" 在刀面上拉出一个白色渐变图层,将"白色亮光"图层样式设置为"柔光",效果如图4-87所示。

上一层光效,然后到图层控制面板中,将图层样式设置为"柔光",如图4-89所示。

图4-87

图4-89

06 复制"产品素材"图层,使用"橡皮擦工具"擦除刀面部分,变得更为明亮一些,然后到图层控制面板中,将图层样式设置为"柔光",让刀面的纹理更加清晰,效果如图4-88所示。

08 到网上找一些火焰和火星的素材,按Ctrl+T快捷键和使用"涂抹工具",在刀刃上增加火焰的效果,制造刀具锋利的视觉效果,然后到图层控制面板中,将图层样式设置为"柔光",如图4-90所示。

图4-88

07 到网上找到一张面积大一点的光效素材,按Ctrl+T快捷键和使用"涂抹工具",在刀面上加

图4-90

09 复制"产品素材"图层,按住Ctrl+T快捷键,把图层顺时针旋转30°左右,到图层控制面板中,将图层"不透明度"降低到33%,再重复以上步骤,将产品图层再复制出来,进行旋转,"不透明度"降低到15%,如图4-91所示。

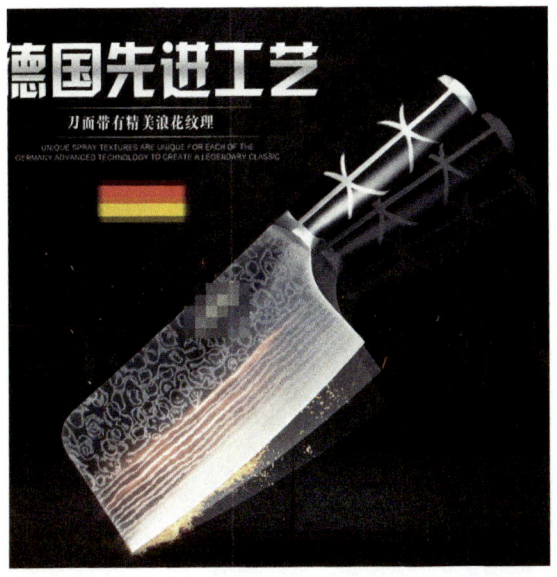

图4-91

4.5.2 电器类产品

01 将光束素材放置在主体正中间,如图4-92所示。

图4-92

02 新建一个图层,命名为"光束加强",使用"钢笔工具"在画布上面画出相对应的图案,转为选区并将其羽化,羽化值为15像素,然后填充为白色,选择图层样式为"滤色"如图4-93所示。

图4-93

03 将产品素材放置在光束正中间,如图4-94所示。

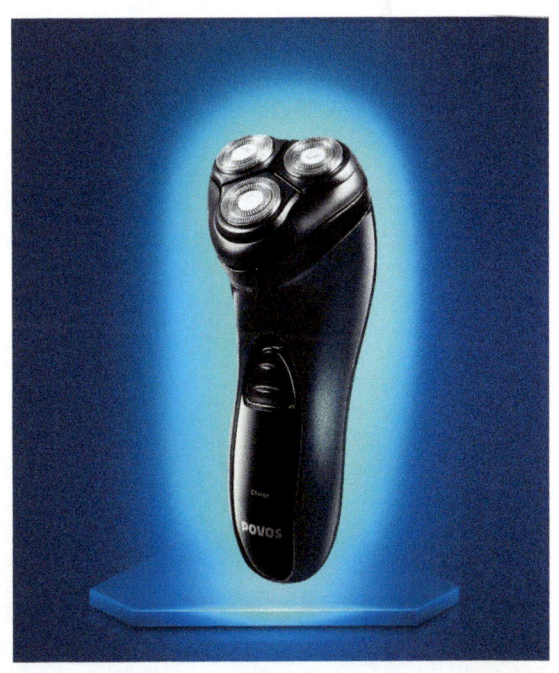

图4-94

04 新建一个图层,命名为"产品阴影",使用"椭圆选框工具"　在画布上面拉出一个椭圆形,将其羽化,羽化值为5像素,然后填充为黑色,如图4-95所示。

06 新建一个图层,命名为"刀头光效",使用"钢笔工具"　沿着刀头勾画出相应的图形,转为选区后将其羽化,羽化值为15像素,然后填充为白色,设置图层样式为"滤色",如图4-97所示。

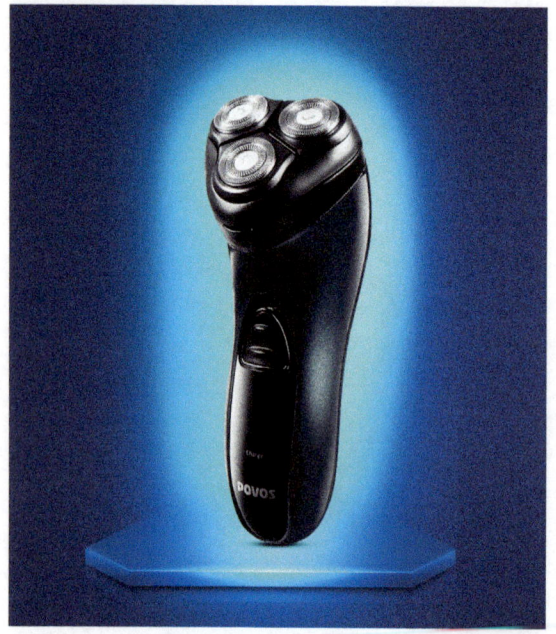

图4-95

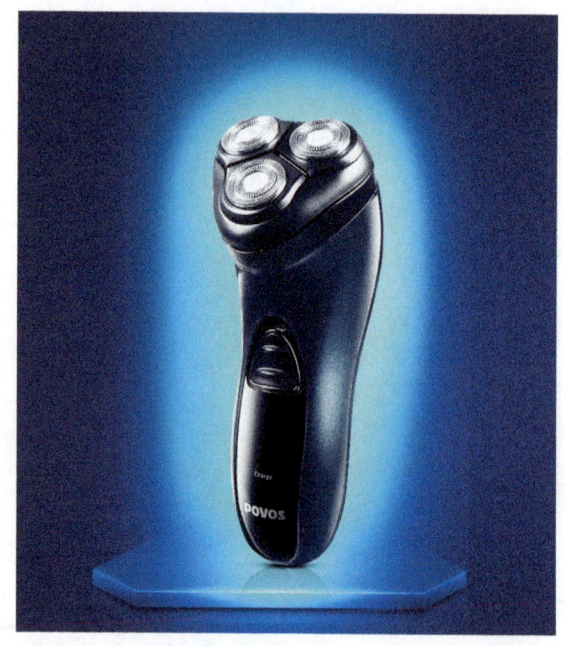

图4-97

05 复制产品素材图层,按住Ctrl+T快捷键右击选择"垂直旋转"将其移动到产品素材底部,然后添加"图层蒙版",使用"渐变工具"　从底部拉出一下制作出倒影效果,如图4-96所示。

07 新建一个图层,命名为"机身光效",使用"钢笔工具"　沿着机身的高光处勾画出相应的图形,转为选区后将其羽化,羽化值为15像素,颜色填充为白色,设置图层样式为"滤色",如图4-98所示。

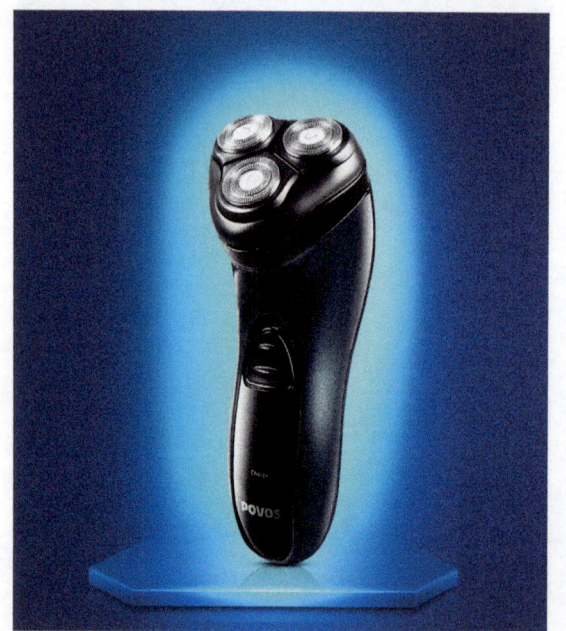

图4-96

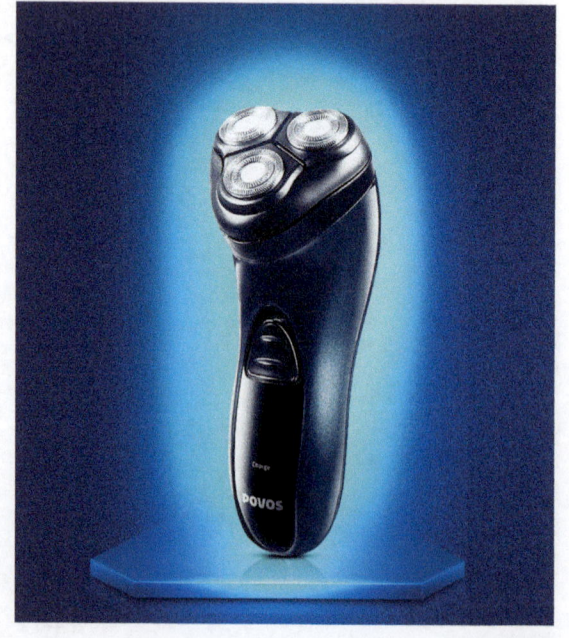

图4-98

08 在产品素材上部添加上射灯的素材,如图4-99所示。

02 在网上找到线性光效素材,将其放置在产品素材左侧,在图层控制面板上设置图层样式为"滤色",效果如图4-101所示。

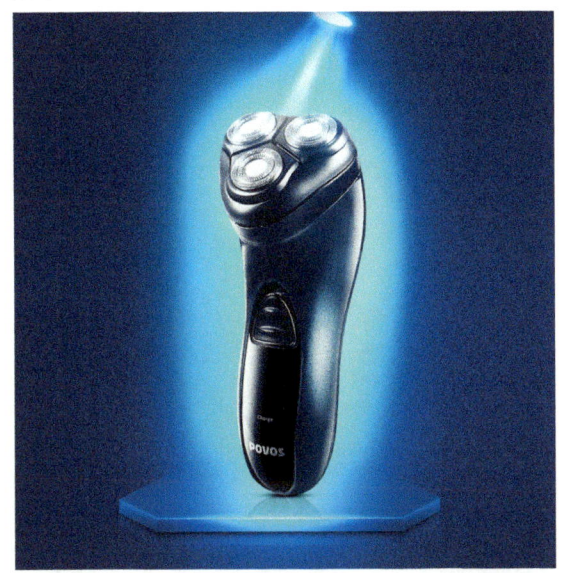

图4-99

图4-101

4.5.3 护肤类产品

01 把产品素材放置在画布正中间,如图4-100所示。

03 复制"线性光效素材"图层,将其移动到产品的左侧,如图4-102所示。

图4-100

图4-102

04 新建一个图层，命名为"背景光效"，使用"渐变工具" 中的"径向渐变" 按钮，将前景色设置为（R:235，G:103，B:131），在画布拉出一些白色的径向渐变，效果如图4-103所示。

06 在"产品素材"图层上面添加紫色的光效素材，如图4-105所示。

图4-103

图4-105

05 在"产品素材"图像下方添加黄色光效素材，如图4-104所示。

图4-104

05

服装类店铺装修

女装类店铺整体设计分析
欧美风格
日韩风格
中规中矩风格
男装类店铺整体设计分析
商务风格
潮流风格

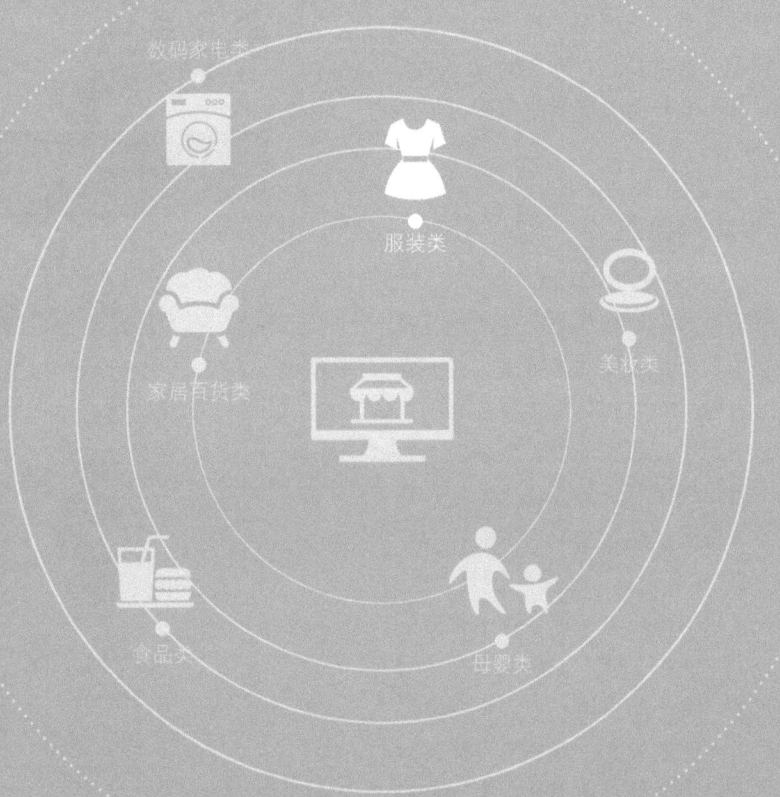

5.1 女装类店铺整体设计分析

服装分为两个大类，一类是男装，另一类是女装。女装类目的页面色调相对于男装页面色调会比较鲜亮一点，女装针对的消费群体大都是女性，一般来说女性都会喜欢鲜亮的颜色。所以，在页面设计的时候要倾向于女性的视觉喜好。

5.1.1 分析主要的消费群体

这个类目的主要消费群体以女性居多，当然也不全都局限于女性，而页面设计的风格则倾向于大部分的消费群体。所以，以女性的审美角度来看，大部分还是会比较喜欢鲜亮的色调，相信也很少看到女装的页面是暗沉压抑的色调。该类页面设计更倾向于粉嫩可爱或者欧美大气的页面风格，所以，注意不要使用暗沉无生气的大面积暗色背景作为主色调。

5.1.2 分析页面的排版

在排版方面采用的是根据产品的主次进行排序，首屏上面放的是两款店铺的主打款产品。首屏以主打产品为主题，文案和背景主要是为了烘托整体的风格氛围。建议商家可以将店铺的主打款放在最前面，因为顾客不一定会认真地把该页面从头看到尾，数据显示顾客在前三屏的停留率最高。所以，店铺的黄金位置一定要利用好。

商品的排版采用的是分类目标题逐一排序的方式，每款产品以左文右图的方式展现。为了避免顾客的视觉疲劳，将产品模块左右调换错落排开。因为模特占页面位置较高，在文案不能够达到这么高的情况下，为了使页面不会出现太多留白，建议在文案的下面添加产品细节，或者添加产品搭配等图片将空白处填上，就可以避免太多的留白。

5.2 欧美风格

5.2.1 页面分析

欧美风格的页面，针对的消费人群为"轻熟女"，这个年龄段的女性特点会比较沉稳，设计风格可以是轻奢风格，色调是灰色系，尽量烘托出沉稳大气的氛围。欧美风格的页面整体还是偏简单一点，留白相对而言会比较多，排版会用很多色块拼接和线条进行融合，背景会使用欧美的建筑或者街景，再对背景进行虚化处理，背景前面放产品，以地域风情的展现方式让顾客有带入感，如图5-1所示。

图5-1

1.页面配色

欧美风格的页面配色为暖色调，如图5-2所示。

R169、G113、B77 C169、M113、Y73、k1	R38、G38、B38 C82、M77、Y75、k56
R255、G255、B255 C0、M0、Y0、k0	R151、G129、B106 C49、M51、Y59、k1

图5-2

2.页面布局

整体页面布局如图5-3所示。

（1）首屏：首屏的背景以暖色系的欧美风素材为主，为了更好地体现产品的奢华视觉效果，排版方式为左图右文。

（2）优惠券：为了让顾客知道店铺的优惠信息，所以在首屏下面将店铺内的优惠信息公告出来，提升购买率。

（3）热卖产品专区：根据店铺的运营方式制定主打款，按顺序在首页上面展示产品。根据店铺产品的数量来划分首页布局占比，该页面排版的产品并不多，所以产品的占比都比较大，且将每款产品的优势和细节都展示出来了，并采用间接式的详情描述方式展示，让顾客知道这款产品的性能和优势。

（4）背景：采用白色的背景，因为页面整体风格比较简洁，所以整个页面以白色背景为主。

（5）店铺信息：为了增加客户体验，可以在页尾的地方加上品牌信息和店铺售后等信息。

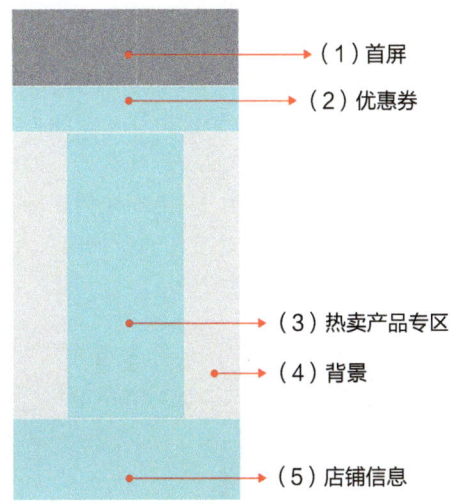

图5-3

5.2.2 步骤详解

实例位置	实例文件 >CH05> 欧美风格女装 .psd、欧美风格女装 .jpg
素材位置	素材文件 >CH05> 光照效果 .png、黑白色建筑 .jpg、建筑 .jpg
技术掌握	视频文件 >CH05> 欧美风格女装 .mp4

1.首屏制作

01 在网上找一张欧洲建筑的素材作为背景，为了迎合产品的色调，尽量找暖色调的建筑，如黄色的。然后复制出来左右各放置一张，为了使背景的左边和右边的重复度不那么高，将建筑背景变形翻转一下，如图5-4所示。

图5-4

02 新建一个图层，命名为"径向光效"，选择"渐变工具"中的"径向渐变"按钮，将前景色设置为（R:252，G:249，B:226），在画布中间拉出一个适当大小的径向渐变，到图层面板里选择"滤色"，再将光照效果的素材拖入画布内，放置在右侧，如图5-5所示。

图5-5

03 到网上找一张云层的素材，如果没有找到也可以到"PS联盟"中下载云层的笔刷，将云层的素材多复制几个放在适合的位置上，如图5-6所示。

图5-6

04 将产品素材拖进画布中,放置在左侧,如图5-7所示。

图5-7

05 将另一张素材旗子放置在画布右侧上部,并建立选区,右击鼠标将旗子素材进行"羽化",羽化半径为3像素。新建一个图层,命名为"旗子阴影",将前景色设置为(R:188,G:188,B:188),选择"渐变工具"中的"径向渐变"按钮,在选区内拉出一个适合大小的灰色阴影,然后放置在旗子图层下方,向下移动5像素,如图5-8所示。

图5-8

06 使用"横排文字工具"在画布上输入"引领时尚潮流"主题,然后双击主题图层,勾选图层混合选项设置为"外发光",颜色设置为(R:255,G:246,B:0),再设置其他参数,再勾选图层样式的"渐变叠加",角度为90°,渐变色值从(R:180,G:122,B:65)渐变为(R:228,G:201,B:151),参数如图5-9至图5-11所示。效果如图5-12所示。

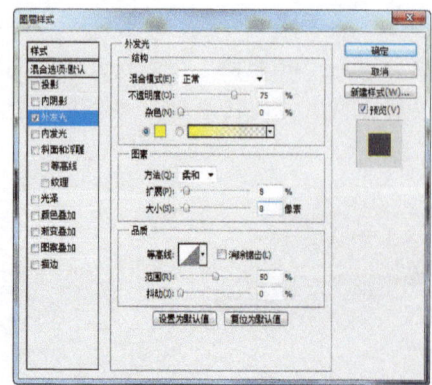

图5-9

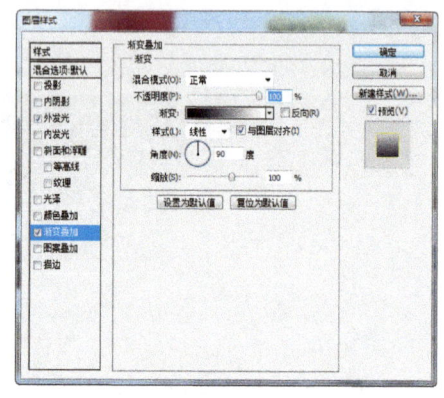

图5-10

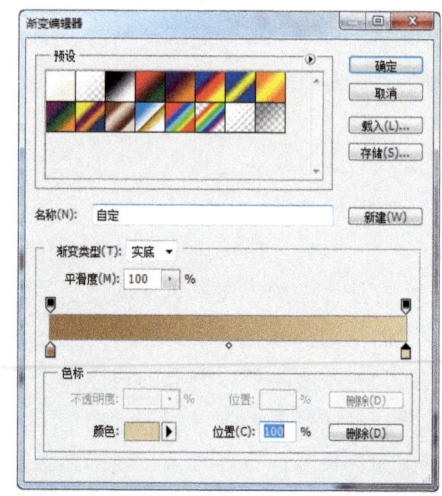

图5-11

图5-12

07 将主题图层转为智能对象,将网上找的星点素材拖入画布中,设置图层样式为"滤色",将其剪切在主题图层内,写上相应的副标题和英文等文案,使整张图更丰富一点,如图5-13和图5-14所示。

图5-13

图5-14

3像素，然后复制"灰色底色"图层，将复制的"灰色底色"图层颜色填充为（R:255，G:221，B:0），向下移动几个图层，如图5-17所示。

图5-17

2.优惠券模块制作

01 新建一个图层，命名为"金色渐变线条"，选择"渐变工具"中的"线性渐变"按钮，选择黄色的相近色将其渐变成一个有层次感的线条，如图5-15所示。

04 使用"钢笔工具"在画布上画出线条，使用"横排文字工具"在画布上输入卖点文案，如图5-18所示。

图5-15

图5-18

02 新建一个图层，命名为"灰色底色"，使用"钢笔工具"在画布上面画上一个适当大小的几何图形，转为选区后填充颜色为（R:34，G:34，B:34），如图5-16所示。

05 使用"多边形工具"，并设置边数为6，在画布中拉出一个适当大小的六边形，然后双击六边形图层勾选图层混合选项"描边"，描边大小为3像素，颜色设置为（R:255，G:221，B:0），如图5-19所示。

图5-16

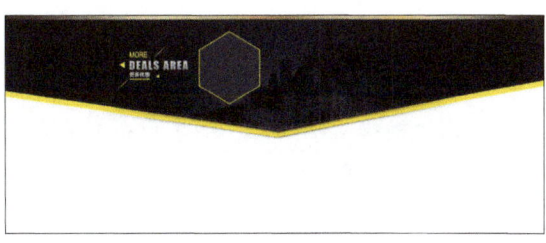

图5-19

03 将黑白色的欧美建筑素材拖入画布中，放置在合适的位置上，将其建立适量蒙版，然后使用"渐变工具"将素材的周围都虚化掉，选择"灰色底色"图层并建立选区，右击鼠标选择"羽化"，设置羽化半径3像素，再新建一个图层，命名为"灰色底色阴影"，将前景色设置为（R:34，G:34，B:34），选择"渐变工具"里的"径向渐变"按钮，在选区内拉出一个适合大小的灰色阴影，然后放置在"灰色底色"图层下部，设置图层样式为"正片叠底"，向下移动

06 将欧美建筑素材拖入画布中，再剪切到六边形中，如图5-20所示。

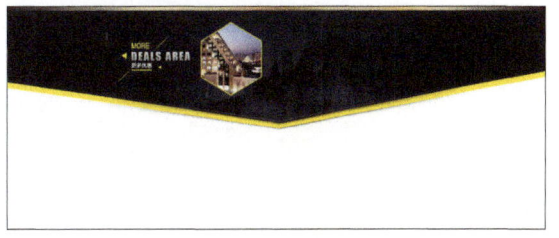

图5-20

07 新建一个图层，并填充为黑色，设置"不透明度"为70%，这是为了在上面添加文案，可以凸显文案，不会被建筑的素材挡住，如图5-21所示。

图5-21

08 在上面添加相应的优惠券信息和图像，如图5-22所示。

图5-22

09 其他的模块也是按照上述方法进行制作，将其复制后分别拖至适合位置，替换里面的内容即可，如图5-23所示。

图5-23

3.产品模块制作

01 使用"横排文字工具" 在画布上输入相关文案，文案颜色为黑色，再使用"矩形选框工具" 在画布上拉出一个高度为1像素的矩形选区，将矩形选区填充为黑色，制作出线条的分割线，然后将矩形选区中间部分删除掉，放上标题文案，如图5-24所示。

图5-24

02 将旗子素材放置在左边顶部，然后写上产品相关的文案，将文案填充为黑色，接着，新建一个图层，命名为"黑色矩形"，使用"矩形选框工具" 在画布上拉出一个适当大小的矩形选区，填充颜色为黑色，矩形框上面的文案颜色为白色，如图5-25所示。

图5-25

03 新建一个图层，命名为"细节模块"，使用"矩形选框工具" 在画布上拉出一个适当大小的矩形选区，填充任意颜色，再复制三个"细节模块"图层，然后将产品细节素材分别剪切在"细节模块"图层内，再新建一个图层，命名为"价格标签底色"，将其填充为白色，然后按照上述的步骤制作图层阴影，并写上文案，如图5-26所示。

图5-26

04 将产品素材放置在画布右侧，如图5-27所示。

图5-27

05 将产品模块全选后复制，拖到空白处的画布中，有几款产品就重复几次这样的动作，然后依次替换模块里面的产品、相应的细节图片和文案，如图5-28所示。

图5-28

4.页尾模块制作

01 新建一个图层，命名为"页尾Logo背景"，使用"矩形选框工具"在画布上拉出一个适当大小的矩形选区，将其颜色填充为（R:91，G:10，B:53），然后将欧洲建筑素材放置在"页尾Logo背景"上部，并剪切在"页尾Logo背景"里，再新建一个图层，命名为"黑色透明背景"，将其填充为黑色，不透明度设置为70%，效果如图5-29所示。

图5-29

02 新建一个图层，命名为"白色弧形背景"，使用"钢笔工具"在画布上画出一个有弧度的弧形图像，填充为白色，如图5-30所示。使用"横排文字工具"在画布上输入文案，文案色值为白色，再使用"钢笔工具"在画布上画出线条，如图5-31所示。

图5-30

图5-31

03 选择"多边形工具"，并设置边数为6，在画布中拉出一个适当大小的六边形，将图层命名为"发光六边形"，双击六边形图层勾选图层混合选项"外发光"，发光大小为5像素，颜色为白色，将"发光六边形"图层的"填充"降低到0%，效果如图5-32所示。

图5-32

04 复制"发光六变形"图层，将其旋转45°，然后将Logo素材放置在"发光六变形"中间位置，如图5-33所示。

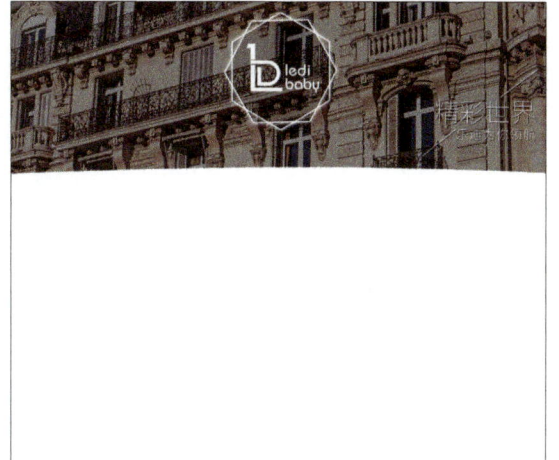

图5-33

05 选择"椭圆工具" 并按住 Shift键，同时点击鼠标左键在画布上拖动出一个圆形，然后在图片底部制作一个投影的效果，使圆形更加立体一些。新建一个图层，命名为"圆形阴影"，使用"椭圆选框工具" 在画布上拉出一个圆形选区，然后按住Shift+F6快捷键进行羽化，羽化的数值为8px，再选择"渐变工具" 中的"径向渐变" 按钮，前景色设置为（R:114，G:115，B:108），然后向下垂直拉动，松开鼠标就可以出现大致的效果，然后按住Ctrl+T快捷键将图层压扁，压到适合程度即可，效果如图5-34所示。

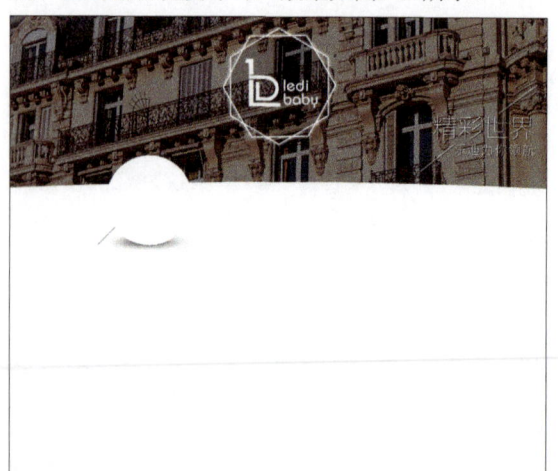

图5-34

06 在圆形图层上面放上图像和相对应的文案，如图5-35所示。

图5-35

07 将圆形模块全选后复制，拖到空白处的画布中，重复两次这样的动作，然后依次替换模块里面的图片及相应的文案，效果如图5-36所示。

图5-36

08 使用"钢笔工具" 画出相应的图像，再结合"横排文字工具" 在图案左侧和下部写上相应的文案，效果如图5-37所示。

图5-37

5.3 日韩风格

5.3.1 页面分析

　　日韩风格的页面针对的消费人群为"甜美可爱的女生"，这个年龄段的女孩心态上都比较年轻，会喜欢这种俏皮可爱的风格，所以，这类页面在装修时可以用亮一点的颜色。选择页面元素时可以运用一些线条和几何图形，可以多添加一些颜色，让整个页面看起来更有活力，这样才更受年轻人的青睐，如图5-38所示。

图5-39

2.页面布局

整体页面布局如图5-40所示。

（1）首屏：首屏的背景以粉色系的都市风为主，为了更好地体现俏皮可爱的风格，排版方式为上图下文。

（2）热卖产品展示：根据店铺的运营方式制定主打款，按顺序在首页上面展示产品，根据店铺产品的多少来划分首页布局占比，这个页面的排版产品并不多，所以产品的布局占比都比较大，每款产品都以海报的形式展示，采用的是按黄金比例三七分将产品和文字分两边排开。

（3）背景：采用的是淡淡的缤纷色块，整体让页面显得更有活力一些。

图5-38

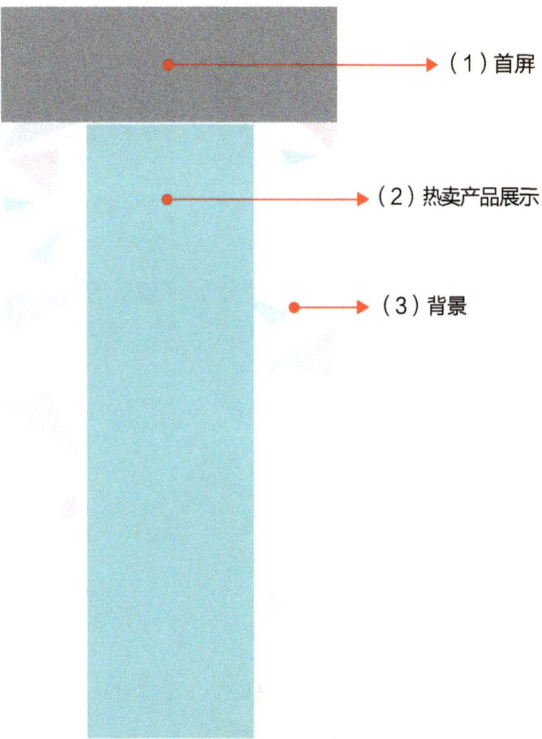

图5-40

1.页面配色

日韩风格的页面配色为淡色糖果色调，如图5-39所示。

5.3.2 步骤详解

实例位置	实例文件 >CH05>日韩风格女装 .psd、日韩风格女装 .jpg
素材位置	素材文件 >CH05> 云彩 .jpg、热气球 .jpg、城市建筑 .png
技术掌握	视频文件 >CH05> 日韩风格女装 .mp4

1.首屏制作

01 可以到素材网上去找一些云彩的素材，因为是女装的页面，所以找粉色系的天空素材，如图5-41所示。

图5-41

02 为了使背景丰富一点，可以增加一些天空中会有的元素，如飞机、热气球等素材，将素材放置在左上部和右上部，为了使背景自然一点，可以错落地摆放，然后将图层面板上"不透明度"降低到25%，效果如图5-42所示。

图5-42

03 在天空背景中间位置放置城市建筑的剪影素材，为了与整个海报图片更搭一点，应尽量找相近色的剪影素材，如图5-43所示。

图5-43

04 在城市剪影素材左边和右边各放置一个粉色的热气球，以增加浪漫的粉色氛围，为了使气球的融入自然一点，将热气球的素材进行一大一小的错落方式排列，如图5-44所示。

图5-44

05 新建文字图层，命名为"主题"，使用"横排文字工具"在画布上输入"5折封顶11.11盛典"字样，颜色设为白色，再按住Ctrl+T快捷键将文字稍微旋转一些角度，如图5-45所示。

图5-45

06 从画面上可以看出白色的文字效果有些单调，所以，要在文字上面增加"图案叠加"的效果。新建一个画布，命名为"黑点"，设置画布宽为3像素，高为3像素，再新建一个图层，命名为"方形黑点"，使用"矩形选框工具"在画布中心画出一个"宽为1像素，高为1像素"的矩形，然后填充为黑色，隐藏背景图层，将其变为透明的，如图5-46所示。

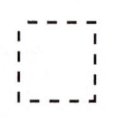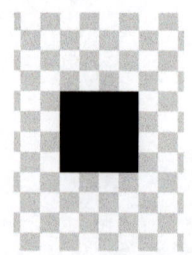

图5-46

112

07 回到首屏的画布中,执行"编辑>定义图案预设"菜单命令,这时会跳出一个对话框,将建立的图案预设命名为"黑点",再到图层面板中,双击"主题"图层,设置图层混合选项为"图案叠加",设置"不透明度"为17%,图案黑点的"缩放"为208%,如图5-47至图5-49所示。这样就能看到"主题文字"上面会平铺黑色的点,作为纹理,效果如图5-50所示。

08 可以看到现在的主题文案看起来还是不够明显,因此为主题增加深色的描边效果。新建一个图层,命名为"主题描边",将主题文案转换为选区,执行"选择>修改>扩展"菜单命令,这时会跳出一个对话框,设置扩展数值为12像素,随便填充什么颜色都可以,如图5-51所示。

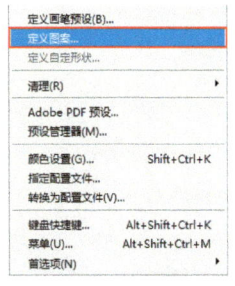

图5-47

图5-48

图5-51

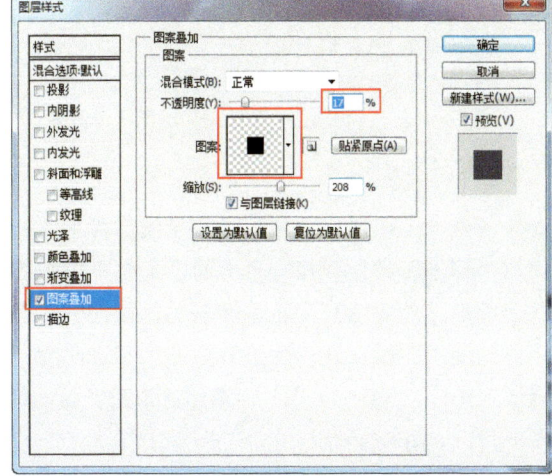

图5-49

09 到图层面板中,双击"主题描边"图层,选择图层混合选项"渐变叠加",设置"渐变颜色",这里的渐变颜色有4个,从左到右依次设置色值(R:220,G:15,B:52)(R:162,G:15,B:26)(R:219,G:35,B:96)(R:220,G:31,B:65),"渐变叠加"设置角度为45度,缩放为150%,参数如图5-52和图5-53所示。这样,加了描边效果后会多一些光效的质感和动感,最终效果如图5-54所示。

图5-50

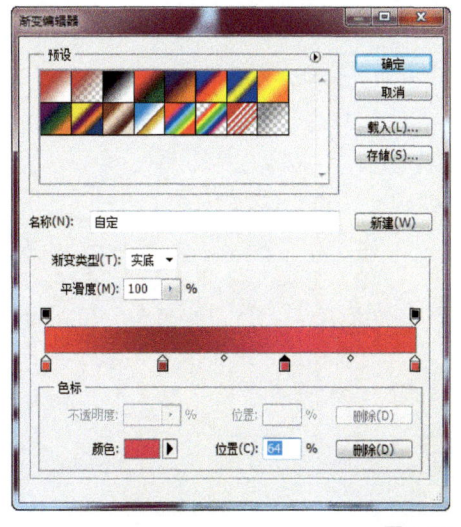

图5-52

113

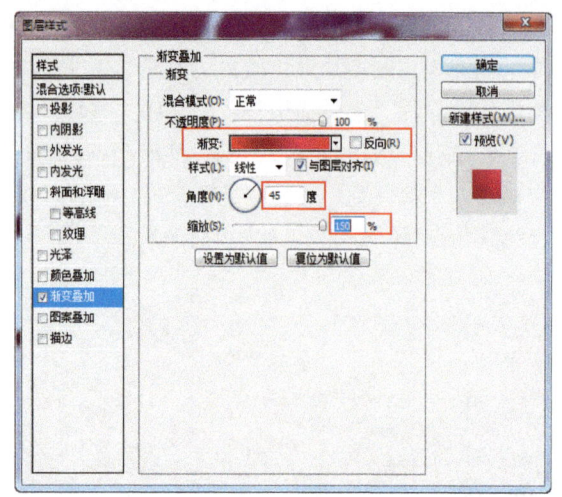

图5-53

11 新建一个图层,命名为"副标题背景",使用"钢笔工具"画出与文案水平倾斜的一个矩形,矩形颜色设置为(R:238,G:10,B:59),再新建文字图层,命名为"副主题",使用"横排文字工具"在画布上输入"全年最低价 做个甜美的美少女"字样,颜色设置为白色,在副主题上部放上两个产品素材,如图5-56所示。

图5-56

2.产品模块制作

01 新建一个图层,命名为"几何图形背景",使用"钢笔工具"在背景上面画几个不规则的几何图形,然后填充为粉色和蓝色,如图5-57所示。到图层面板上几何图层背景的"不透明度"降低到50%,再复制一个几何图形背景图层放置到左下角,如图5-58所示。

图5-54

10 选中主题图层和描边图层,将文案移至画布中间,增加星光和光线等光效,让主题更加突出,如图5-55所示。

图5-55

图5-57

图5-58

02 新建一个图层,命名为"矩形描边框",使用"矩形选框工具"在画布左边画出一个适当大小的矩形,然后左击选择"描边",描边像素为8像素,如图5-59所示。

图5-59

03 双击"矩形描边框"图层,设置图层混合选项,勾选"渐变叠加"选项,并设置"渐变颜色",渐变颜色有两个,从左到右依次设置色值为(R:220, G:15, B:52)(R:162, G:15, B:26),可以看出加上渐变叠加的描边效果会多一些光效的质感,同时也比纯色的多些视觉动感,参数如图5-60和图5-61所示。再新建一个图层,命名为"渐变光效",在"矩形描边框"图层左上部拉出一个白色的渐变效果,最终效果如图5-62所示。

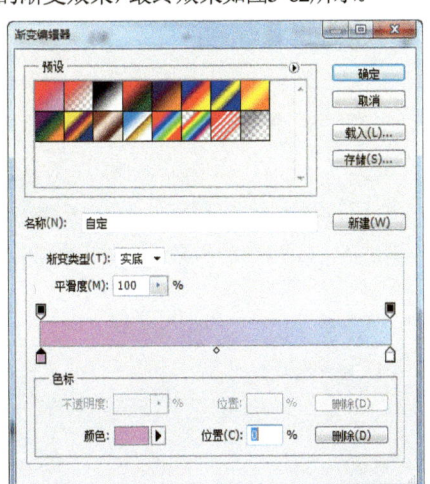

图5-60

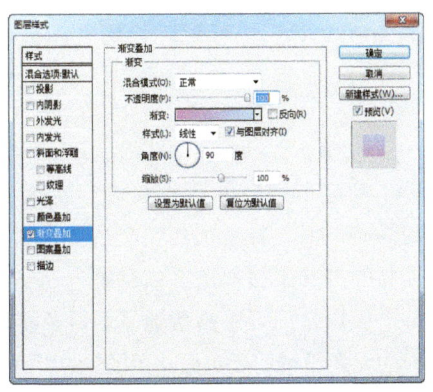

图5-61

图5-62

04 将产品素材放置在"矩形描边框"图层中,然后新建一个图层,命名为"产品阴影",将产品素材转为选区,右击选择"羽化",羽化半径为3像素,设置前景色为(R:230, G:230, B:230),使用"渐变工具"在画布上拉动一下,然后右击执行"变形>斜切"命令,将阴影往右边斜切,效果如图5-63所示。

图5-63

05 新建一个图层,命名为"几何图形线条元素",使用"钢笔工具"在背景上面画上不规则的几何图形,然后填充为粉色、蓝色和黄色,如图5-64所示。

图5-64

06 新建一个文字图层，命名为"主题"，写上"2014 SELL"字样，填充颜色为（R:194，G:241，B:255），如图5-65所示。

一个文字图层，命名为"产品卖点描述"，写上相应的文案，填充颜色为（R:112，G:112，B:112），效果如图5-67所示。

图5-65

图5-67

07 新建一个图层，命名为"矩形描边"，使用"矩形选框工具"在画布左边画出一个适当大小的矩形，设置前景色为（R:242，G:57，B:98），然后左击选择"描边"，描边为1像素，然后新建一个文字图层，命名为"产品型号"，写上MG/010字样，填充颜色为（R:194，G:241，B:255），如图5-66所示。

09 新建一个图层，命名为"价格矩形描边"，使用"矩形选框工具"在画布左边画出一个适当大小的矩形，设置前景色为（R:255，G:168，B:234），然后左击选择"描边"，描边为4像素，再拉出一个矩形框填充相同颜色，在上面写上"立即购买"字样并填充为白色，再新建文字图层，命名为"产品价格"，写上"特惠价￥38"字样，其中"特惠价￥"颜色设置为（R:153，G:78，B:255），数字38的颜色设置为（R:255，G:75，B:194），效果如图5-68所示。

图5-66

08 新建一个图层，命名为"大矩形描边"，使用"矩形选框工具"在画布左边画出一个适当大小的矩形，设置前景色为（R:231，G:205，B:243），然后左击选择"描边"，描边为1像素，再新建一个文字图层，命名为"产品名称"，写上"蕾丝连衣裙"字样，填充颜色为（R:194，G:241，B:255），再新建

图5-68

10 将这个产品展示模块进行全部复制，放置到画布下面，要展示几款产品就复制几个，替换里面的产品素材和文案信息等。为了避免视觉疲劳，模块之间可以错落地呈现对角状，将模块之间的元素稍稍加点变化，如图5-69所示。

好感，如图5-70所示。

图5-69

图5-70

5.4 中规中矩风格

5.4.1 页面分析

妈妈装针对的消费者群体年龄是40~60岁，这个年龄段的女性较多，个人喜好不同。所以，页面设计可以根据产品的设计系列来定。在页面上颜色还是尽量简单，色调偏素一点。因为，这个年龄段的女性大多数都不能接受太个性化的东西，在页面上面体现得循规蹈矩一点比较能得到

1.页面配色

中规中矩风格的页面配色为暖色调，如图5-71所示。

图5-71

2.页面布局

整体页面布局如图5-72所示。

（1）首屏：首屏的背景以炫彩风格为主，为了更好地体现产品的视觉效果，背景用的是比较花哨的素材，排版方式为左图右文。

（2）产品分类：为了提升客户体验，让顾客在短时间内快速找到想要买的产品，在首屏下面增加了一小块分类区域。

（3）热卖产品展示：根据店铺的运营方式制定主打款，按顺序在首页上面展示产品，根据店铺产品的多少来划分首页布局占比，这个页面的排版产品并不多，所以，产品的布局占比都比较大，每款产品都是用一张海报形式展示，海报上面的产品则为该款产品的主打产品。

（4）背景：采用的是淡黄色，整体上让页面更简单明了。

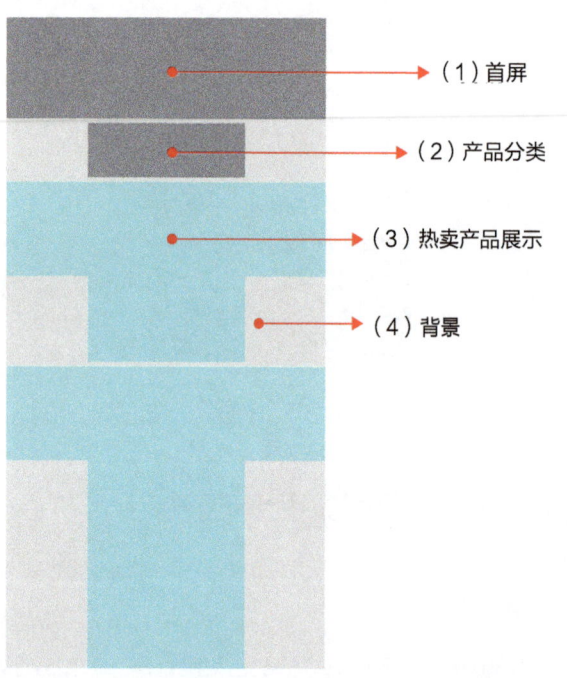

图5-72

5.4.2 步骤详解

实例位置	实例文件>CH05>中规中矩风格女装.psd中规中矩风格女装.jpg
素材位置	素材文件>CH05>炫彩光晕.jpg、手绘花卉.jpg、手绘树.jpg
技术掌握	视频文件>CH05>中规中矩女装.mp4

1.首屏制作

01 在网上找一张紫色的炫彩光晕素材，画布左右边各放一张，中间空出来放产品素材和文案，如图5-73所示。素材左边部分的光晕偏少有留白，复制光晕效果将左边的留白填上，如图5-74所示。

图5-73

图5-74

02 放上产品素材，按近大远小的原理摆放，如图5-75所示。

图5-75

03 新建一个文字图层，命名为"主题"，使用"横排文字工具"在画布上输入"健康面料 亲肤透气"字样，颜色设置为（R:181，G:19，B:122），如图5-76所示。

图5-76

04 新建一个图层，命名为"主题光效"，使用"画笔工具"在"主题"图层上部画上相近色的色块，如图5-77所示。

图5-77

05 按住Alt键,将鼠标移至图层面板的"主题"图层和"主题光效"图层中间单击左键将主题光效图层剪切在"主题"图层中,效果如图5-78所示。

图5-78

06 在素材网上找一些粉色或者紫色的光效素材,放置"主题"图层下方,制作出光线效果,效果如图5-79所示。

图5-79

07 新建文字图层,命名为"副主题",使用"横排文字工具" 在画布上输入"健康面料,亲肤透气"字样,颜色设置为(R:43,G:29,B:20),再新建一个文字图层,命名为"卖点",在画布上输入相应的文案,颜色设置为(R:43,G:29,B:20)如图5-80所示。

图5-80

08 新建文字图层,使用"横排文字工具" 在画布上输入"原价796元"字样,颜色设置为(R:43,G:29,B:20),再输入"狂欢价:386"字样,颜色设置为(R:244,G:1,B:140),效果如图5-81所示。

图5-81

09 新建一个图层,命名为"点击查看背景",使用"矩形选框工具" 在画布左边画出一个适当大小的矩形,设置前景色为(R:244,G:1,B:140),再新建一个文字图层,命名为"点击查看",使用"横排文字工具" 在画布上输入"点击查看"字样,颜色设置为白色,效果如图5-82所示。

图5-82

2.分类模块制作

01 新建一个图层,命名为"分类背景",使用"矩形选框工具"在画布左边画出一个适当大小的矩形,设置前景色为(R:244,G:1,B:140),复制矩形框并填充颜色为(R:213,G:213,B:213),再复制矩形框填充颜色为(R:244,G:1,B:140),如图5-83所示。

图5-83

02 在每个矩形图层上面放上产品素材,将其剪切在矩形框内,如图5-84所示。

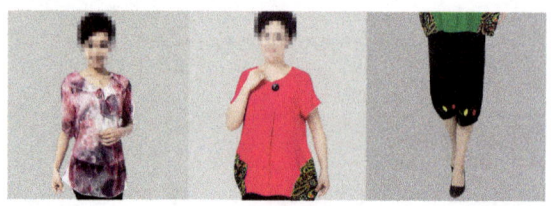

图5-84

03 新建一个图层,命名为"白色透明背景",使用"矩形选框工具"在画布左边画出一个适当大小的矩形,设置前景色为白色,将其"不透明度"降低至75%,效果如图5-85所示。

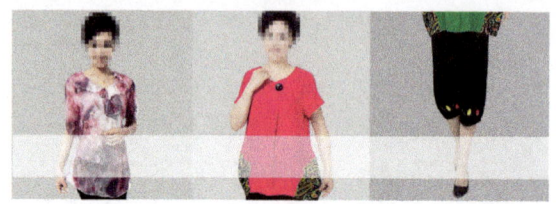

图5-85

04 新建一个图层,命名为"矩形描边",使用"矩形选框工具"在画布左边画出一个适当大小的矩形,设置前景色为白色,然后右击选择"描边",描边为3像素,再复制两个矩形放置在另外两个分类背景上,效果如图5-86所示。

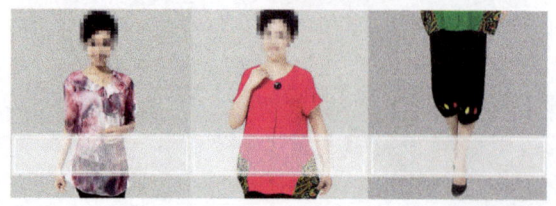

图5-86

05 使用"横排文字工具"在画布上输入"热卖爆款、上衣系列、下装系列"字样,颜色设置为(R:215,G:25,B:0),再输入THE HOT、COAT SERIES、DOWNLOAD SERIES字样,颜色设置为(R:112,G:112,B:112),如图5-87所示。

图5-87

3.产品模块制作

01 在网上找一张手绘花的素材,画布左右边各放一张,中间空出来放产品素材和文案,如图5-88所示。

图5-88

02 新建一个图层,命名为"黄色叠加",填充颜色为(R:255,G:240,B:207),到图层面板中设置图层样式为"正片叠底",效果如图5-89所示。

图5-89

03 放上产品素材,将产品素材图层剪切在背景图层中,如图5-90所示。

图5-90

04 新建一个文字图层，命名为"主题"，使用"横排文字工具"在画布上输入DELICATE字样，颜色设置为（R:248，G:0，B:173），再新建一个图层，命名为"主题光效"，使用"画笔工具"在"主题"图层上部画上相近色的色块，再加上一些星光的光效素材，效果如图5-91所示。

图5-91

05 新建一个文字图层，命名为"英文文案"，使用"横排文字工具"在画布上输入AUTUMN&WINTER字样，颜色设置为（R:218，G:103，B:106），如图5-92所示。

图5-92

06 新建一个文字图层，命名为"卖点1"，使用"横排文字工具"在画布上输入"精致优雅 品味生活"字样，颜色为黑色，再新建一个文字图层，命名为"卖点2"，在画布上输入相应的文案，颜色也为黑色，如图5-93所示。

图5-93

07 新建文字图层，写上"原价796元"字样，颜色设置为（R:43，G:29，B:20），再写上"狂欢价：386"字样，颜色设置为（R:244，G:1，B:140），再新建一个图层，命名为"立点击查看背景"，使用"矩形选框工具"在画布左边画出一个适当大小的矩形，设置前景色为（R:244，G:1，B:140），再新建一个文字图层，命名为"点击查看"，使用"横排文字工具"在画布上输入"点击查看"字样，颜色设为白色，如图5-94所示。

图5-94

08 新建一个图层，命名为"产品展示背景"，使用"矩形选框工具"在画布左边画出一个适当大小的矩形，设置前景色为白色，如图5-95所示。

图5-95

09 新建一个图层，命名为"产品模块背景"，使用"矩形选框工具"在画布左边画出一个适当大小的矩形，设置前景色为（R:255，G:237，B:227），如图5-96所示。

图5-96

图5-98

10 将产品素材放在产品模块背景中，将产品素材图层剪切在背景图层中，效果如图5-97所示。

12 选择"椭圆工具"，按住Shift键，同时单击鼠标左键，在画布上拖动出一个圆形，将圆形的颜色设置为（R:215，G:27，B:32），然后新建一个文字图层，命名为"立即抢购"，使用"横排文字工具"在画布上输入"立即抢购"字样，颜色设为白色，如图5-99所示。

图5-97

11 新建一个文字图层，命名为"价格"，使用"横排文字工具"在画布上输入RMB.368字样，颜色设置为（R:215，G:27，B:32），再新建一个文字图层，命名为"原价"，在画布上输入"原价：889元"字样，颜色设置为黑色，如图5-98所示。

图5-99

13 复制产品模块，向左边排开，替换产品和产品信息，如图5-100所示。

05 服装类店铺装修

图5-102

16 新建一个文字图层，命名为"主题"，使用"横排文字工具"  在画布上输入"靓在春夏"字样，颜色设置为（R:1，G:92，B:45），再新建一个文字图层，命名为"年份"，在画布上输入数字2015，颜色设置为（R:1，G:92，B:45），如图5-103所示。

图5-103

14 在网上找一张绿色手绘树的素材，左右各放一张，中间空出来放产品素材和文案，如图5-101所示。

17 新建一个文字图层，命名为"卖点1"，使用"横排文字工具" 在画布上输入"感恩特惠仅限一天"字样，颜色设置为（R:233，G:13，B:123），如图5-104所示。

图5-104

18 新建一个文字图层，命名为"卖点2"，使用"横排文字工具" 在画布上输入相应的文案，颜色设置为（R:64，G:64，B:64），如图5-105所示。

图5-101

15 在背景中放上产品素材，按近大远小的原理摆放，将产品素材图层剪切在背景图层中，如图5-102所示。

图5-105

⑲ 新建一个图层，命名为"打折标签"，使用"钢笔工具"画出标签的形状，填充任意颜色，再双击"矩形描边框"图层，设置图层混合选项并勾选"渐变叠加"按钮，从左到右依次设置"渐变颜色"为（R:249, G:0, B:104）（R:194, G:0, B:79），参数如图5-106和图5-107所示。得到的效果如图5-108所示。

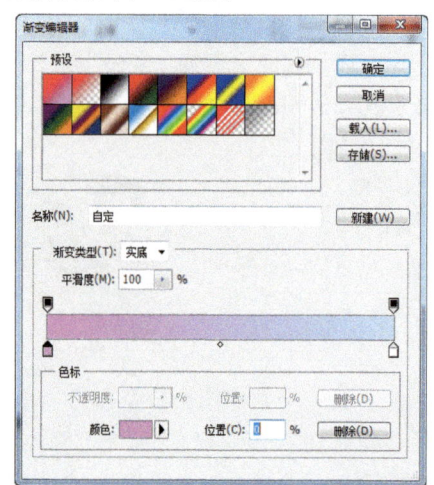

图5-106

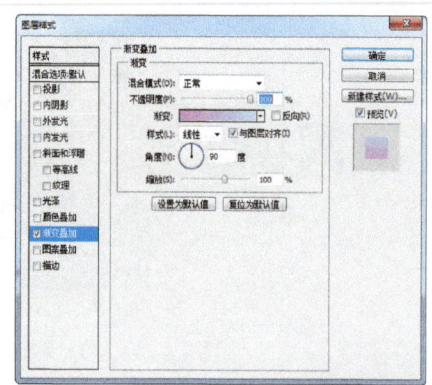

图5-107

图5-108

⑳ 新建一个文字图层，命名为"折数"，使用"横排文字工具"在画布上输入"2.2折起"字样，颜色为白色，然后使用"椭圆选框工具"在画布左边画出一个适当大小的椭圆，设置前景色为白色，然后左击选择"描边"，描边数为1像素，如图5-109所示。

图5-109

㉑ 复制做好的产品模块，有多少个产品就复制多少个模块，将产品图片和产品信息进行替换，如图5-110所示。

图5-110

05 服装类店铺装修

5.5 男装类店铺整体设计分析

男装的页面颜色比较倾向于暗色，暗色的页面更容易衬托出男人刚毅的品质。男装页面针对的大部分群体还是男性，所以，在页面的配色和设计风格上面都要倾向于男性的视觉喜好。

5.5.1 分析主要的消费群体

该类目的主要消费群体是男性，当然也不局限于男性，而页面设计的风格定位则倾向于大部分的消费群体。所以，以男性的审美角度来看，大部分的男性还是会比较喜欢黑白灰这种色调搭配。在设计男装页面时，要注意不要运用太多的色调和元素，特别是商务系列的男装产品更倾向于简单大气的页面风格。

5.5.2 分析页面的排版

页面的整体风格还是比较简单的，在排版方面采用的是主次排序，首屏上面放的是两款店铺的主打款产品。首屏则以体现品牌为主，主要的作用是增加品牌的曝光度，提高辨识度。

5.6 商务风格

5.6.1 页面分析

商务系列针对的群体是中年男性群体，这类系列的产品要突出沉稳的特点，可以运用一些欧美的建筑素材，打造出产品的时尚感和质感。这类消费人群大部分都比较看重产品的品质，所以在页面上尽量将产品体现得比较奢华一点，如图5-111所示。

图5-111

1.页面配色

商务风格的页面配色为暖色调，如图5-112所示。

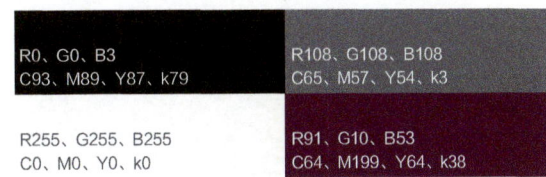

图5-112

125

2.页面布局

整体页面布局如图5-113所示。

（1）首屏：首屏以暗色的欧美风素材为背景，为了更好地体现产品的奢华视觉效果，产品模特也作为背景居中摆放。首屏主要体现的是店铺主题和基调，所以，将产品进行虚化是为了更好地凸显主题，主题文案颜色则是白色的，才能跟背景产生巨大的反差，也更醒目。

（2）品牌标语：为了加深顾客对该品牌的印象，在首屏下面用少部分空间来体现品牌Logo和品牌标语，向顾客表示品牌态度，让店铺更有调性。

（3）热卖产品展示：根据店铺的运营方式制定主打款，按顺序在首页上面展示产品，根据店铺产品的多少来划分首页布局占比。这个页面的产品并不多，所以，产品的布局占比都比较大，基本上都将每款产品的优势和颜色展示出来了，采用的是间接式的详情描述方式展示，简洁明了地让顾客知道这款产品的性能和优势。

（4）背景：背景是白色的，因为页面整体的颜色偏暗，所以为了提亮，整个页面采用的是白色的背景。

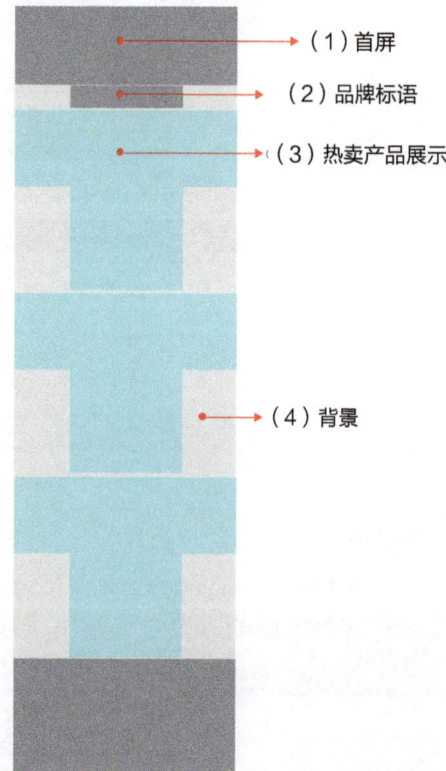

图5-113

5.6.2 步骤详解

实例位置	实例文件 >CH05> 商务风格男装 .psd、商务风格男装 .jpg
素材位置	素材文件 >CH05> 欧洲建筑 .jpg、街景 .jpg、大笨钟 .png
技术掌握	视频文件 >CH05> 商务风格男装 .mp4

1.首屏制作

01 在网上找一张欧洲建筑的素材作为背景，然后将素材的"不透明度"降低到60%，效果如图5-114所示。

图5-114

02 将模特拖入画布内，放置在中间位置，然后新建一个图层，命名为"黑色透明背景"，颜色填充为黑色，然后将黑色透明背景图层的"不透明度"降低到80%，效果如图5-115所示。

图5-115

03 使用"钢笔工具" 和 "横排文字工具" 在画布上加上主题文案和绘制的汽车、线条等图像作为衬托，全部填充为白色，效果如图5-116所示。

图5-116

2.Logo品牌模块制作

将品牌的Logo拖入画布中间，然后写上文案，文案的粗细可以自行把握，挑出中间的文字加粗即可，再搭配上英文和汉字的文案，整个排版就显得比较简单大气了，效果如图5-117所示。

图5-117

3.产品模块制作

01 找一张欧美风格的街景素材，将产品缩小放入背景内，然后新建一个图层，命名为"黑色透明背景"，颜色填充为黑色，将黑色透明背景图层的"不透明度"降低到80%，再使用"横排文字工具"  在海报上输入文案，文案颜色为白色，如图5-118所示。

图5-118

02 将产品图放置在画布左侧，然后在画布右侧空白处添加这款产品的其他颜色的产品图片，如图5-119所示。

图5-119

03 新建一个图层，命名为"细节模块1"，使用"矩形选框工具"在画布上拉出一个适当大小的矩形选区，填充任意颜色，再新建一个图层，命名为"细节模块2"，在画布上拉出一个适量大小的矩形选区，填充任意颜色，复制"细节模块1"图层，将其拖动到右侧，效果如图5-120所示。

图5-120

04 将产品细节的素材图分别剪切到各"细节模块"图层中，如图5-121所示。

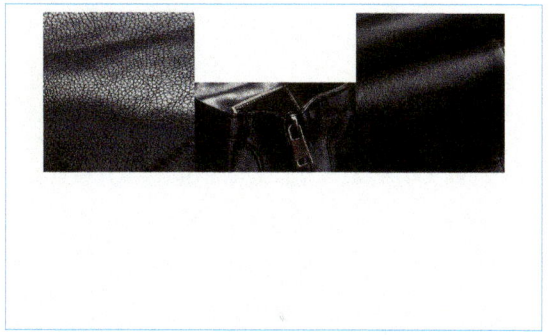

图5-121

05 新建一个图层，命名为"黑色透明背景"，使用"矩形选框工具"在画布上拉出一个适当大小的矩形选区，填充为黑色，然后将矩形选区的"不透明度"降低到80%，再使用"横排文字工具"在画布上输入卖点文案，并填充为白色，如图5-122所示。

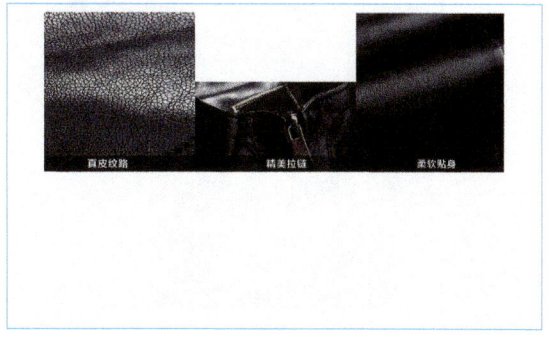

图5-122

06 使用"横排文字工具"在细节模块中间的空白处添加一些和产品符合的软文,颜色设置为(R:188,G:188,B:188),如图5-123所示。

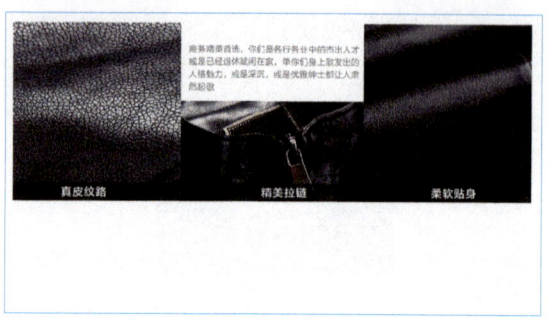

图5-123

07 使用"横排文字工具"在细节模块下方的空白处添加一些提炼出来的产品优势文案,颜色为黑色,如图5-124所示。

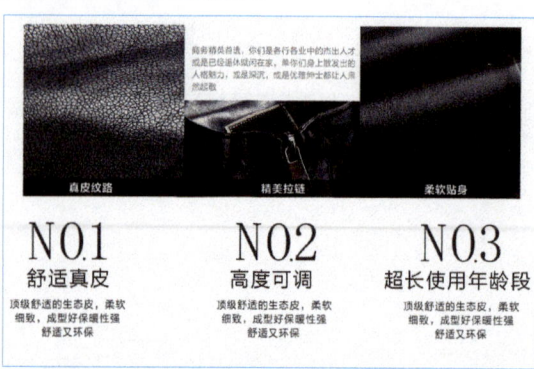

图5-124

08 将产品模块全选后进行复制,拖到画布的空白处,有几款产品就重复几次这样的动作,然后依次替换模块里面的产品、相应的细节图片和文案,效果如图5-125所示。

图5-125

4.页尾模块制作

01 新建一个图层,命名为"页尾Logo背景",使用"矩形选框工具"在画布上拉出一个适当大小的矩形选区,颜色填充为(R:91,G:10,B:53),如图5-126所示。

图5-126

02 将Logo素材拖入画布左侧,使用"横排文字工具"在画布上输入主题文案,挑选重要文字加粗,填充为白色,在主题文案下部写上小字的英文,颜色设置为(R:214,G:167,B:91),如图5-127所示。

图5-127

03 使用"横排文字工具"在画布上输入主题文案,挑选重要文字加粗加大,按照上大下小的方式进行排版,全部填充为黑色,如图5-128所示。

05 服装类店铺装修

图5-128

04 将"大笨钟"的简笔画素材拖入文案左侧，放置在合适的位置上，如图5-129所示。

图5-129

05 使用"钢笔工具" 在文案右侧画上线条和形状，颜色为白色，将上部的几何图形的"不透明度"降低到80%，如图5-130所示。

图5-130

06 将杂志素材放置在左侧空白处，如图5-131所示。

图5-131

07 新建一个图层，命名为"页尾返回顶部背景"，使用"矩形选框工具" 在画布上拉出一个适当大小的矩形选区，颜色设置为（R:208，G:208，B:208），再使用"椭圆选框工具" 在"页尾返回顶部背景"图层上部拉出一个正圆，右击鼠标，选择"描边"，描边颜色为黑色，再使用"横排文字工具" 在画布上输入"返回顶部"字样，再使用"钢笔工具" 在文案上部画一个箭头符号，效果如图5-132所示。

图5-132

129

5.7 潮流风格

5.7.1 页面分析

潮流系列针对的群体是青少年，这类消费群体看重的是产品设计是否个性独特，所以，在页面的设计上也要多些创意性的思维才能吸引这类消费群体。另外，还可以运用一些线条或者几何图形，渲染页面的青春活力氛围，文案上面也可以加一些潮流用语，紧跟年轻人的思维，如图5-133所示。

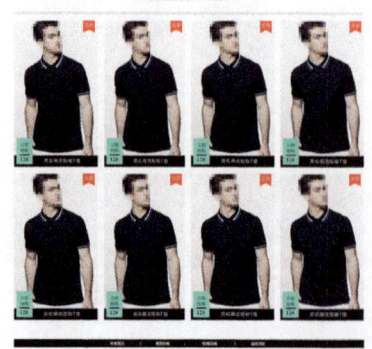

图5-133

1. 页面配色

潮流风格的页面配色为冷色调，如图5-134所示。

| R171、G196、B201 | R176、G172、B165 |
| C39、M17、Y20、k0 | C36、M31、Y33、k0 |

| R255、G255、B255 | R146、G170、B178 |
| C0、M0、Y0、k0 | C49、M28、Y27、k0 |

图5-134

2. 页面布局

整体页面布局如图5-135所示。

（1）首屏：首屏的背景是以渐变亮色风格为主，这是为了更好地体现潮牌产品的朝气视觉效果。采用渐变的方法也是为了将视觉引导至中间位置，首页的两边偏暗，中间偏亮，这样的反差更容易让人的目光集中在亮的地方。产品模特也作为背景进行居中摆放，首屏主要体现的是店铺主题和基调，所以，将产品进行虚化是为了更好地凸显主题。主题文案的颜色则以白色为主，才能跟背景产生更大的反差，也更醒目。

（2）优惠券：为了促进客单量，可以适当地在店铺内做一些满减活动或者送一些优惠券，让顾客为了优惠去凑单或者购买产品。店铺优惠的信息最好是放在比较向上的位置，这样顾客更有可能看到优惠信息。一般来说，优惠信息都会体现在首屏海报区域或者是首屏海报的下部位置。

（3）爆款小海报：将店铺的主打产品以海报的形式进行展示，根据页面的整体风格，海报的展现形式也都用到了渐变色，渐变的颜色可以根据产品的颜色来设计。

（4）背景：采用的是纯白色的底，这个页面的风格比较简单，所以，背景也简单化一点，不用在上面放太多的元素，为了让顾客将目光都集中在产品上。

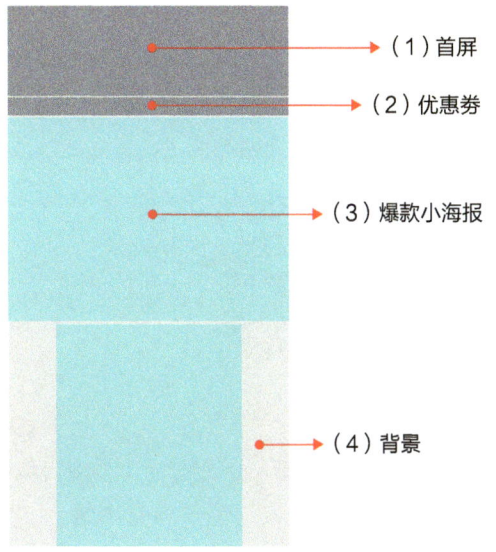

(1)首屏
(2)优惠券
(3)爆款小海报
(4)背景

图5-135

5.7.2 步骤详解

实例位置	实例文件 >CH05> 潮流风格男装 .psd、潮流风格男装 .jpg
素材位置	无
技术掌握	视频文件 >CH05> 潮流风格男装 .mp4

1.首屏制作

01 新建一个图层，将前景色设置为（R:172，G:197，B:203），然后填充画布，如图5-136所示。

图5-136

02 新建一个图层，命名为"径向光效"，选择"渐变工具"中的"径向渐变"按钮，将前景色设置为（R:250，G:252，B:252），在画布中间拉出一个适当大小的径向渐变效果，如图5-137所示。

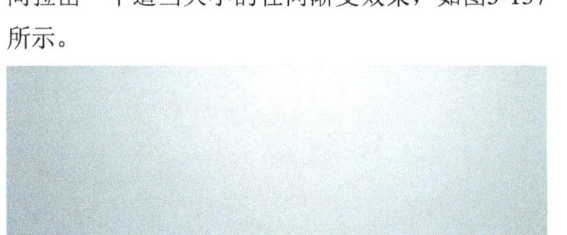

图5-137

03 新建一个图层，命名为"白色几何线条"，使用"钢笔工具"在画布上画上一个适当大小的几何图形，转为选区后填充为白色，如图5-138所示。

图5-138

04 将产品素材居中放置在画布中，如图5-139所示。

图5-139

05 新建一个图层，命名为"蓝色几何线条"，使用"钢笔工具"在模特周围上面画上一个适当大小的三角图形，转为选区后填充颜色为（R:22，G:119，B:255），如图5-140所示。

图5-140

06 新建一个图层,命名为"文案背景",使用"矩形选框工具"在画布上拉出一个适当大小的矩形选区,然后填充为深蓝色(R:39,G:64,B:90),将文案背景图层的"不透明度"降低到50%,效果如图5-141所示。

图5-141

07 使用"横排文字工具"在画布上输入相应的文案主题,颜色设置为白色,效果如图5-142所示。

图5-142

2.优惠券制作

01 新建一个图层,命名为"优惠券边框",使用"矩形选框工具"在画布左边画出一个适当大小的矩形,将前景色设置为(R:57,G:143,B:94),右击选择描边,如图5-143所示。

图5-143

02 新建一个文字图层,命名为"优惠券文字",使用"横排文字工具"在画布上输入"￥10元优惠券"字样,颜色设置为(R:57,G:143,B:94),如图5-144所示。

图5-144

03 新建一个文字图层,命名为"使用门槛",使用"横排文字工具"在画布上输入"无门槛使用"字样,颜色设置为黑色,再新建一个图层,命名为"点击领取背景",使用"矩形选框工具"在画布左边画出一个适当大小的矩形,设置前景色为(R:57,G:143,B:94),再新建一个文字图层,命名为"点击领取",在画布上输入"点击领取"字样,颜色设置为白色,效果如图5-145至图5-147所示。

图5-145

图5-146

图5-147

04 将优惠券所有图层编组后,复制组并放置在相应的位置上,如图5-148所示。

图5-148

(4)按照店铺规则改写上面的优惠券面值和使用门槛要求,如图5-149所示。

图5-149

3.海报制作

01 新建一个图层,将前景色设置为(R:60,G:58,B:54),然后填充画布,如图5-150所示。

图5-150

02 新建一个图层,命名为"径向光效",使用"渐变工具"中的"径向渐变"按钮,将前景色设置为(R:233,G:219,B:212),在画布中间拉出一个适当大小的径向渐变,如图5-151所示。

图5-151

03 新建一个图层,使用"横排文字工具"在画布上输入STYLISH MEN RRULE字样,颜色设置为白色,再将其图层的"不透明度"降低到50%,效果如图5-152所示。

图5-152

04 使用"横排文字工具"在画布上输入"型男法则"字样,颜色设置为黑色,再新建一个文字图层,写上数字2015,颜色值设置为(R:151,G:153,B:159),效果如图5-153所示。

图5-153

05 使用"横排文字工具"在画布上输入IN THIS WORLD, ONLY THOSE MEN WHO REALLY FEEL HAPPY CAN GIVE WOMEN HAPPINESS字样,颜色为白色,效果如图5-154所示。

图5-155

06 新建一个图层,命名为"价格边框",使用"矩形选框工具"在画布左边画出一个适当大小的矩形,设置前景色为白色,右击选择"描边",使用"横排文字工具"在画布上输入￥398.00,颜色设置为白色,效果如图5-155所示。

图5-155

07 ▶ 将产品素材放置在画布中,并且居中,如图5-156所示。

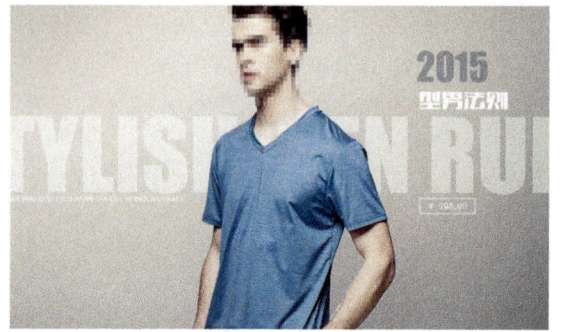

图5-156

08 ▶ 开始第2张海报制作,新建一个图层,将前景色设置为(R:173,G:192,B:198),然后填充画布,如图5-157所示。

图5-157

09 ▶ 新建一个图层,命名为"径向光效",使用"渐变工具" 中的"径向渐变" 按钮,将前景色设置为(R:234,G:239,B:243),在画布中间拉出一个适当大小的径向渐变效果,如图5-158所示。

图5-158

10 ▶ 放入产品模特素材,放置在画布左边,如图5-159所示。

图5-159

11 ▶ 使用"横排文字工具" 在画布上输入N.SUMMER,颜色设置为(R:37,G:40,B:102),如图5-160所示。

图5-160

12 ▶ 使用"横排文字工具" 在画布上输入2016 S/S,再新建一个文字图层,输入"寻味之旅"字样,再新建一个文字图层,写上"初夏新生 型格焕发"字样,颜色都为黑色,如图5-161所示。

图5-161

13 ▶ 新建一个图层,命名为"三角形图像",使用"钢笔工具" 在画布上面画上一个适当大小的几何图形,转为选区后填充黑色,使用"横排文字工具" 在画布上输入MORE,颜色设置为(R:37,G:40,B:102),如图5-162所示。

图5-162

4.产品模块制作

01 使用"横排文字工具"在画布上输入HOT SALE，颜色设置为黑色，再使用"矩形选框工具"在画布上拉出一个适当大小的矩形选区，选择"渐变工具"中的"对称渐变"按钮，颜色设置为黑色，制作出线条的分割线，然后将中间部分删除掉，中间的文字空出来放标题文案，如图5-163所示。

— HOT SALE —

图5-163

02 使用"横排文字工具"在画布上输入"夏季潮牌·爆款热销"字样，颜色为黑色，如图5-164所示。

— HOT SALE —
夏季潮牌·爆款热销

图5-164

03 使用"横排文字工具"在画布上输入两行英文装饰文案，再输入"（新潮强货 时尚最缉令 潮男入店必备）"字样，文案颜色都设置为（R:185，G:185，B:185），如图5-165所示。

— HOT SALE —
夏季潮牌·爆款热销

（新潮强货 时尚最缉令 潮男入店必备）

图5-165

04 新建一个文字图层，使用"横排文字工具"在画布上输入/（斜杠线条符号），再将其栅格化，命名为"斜杠线条"，然后复制一个"斜杠线条"图层，按住Ctrl+T快捷键向右移动合适的位置，同时按住Ctrl+Shift+Alt+T快捷键，再向右移动到合适的位置上，重复操作几次，直到弄成一个平铺的线条为止，然后选中所有复制的"斜杠线条"图层，左击鼠标选择"转为智能对象"，如图5-166所示。

— HOT SALE —
夏季潮牌·爆款热销

（新潮强货 时尚最缉令 潮男入店必备）

图5-166

05 新建一个图层，命名为"产品模块背景"，使用"矩形选框工具"在画布上拉出一个适当大小的矩形框选区，填充颜色为（R:247，G:244，B:245），如图5-167所示。

图5-167

06 选择"渐变工具"，前景色设置为（R:226，G:222，B:222），在"产品模块背景"图层上拉出一个深灰色的渐变效果，如图5-168所示。

图5-168

07 将产品模特素材放置在"产品模块背景"图层上部，将鼠标移至"产品模块背景"和"产品模特素材"图层中间按住Alt键单击鼠标，将"产品模特素材"剪切在"产品模块背景"图层内，效果如图5-169所示。

08 新建一个图层，命名为"产品名称背景"，使用"矩形选框工具"在画布上拉出一个适当大小的矩形选区，填充颜色为（R:30，G:30，B:30），如图5-170所示。

图5-170

09 新建一个图层，命名为"产品价格背景"，使用"矩形选框工具"在画布上拉出一个适当大小的矩形选区，填充颜色为（R:84，G:236，B:198），如图5-171所示。

图5-169

图5-171

10 使用"横排文字工具"在画布上输入"立即抢购"字样,颜色为黑色,再新建一个图层,命名为"分割线",使用"矩形选框工具"在画布左边画出一个适当大小的矩形,填充为黑色,再在画布上输入数字128,颜色为黑色,如图5-172所示。

图5-172

11 使用"横排文字工具"在"产品名称背景"图层上面输入"英伦潮流短袖T恤"字样,颜色为白色,如图5-173所示。

图5-173

12 新建一个图层,命名为"旗子图形",使用"钢笔工具"在画布上面画上一个适量旗子图形,转为选区后填充颜色为(R:255,G:66,B:52),再使用"横排文字工具"在"旗子图形"图层上面写上"五折"字样,颜色为白色,如图5-174所示。

图5-174

13 将产品模块所有图层编组后,复制组并放置在相应的位置上,如图5-175所示。

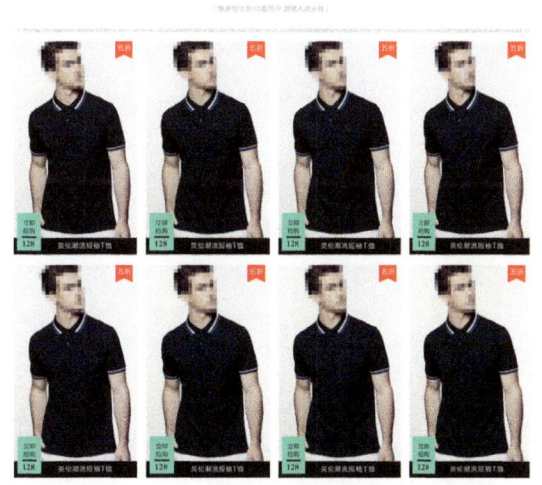

图5-175

14 新建一个图层，命名为"页尾导航背景"，使用"矩形选框工具"，在画布上拉出一个适当大小的矩形框选区，填充黑色，如图5-176所示。

图5-176

15 使用"横排文字工具"在"旗子图形"图层上面输入"所有宝贝 爆款热销收藏店铺 返回顶部"字样，颜色为白色，再新建一个图层，命名为"页尾导航分割线"，使用"矩形选框工具"在画布上拉出一个适当大小的矩形框选区，填充为白色，并复制放置适合位置，如图5-177所示。

图5-177

16 使用"横排文字工具"在画布上输入ORETIDE LOADING字样，按回车键后再写上CLICK TO VIEW DETAILS FOR MORE INFORMATION字样，按回车键后再写上》（右括号），按住Ctrl+T快捷键，右击鼠标，选择"顺时针旋转90°"选项，颜色都设置为黑色，效果如图5-178所示。

图5-178

06

家居百货类店铺装修

家居百货类店铺整体设计分析

简单清新风格

温馨居家风格

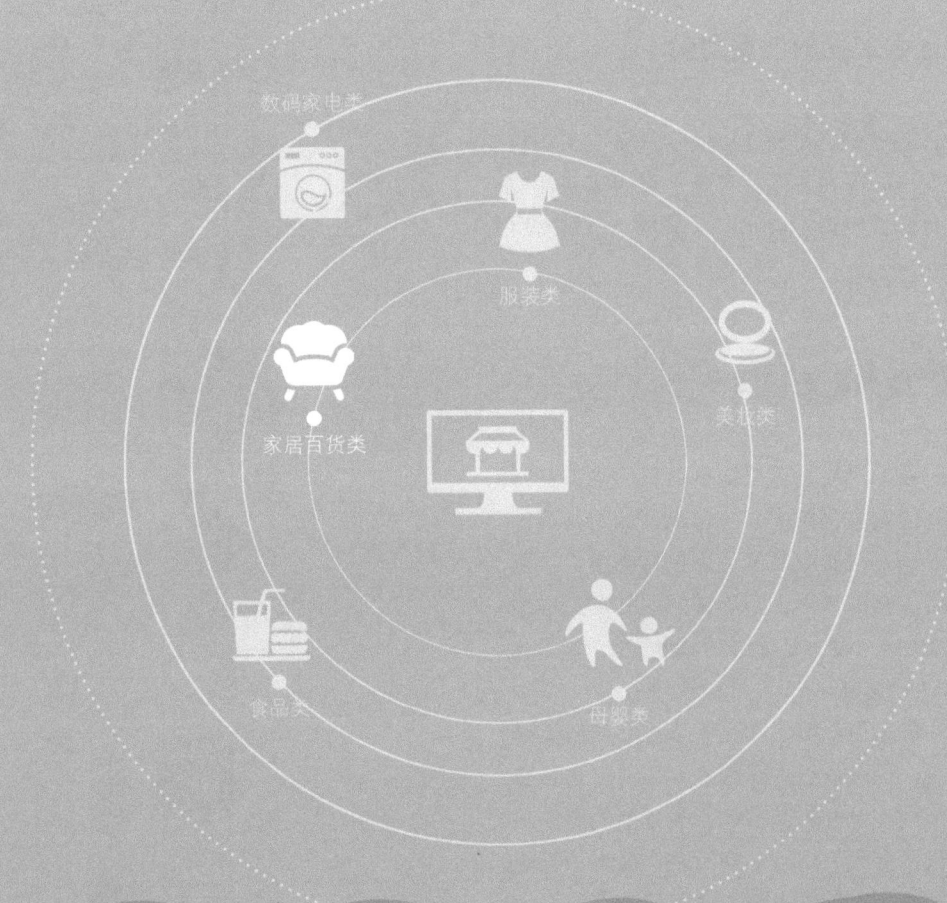

6.1 家居百货类店铺整体设计分析

家居百货类目的页面设计风格主要还是偏向居家一点，该类目大部分产品都是日常家用的，所以，在页面设计上要根据店铺主打产品的类型来定风格。如果大部分是厨房用品的话，那么在页面上展示的背景最好以厨房为主，这样可以让顾客有带入感。

现在家居百货类商品琳琅满目，想要从这么多商家里面脱颖而出，就要靠电商设计师的设计功底，一个成熟的设计师通常在开始设计页面时，会考虑到以下两种因素。

6.1.1 分析主要的消费群体

该类目的主要消费群体以女性居多，当然也不局限于女性。简而言之，凡是热爱居家生活的人都会考虑是否应该为自己家里添置一些日常用品和厨房用品等。

6.1.2 分析页面的排版

这类页面的风格整体以简单清新为主，在排版方面采用的是主次排序，首屏上面放的是店铺的主打款产品，按照产品的主次依次排序，主要作用还是将店铺的流量引至店铺的主打产品描述页面上，增加曝光度，促进消费者购买。

下面的排版则以产品的属性进行分类，如厨房用品和居家用品等，如果不以产品的属性进行划分模块，也可以以"爆款推荐"和"进店必买"等分类进行区分。商品的排版采用的是产品和全屏海报结合来展示，还有两款产品为一行的产品展示模块，这种排版方式适用于产品不多的店铺，展现的产品不多，但是页面很丰富，不会那么单调。

6.2 简单清新风格

6.2.1 页面分析

对于居家百货这个类目来说，页面设计以简单清新风格还是比较受欢迎的。用淡淡的绿色和蓝色，页面没有用太多的装饰，背景基本上都是纯色的，这样看起来干净利落，顾客的目光自然落到产品上面。页面上面会用一些曲线和色块进行模块之间的衔接，为了减少视觉疲劳，在不影响到整体风格的情况下，搭配一些元素也是可以的，如图6-1所示。

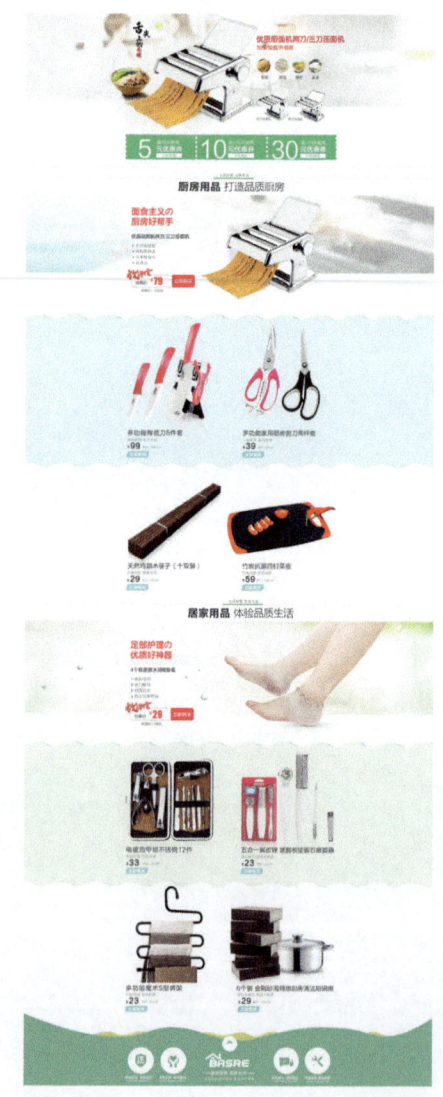

图6-1

1.页面配色

简单清新风格的页面配色为冷色调，如图6-2所示。

R169、G113、B77
C169、M113、Y73、k1

R38、G38、B38
C82、M77、Y75、k56

R255、G255、B255
C0、M0、Y0、k0

R151、G129、B106
C49、M51、Y59、k1

图6-2

2.页面布局

整体页面布局如图6-3所示。

（1）首屏：首屏以灰色的居家背景为主，为了更好地体现产品，所以主打产品占比较大，海报主要突出该款产品和产品性能。

（2）优惠券：为了提升购买率，在首屏下方放置店铺的优惠券模块，让顾客知道店铺优惠，促进客单量。

（3）热卖产品展示：根据店铺的运营方式制定主打款，按顺序在首页上面展示产品，根据店铺产品的多少来划分首页布局占比。这个页面的排版产品并不多，所以产品的布局占比都比较大，产品区域都有分类，每类中的主打产品作为海报，下面则放其他款产品。

（4）店铺信息：为了增加客户体验，在页面尾部增加店铺的售后信息，让顾客无后顾之忧地购买该店铺的产品。

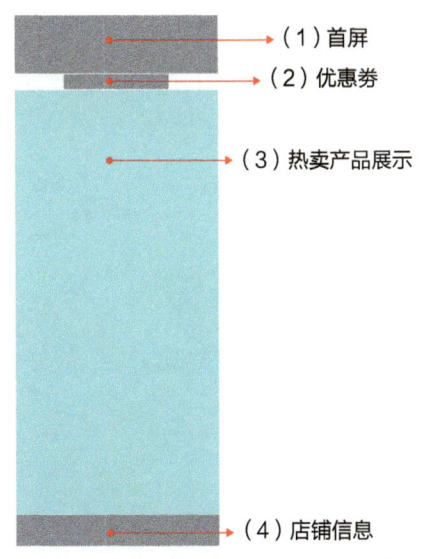

图6-3

6.2.2 步骤详解

实例位置	实例文件 >CH06> 简单清新风格 .psd、简单清新风格 .jpg
素材位置	素材文件 >CH06> 厨房背景、清新自然 .jpg
技术掌握	视频文件 >CH06> 简单清新风格 .mp4

1.首屏制作

01 首先找一张小清新的厨房背景素材，如图6-4所示。

图6-4

02 这时，可以看到画布右边的位置比较空，为了使海报的背景不那么单调，可以找一张风格类似的厨房背景素材将右边的空白填上，如图6-5所示。

图6-5

03 将产品拖入画布内，放置在左边位置，然后再将同款产品一起拖入画布并且缩小放置在右下角位置，如图6-6所示。

图6-6

04 新建一个图层，命名为"圆形容器"，使用"椭圆选框工具"在画布上画出适当大小的正圆，填充任意色，这里填充为灰色，然后按住Ctrl+J快捷键复制图层，将"圆形容器"向右边移动，重复操作三次，如图6-7所示。

图6-7

05 选中"圆形容器"图层,将素材放至"圆形容器"图层上方,然后到图层面板中将鼠标放在两个图层中间并按住Alt键单击,将素材剪切在"圆形容器"图层内,其他的三个圆也是按照同样的步骤操作,接着使用"横排文字工具"在面条素材和产品素材下方写上相应的文案,文字颜色为(R:83,G:83,B:83),如图6-8所示。

图6-8

06 使用"横排文字工具"在画布上输入"优质厨面机两刀/三刀压面机"主题字样,再写上"加厚/加宽/升级款"卖点字样,文字颜色为(R:229,G:13,B:61),如图6-9所示。

图6-9

07 为了让顾客看到产品后更有带入感,可以在产品左上角放上一碗面条素材,因为没有找到合适的面条素材,这里就用了一碗米饭的素材代替,如图6-10所示。

图6-10

08 可以找一张面条的素材,使用"钢笔工具"抠出碗的内径,然后覆盖之前的米饭,如图6-11所示。

图6-11

TIPS 如果找不到适合的素材时,就可以用上述这种灵活的办法创造素材。

09 新建一个图层,命名为"面条阴影",使用"钢笔工具"画出一个阴影区域,按住Shift+F6快捷键进行羽化,羽化半径设置为5像素,将前景色设置为(R:97,G:72,B:38),选择"渐变工具"中的"径向渐变"按钮,为这碗面条拉出一个阴影效果,如图6-12所示。

图6-12

10 为了丰富海报，可以用楷体的字体写上"舌尖上的"字样，字体颜色为黑色，再写上"面条"字样，字体颜色为（R:178，G:0，B:7），如图6-13所示。

图6-13

2.优惠券制作

01 新建一个图层，命名为"优惠券背景"，使用"矩形选区工具"在画布左边画出一个适当大小的矩形，设置前景色为（R:87，G:187，B:121），然后进行填充，如图6-14所示。

图6-14

02 使用"椭圆工具"在"优惠券背景"图层左上角拉出一个适当大小的正圆，将其填充为白色，如图6-15所示。

图6-15

03 按住Ctrl+J快捷键复制优惠券图层，再按Ctrl+T快捷键将圆形往下移动至适合的位置，单击确认，再按Ctrl+Shift+Alt+T快捷键复制圆形图层，放到合适的位置，制作出邮票的缺口效果，如图6-16所示。

图6-16

04 新建一个文字图层，命名为"优惠券文字"，使用"横排文字工具"在画布上输入"5元优惠券"字样，颜色为白色，如图6-17所示。

图6-17

05 新建一个图层，命名为"点击领取背景"，使用"矩形选区工具"在画布左边画出一个适当大小的矩形，设置前景色为白色，然后填充，再新建一个文字图层，命名为"立即领取"，使用"横排文字工具"在画布上输入"立即领取"字样，颜色设置为（R:87，G:187，B:121），如图6-18所示。

图6-18

06 使用"横排文字工具"在画布上输入"满99元使用"字样，颜色设置为（R:239，G:246，B:212），如图6-19所示。

图6-19

07 选中优惠券所有图层，将其复制两次，向右排开，并按照店铺规则改写上面的优惠券面值和使用门槛要求，如图6-20所示。

图6-20

3.产品模块制作

01 使用"横排文字工具"在画布上输入"—"（减号），制作分割线效果，文字颜色为（R:177，G:177，B:177），再新建一个图层，命名为"绿色条纹"，使用"矩形选区工具"在画布中间画出一个适当大小的矩形，设置前景色为（R:87，G:187，B:121），如图6-21所示。

图6-21

02 新建一个文字图层，命名为"品牌口号"，使用"横排文字工具"在画布上输入"品质厨具 品味生活"字样，颜色设置为（R:83，G:83，B:83），再新建一个文字图层，命名为"标题"，在画布上输入"厨房用品 打造品质厨房"字样，颜色设置为（R:83，G:83，B:83），如图6-22所示。

图6-22

03 找一张小清新的厨房背景素材，如图6-23所示。

图6-23

04 将产品拖入画布内，放置在右边位置，如图6-24所示。

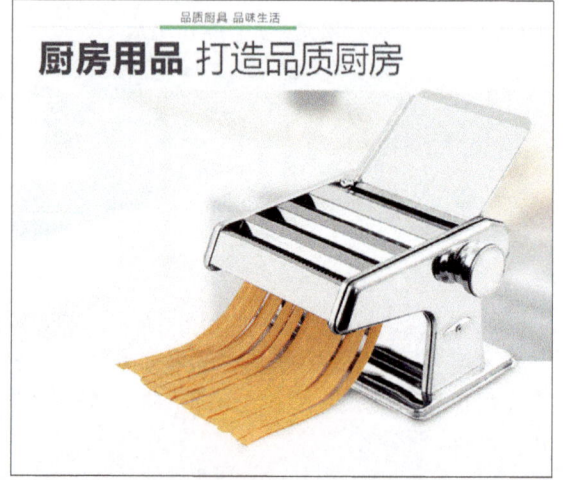

图6-24

05 新建一个文字图层，命名为"标题"，使用"横排文字工具"在画布上输入"面食主义的厨房好帮手"字样，颜色设置为（R:255，G:46，B:91），如图6-25所示。

06 家居百货类店铺装修

图6-25

06 新建一个文字图层,命名为"标题",使用"横排文字工具"  在画布上输入"优质厨面机两刀/三刀压面机"字样,颜色设置为(R:89,G:89,B:89),再新建文字图层,命名为"卖点",在画布上输入"不锈钢材质 自制各种面 简单易操作 易清洁"字样,颜色设置为(R:89,G:89,B:89),如图6-26所示。

图6-26

07 将网上找的大促价格标示素材拖入画布中并放置在左下角,如图6-27所示。

图6-27

08 使用"横排文字工具"  在画布上输入"特惠价:"字样,颜色设置为(R:89,G:89,B:89),新建文字图层,命名为"价格",在画布上输入"￥79"字样,颜色设置为(R:255,G:46,B:91),再新建文字图层,命名为"立即购买",在画布上输入"立即购买"字样,颜色设置为白色,如图6-28所示。

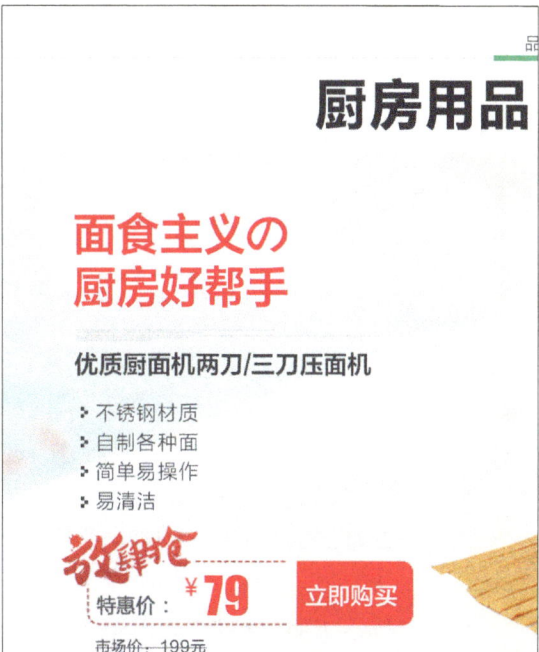

图6-28

145

09 新建一个图层，命名为"产品展示背景阴影"，使用"钢笔工具" 画出波浪形状，填充颜色（R:187, G:220, B:223），如图6-29所示。

图6-29

10 按Ctrl+J快捷键复制"产品展示背景阴影"图层，将其向左移动6像素，设置后景色为（R:232，G:250，B:254），按住Ctrl+Shift+Delete快捷键锁定图层并填充后景色，如图6-30所示。

图6-30

11 将产品素材拖入画布中放置在左边位置，如图6-31所示。

图6-31

12 使用"横排文字工具" 在画布上输入"多功能陶瓷刀五件套"字样，颜色设置为（R:89, G:89, B:89），然后，新建文字图层，命名为"产品卖点"，在画布上输入"锋利耐用 永不生锈"字样，颜色设置为（R:169, G:170, B:174），再新建文字图层，命名为"价格"，在画布上输入"￥99"字样，颜色设置为（R:89, G:89, B:89），再新建文字图层，命名为"原价"，在画布上输入"原价: 199.00"字样，颜色设置为（R:169, G:170, B:174），如图6-32所示。

图6-32

13 新建一个图层，命名为"立即抢购背景"，使用"钢笔工具" 画出几何图形，填充颜色为（R:148, G:209, B:217），使用"横排文字工具" 在画布上输入"立即购买"字样，颜色设置为白色，如图6-33所示。

图6-33

14 产品展示采用的是两款产品并排的排版方式，复制以上制作的产品模块所有图层，移至右边，将产品素材和产品信息全部替换，如图6-34所示。

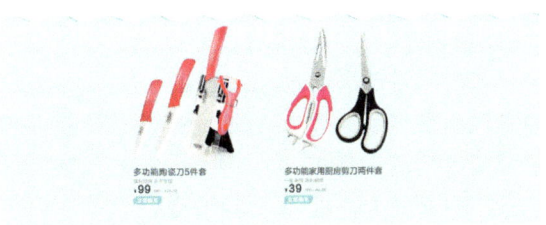

图6-34

15 复制上面模块，将"产品展示背景"图层色替换为白色，将"产品展示背景阴影"图层色替换成灰色（R:89，G:89，B:89），将产品素材和产品信息全部替换，如图6-35所示。

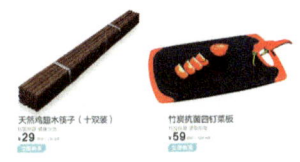

图6-35

16 到网上找一个清新自然的素材，如图6-36所示。

图6-36

17 将产品素材拖入画布中放置在右边位置，如图6-37所示。

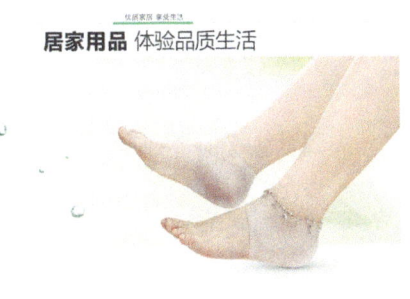

图6-37

18 文字部分跟上述压面机的制作步骤一样，这里就不重复说明了，效果如图6-38所示。

图6-38

19 复制上面模块，将"产品展示背景"图层色替换为白色，将"产品展示背景阴影"图层替换成灰色（R:187，G:220，B:223），将产品素材和产品信息全部替换，如图6-39所示。

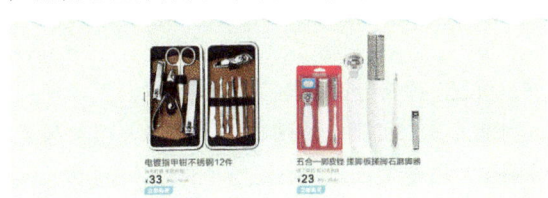

图6-39

4.页尾模块制作

01 新建一个图层，命名为"尾部不规则图形"，使用"钢笔工具"画出波浪形不规则图形，填充颜色为（R:215，G:210，B:125），如图6-40所示。

图6-40

02 新建一个图层，命名为"尾部波浪背景"，使用"钢笔工具"画出波浪形图形，填充颜色为（R:122，G:183，B:149)，如图6-41所示。

图6-41

03 新建一个图层，命名为"圆形容器"，使用"椭圆选框工具"在画布上画出适当大小的正圆，并填充为白色，再新建一个图层，命名为"箭头图形"，使用"钢笔工具"画出向上的箭头，填充颜色为（R:122，G:183，B:149），如图6-42所示。

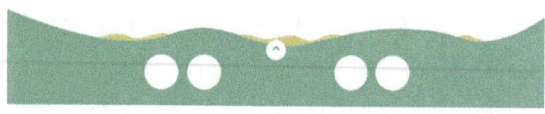

图6-42

04 新建一个图层，命名为"圆形容器"，使用"椭圆选框工具"在画布上画出适当大小的正圆，并填充为白色，然后按Ctrl+J快捷键复制图层，将"圆形容器"向右边移动，重复操作三次，如图6-43所示。

图6-43

05 新建一个图层，命名为"形状组合"，使用"钢笔工具"画出盾牌、手、汽车、螺丝起子等图层，填充颜色为（R:122，G:183，B:149），如图6-44所示。

图6-44

06 将店铺Logo拖入画布中，放置在中间位置，如图6-45所示。

图6-45

07 使用"横排文字工具"在画布上输入相对应的文案，颜色设为白色，如图6-46所示。

图6-46

6.3 温馨居家风格

6.3.1 页面分析

家纺类目的页面整体风格建议以温馨居家或者简洁小清新为主。家是给人提供娱乐休闲的地方，整个页面看起来清爽自然一点可以增添顾客对产品的好感，如果风格过于沉重，如以黑色为主，则会显得与商品格格不入，如图6-47所示。

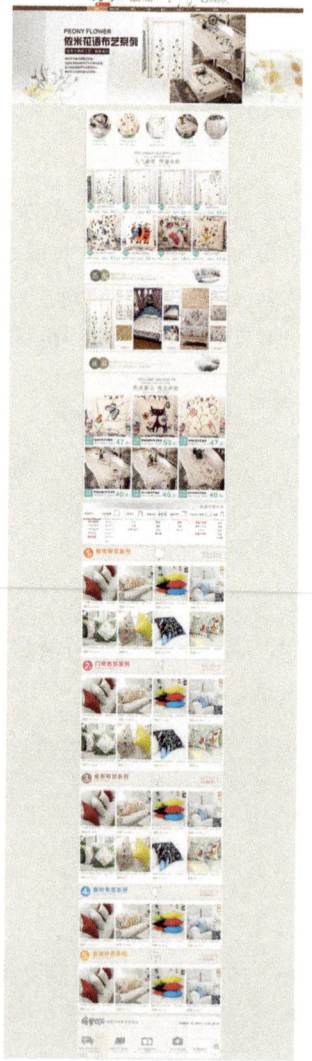

图6-47

1.页面配色

温馨居家风格的页面配色为暖色调，如图6-48所示。

R218、G214、B213	R234、G230、B38
C17、M15、Y14、k0	C11、M10、Y15、k15

R251、G250、B246
C2、M2、Y4、k0

图6-48

2.页面布局

整体页面布局如图6-49所示。

（1）首屏：首屏以淡棕色的居家风格背景为主，为了更好地体现产品的居家视觉效果，首页展示店铺主打款的系列产品，排版的方式为左文右图。

（2）产品分类：为了让顾客快速找到自己想要的产品类目，在首屏下方增加一块分类区域。

（3）产品展示：根据店铺的运营方式制定主打款，按顺序在首页上面展示产品，根据店铺产品的多少来划分首页布局占比，这个页面的产品较多，所以产品以每个分类为一个单位展示。

（4）产品分类：为了让顾客快速找到自己想要的产品类目，而这个页面的产品较多所以在页面中间的位置又增加了一块产品分类区域。

（5）店铺信息：为了增加客户体验，在页面尾部增加店铺的售后信息，让顾客无后顾之忧地购买店铺产品。

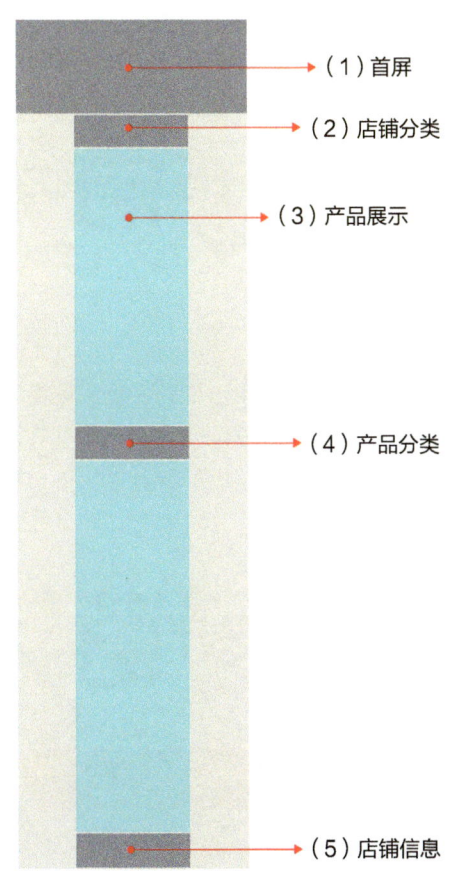

图6-49

6.3.2 步骤详解

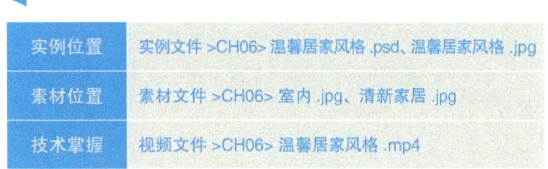

实例位置	实例文件 >CH06> 温馨居家风格 .psd、温馨居家风格 .jpg
素材位置	素材文件 >CH06> 室内 .jpg、清新家居 .jpg
技术掌握	视频文件 >CH06> 温馨居家风格 .mp4

1.店招模块制作

01 新建一个图层，参数如图6-50所示。选择"矩形选框工具"，设定样式为固定大小，宽度为990像素，高度为150像素，然后按Ctrl+Shift+N快捷键再新建一个图层，命名为"标尺图层"，如图6-51所示。这时图层面板上就会出现新建的"标尺图层"，然后单击一下画布，出现选框以后同时按住Alt+Delete快捷键填充图层，按Ctrl+D快捷键取消选区，现在看到的"标尺图层"和画布并不是处于居中对齐状态，如图6-52所示。

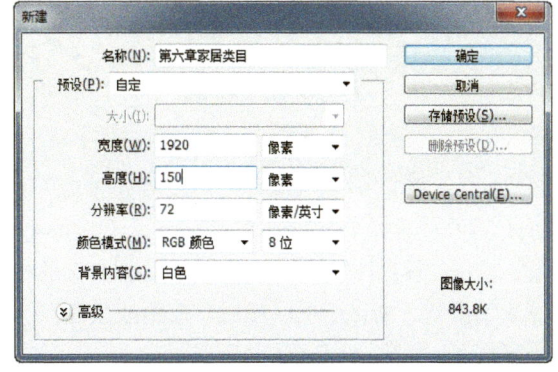

图6-50

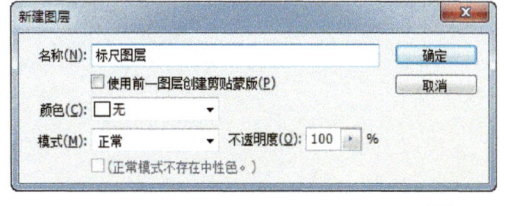

图6-51

图6-52

02 按Shift键选中"标尺图层"和背景，鼠标左击顶部导航"居中对齐"按钮，将"标尺图层"与背景绝对居中对齐，如图6-53和图6-54所示。同时，按Ctrl+R快捷键显示标尺快捷键，用鼠标从画布边上拉动标尺（蓝色线条），放置"标尺图层"的两边，如图6-55所示。

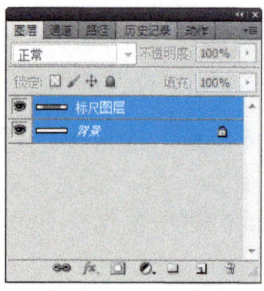

图6-53

图6-54

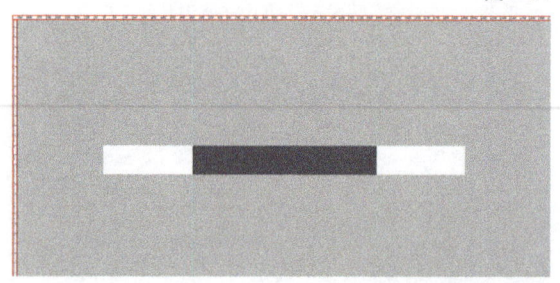

图6-55

03 隐藏"标尺图层"，淘宝B店的店招有宽度和高度的限制，划出一个区域后，店招摆放仅在这个区域内，如图6-56和图6-57所示。

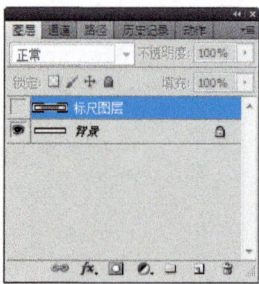

图6-56

图6-57

04 将店铺Logo素材直接拖入画布中，Logo素材为PNG格式，方便拖出来使用。选中Logo素材，放置在画布上，将图层标注为Logo。同时，按Ctrl+T快捷键，按住Shift键将Logo等比例缩小至适合大小，如图6-58和图6-59所示。

图6-58

格蒡诗芙®

图6-59

05 将后景色设置为（R:56，G:115，B:80），选中Logo图层，按Ctrl+Shift+Delete快捷键将图层锁定后填充后景色，如图6-60所示。

格蒡诗芙®

图6-60

06 选择"圆角矩形工具"，设置半径为50像素，颜色为（R:204，G:0，B:0），在画布上面拖动相应大小的红色圆角矩形，如图6-61所示。

图6-61

07 选择"自定义形状工具" ，选择爱心桃形状，设置前景色为白色，在圆角矩形框上拉出至适合大小，如图6-62和图6-63所示。

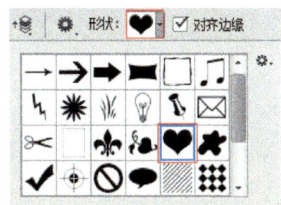

图6-62

图6-63

08 使用"横排文字工具" 在画布上输入"关注我们"字样，文字颜色为白色，如图6-64所示。

图6-64

09 选择"矩形选区工具" ，设置宽度为1920像素，高度为30像素，然后新建一个图层，命名为"导航背景"，在画布拉出合适的大小，将其颜色填充为（R:135，G:93，B:55），如图6-65所示。

图6-65

10 使用"横排文字工具" ，设置为"文字垂直"，文字颜色为（R:153，G:102，B:51），在画布上输入"—"（减号），多制作出几个虚线分割线的效果，如图6-66所示。

图6-66

11 使用"横排文字工具" 在画布上输入"鲁绣整体家纺旗舰店"字样，文字颜色为（R:156，G:115，B:80），如图6-67所示。

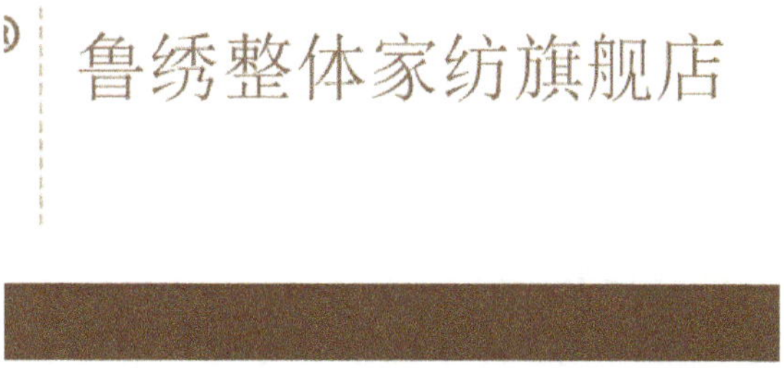

鲁绣整体家纺旗舰店

图6-67

12 使用"横排文字工具" 在画布上输入"田园布艺 一室芬芳"字样，文字颜色为（R:156，G:115，B:80），如图6-68所示。

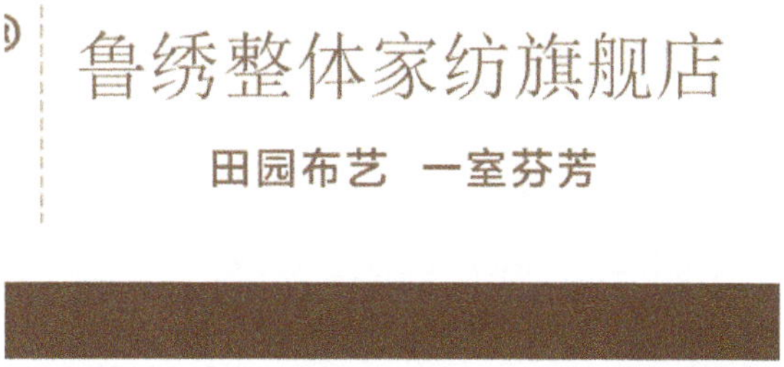

鲁绣整体家纺旗舰店

田园布艺　一室芬芳

图6-68

13 将花卉素材放置在画布中，然后同时按住Ctrl+T键将花卉素材变形至适合大小，如图6-69所示。

图6-69

14 新建一个图层,命名为"收藏我们边框",使用"钢笔工具"在画布上面画出一些不规则长短的边框,选择"画笔工具"并设置笔尖大小为1像素,设置前景色为(R:156,G:115,B:80),右击选择描边路径,如图6-70和图6-71所示。

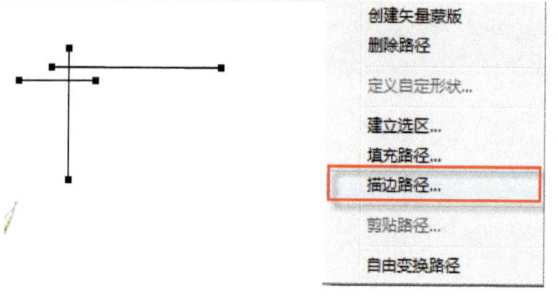

图6-70

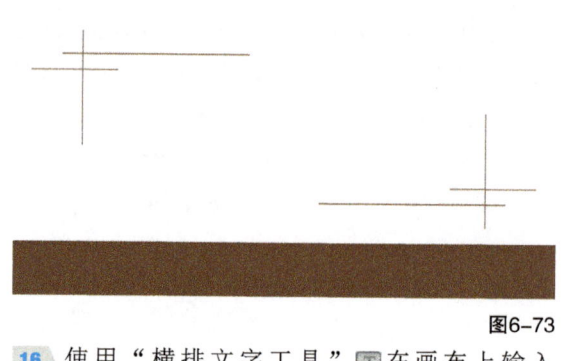

图6-73

16 使用"横排文字工具"在画布上输入"收藏我们"字样,设置文字颜色为(R:156,G:115,B:80),再在画布上输入C字,设置文字颜色为(R:156,G:115,B:80),再在画布上输入ollection字样,设置文字颜色为(R:156,G:115,B:80),如图6-74至图6-76所示。

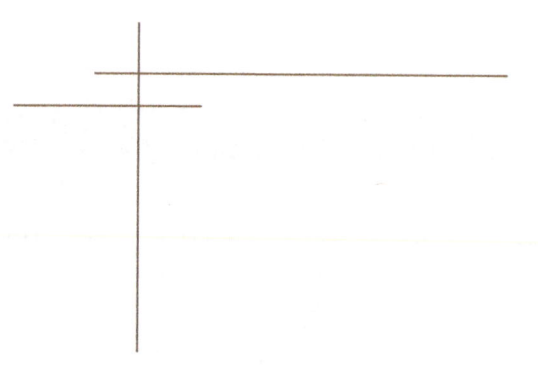

图6-71

15 按住Ctrl+J快捷键复制图层,再按住Ctrl+T快捷键变化图层右击鼠标,选择"垂直翻转",再右击鼠标并选择"水平翻转",然后将复制出来的图层移动到适合的位置,呈对角形式,如图6-73所示。

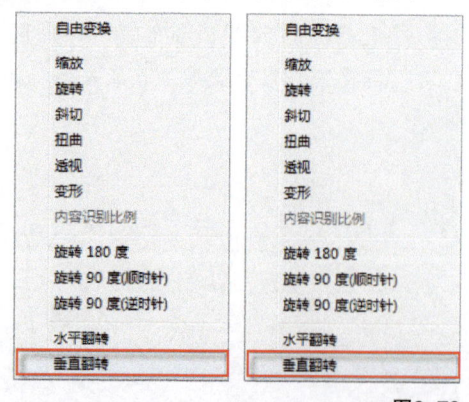

图6-72

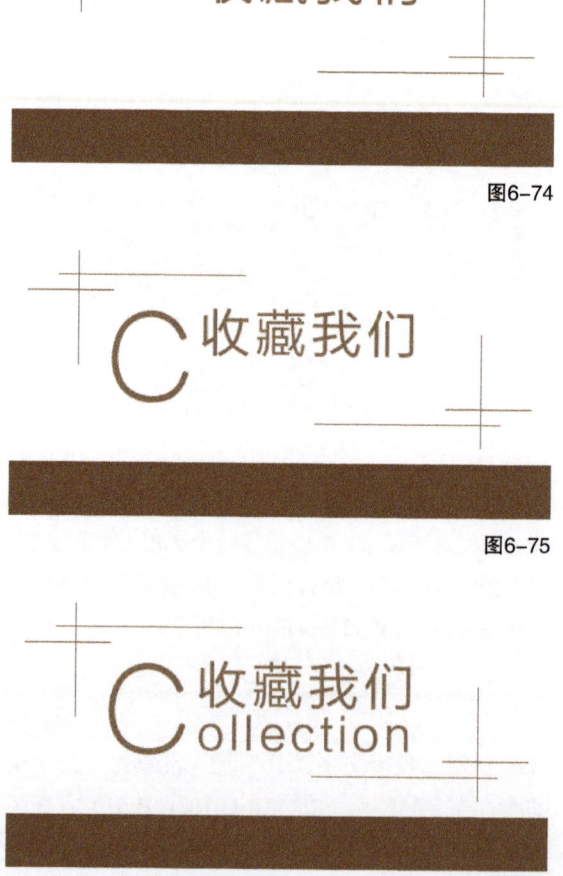

图6-74

图6-75

图6-76

17 使用"横排文字工具"  在画布上输入"首页、所有产品、抱枕、门帘、窗帘、沙发巾、桌布、桌旗"字样,设置文字颜色为白色,文字选项之间的距离可用空格键来控制,如图6-77所示。重要的页面可以添加其他底色来吸引目光,导航的文字图层下面新建一个图层,然后选择"矩形选区工具" 在"首页"文字处拉出一个适合的选框,颜色填充为(R:156,G:115,B:80),如图6-78所示。

图6-77

图6-78

2.首屏制作

01 在网上找一张居家的室内素材,如图6-79所示。

图6-79

02 新建一个图层,命名为"蒙版",使用"渐变工具" ,点击"预设"选项,再设置为"前景色到透明渐变",然后将前景色设为白色,用渐变工具在背景素材上方垂直拉动一下,这样就可以增加一些朦胧感,如图6-80和图6-81所示。

图6-80

图6-81

03 新建一个图层,命名为"白色背景",选择"矩形选框工具" ,在画布上拉出适合矩形选区,宽度比画布小一些即可,并填充为白色,如图6-82所示。

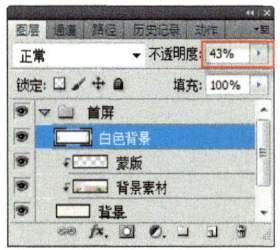

图6-82

04 设置白色背景图层的不透明度为43%,如图6-83和图6-84所示。

图6-83

图6-84

05 新建一个图层,命名为"素材1容器",选择"矩形选框工具" ,在画布上拉出适合选框,同时按住Alt+Delete快捷键填充前景色,颜色设置为任意色,这里设置为红色,填充后同时按住Ctrl+D快捷键取消选区。

图6-85

06 将产品素材1放置在"素材1容器"图层上面，然后在背景素材与矩形框两个图层中间按住Alt键左击鼠标即可将图片放入矩形框这个容器里，如图6-86和图6-87所示。

图6-86

图6-89

图6-87

07 将前景色设为白色，新建一个图层，然后在产品素材外拉出一个比产品素材大一点的长方形，拉出选区的时候鼠标左键不要松开，按住空格键可调整选区的位置。这时，选区就会变成一个白色线条的框，按住Ctrl+J快捷键复制图层，将复制出来的图层按住Ctrl+T快捷键进行变换，稍微旋转一下，这样的步骤可以重复两次。如图6-88和图6-89所示。继续重复同一步骤，将其他的产品素材也进行编辑，其中矩形的选框大小可根据个人的喜好进行设计，最后的参考效果如图6-90所示。

图6-90

08 接下来就是文字部分的编辑和排版了，使用"横排文字工具"在画布上输入PEONY FLOWER（牡丹花）字样，文字的颜色为（R:85，G:44，B:24），如图6-91所示。

图6-91

09 使用"横排文字工具"在画布上输入"依米花语布艺系列"主题，根据运营给的主题，一张广告图里面的主题一定要最显眼，所以选取的文字为粗体，另外应比其他的字体大。主题写完后觉得整张图有点空的话，可以想办法进行点

图6-88

缀，让整个图片丰满起来，如图6-92所示。

图6-92

10 新建一个图层，使用"矩形选区工具"拉出一个合适的矩形，设置前景色为（R:85，G:44，B:24）然后按Alt+Delete快捷键填充图层，如图6-93所示。

图6-93

11 使用"横排文字工具"在画布上输入"纯手工绣花工艺 独家设计"字样，文字的颜色为（R:85，G:44，B:24），然后再写上其他文案，如图6-94和图6-95所示。

图6-94

图6-95

3.产品分类制作

01 使用"椭圆工具"并按住 Shift键，同时鼠标左键在画布上拖动出一个圆形，如图6-96所示。使用"横排文字工具"并按住"—"（减号键），多点击几下让减号围着圆形的路径旋转一圈后停止，如图6-97所示。将产品素材1拖进来放置在刚刚新建的圆形框的上一个图层，然后用选取工具将产品素材1放置背景素材与矩形框两个图层中间，最终效果图如图6-98所示。

图6-96

图6-97

图6-98

02 在产品素材1底部制作一个投影的效果,使圆形更加立体一些,新建一个图层,使用"椭圆选区工具"在画布上拉出一个圆形选区,同时按Shift+F6快捷键将其羽化,如图6-99所示。使用"渐变工具"中的"径向渐变"按钮,设置前景色为(R:114, G:115, B:108),渐变选项选为径向渐变,然后向下垂直拉动,松开鼠标就可以出现大致的效果,然后按住Ctrl+T快捷键将图层压扁,压到适合程度后按Enter键确认即可,如图6-100和图6-101所示。将阴影图层放置在圆形框图层下部,投影的效果即可呈现,如图6-102所示。

图6-102

03 使用"横排文字工具"在画布上输入"芍药花系列"字样,字体颜色为(R:111, G:190, B:174),如图6-103所示。

芍药花系列

图6-103

04 使用"横排文字工具"在画布上点击一下并按下符号".",多按几下就可以呈现虚线分割线的效果。在画布上输入PEONY FLOWER字样,文字颜色为(R:114, G:115, B:108),如图6-104所示。

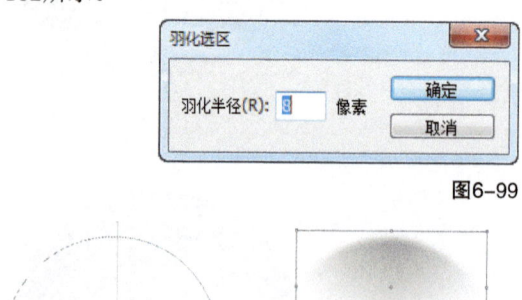

图6-99

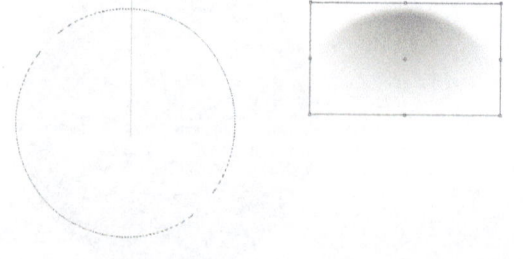

图6-100　　　　图6-101

图6-104

05 复制所有分类图层,将其向右排开,如图6-105所示。将每个分类的图片素材和文案替换成相对应的图片文案,如图6-106所示。

图6-105

图6-106

4.产品模块制作

01 使用"横排文字工具"在画布上输入EXPLOSION IN POPULARITY字样,文字颜色为(R:116, G:116, B:116),如图6-107所示。点击回车键再输入THE QUALITY OF LIFE字样,文字颜色还是为(R:116, G:116, B:116),如图6-108所示。

EXPLOSION IN POPULARITY

图6-107

EXPLOSION IN POPULARITY
THE QUALITY OF LIFE

图6-108

02 点击回车键输入"人气爆款 特惠体验"字样,颜色设置为(R:154, G:133, B:106),如图6-109所示。

EXPLOSION IN POPULARITY
THE QUALITY OF LIFE
人气爆款 特惠体验

图6-109

03 点击回车键输入"品质源于细节 细节成就完美"字样,文字颜色为(R:154, G:133, B:106),如图6-110所示。

EXPLOSION IN POPULARITY
THE QUALITY OF LIFE
人气爆款 特惠体验
品质源于细节 细节成就完美

图6-110

04 全选文字,点击顶部导航居中按钮,居中后如图6-111所示。

EXPLOSION IN POPULARITY
THE QUALITY OF LIFE
人气爆款 特惠体验
品质源于细节 细节成就完美

图6-111

05 使用"横排文字工具",在画布上按下"—"(减号键),长按至适合长度,标题效果就出来了,标题采用中英文排版,搭配不同大小和粗细的效果使得标题看起来比较时尚大气一点,如图6-112所示。

EXPLOSION IN POPULARITY
THE QUALITY OF LIFE
人气爆款 特惠体验

图6-112

06 新建一个图层,命名为"产品模块容器",用"矩形选框工具"拉出合适的矩形选区,然后按Alt+Delete快捷键填充图层,如图6-113所示。将产品素材拖入矩形选区,将背景素材放置在"产品模块容器"图层上,如图6-114所示。

图6-113

图6-114

07 将前景色设置为（R:95，G:188，B:170），然后使用"圆角矩形工具" 在画布中拉出适量的圆角矩形框，如图6-115所示。

图6-115

08 按Ctrl+T快捷键将圆角矩形图形旋转角度为45°，如图6-116所示。使用"横排文字工具" 输入HOT，文字颜色为白色，如图6-117所示。

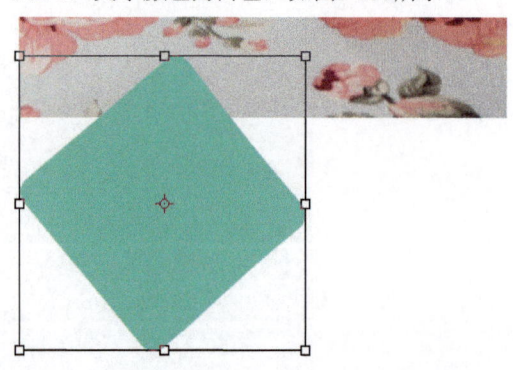

图6-116

图6-117

09 使用"横排文字工具" 在画布上输入"芍药花布艺抱枕套"字样，文字颜色为（R:116，G:116，B:116），如图6-118所示。

图6-118

10 使用"横排文字工具" 在画布上输入"—"（减号），文字颜色为（R:116，G:116，B:116），制作虚线分割线的效果，如图6-119所示。

图6-119

11 使用"横排文字工具" 在画布上输入"专柜价：60.0元"字样，文字颜色为（R:116，G:116，B:116），如图6-120所示。

图6-120

12 使用"横排文字工具" 在画布上输入"特惠价：60.0元"字样，文字颜色为（R:95，G:118，B:170），如图6-121所示。

图6-121

13 选择60字样,设置字符大小为32像素,如图6-122所示。

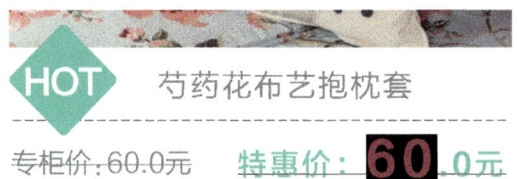

图6-122

14 接下来选中所有的图层,按住Ctrl+G快捷键将这些图层进行分组,分组完成后,用选取工具选中整个组拖到下部的新建一个图层选框内,并复制整个组,如图6-123至图6-125所示。

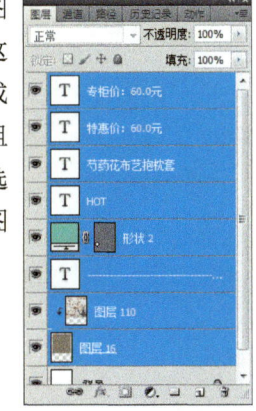

图6-123

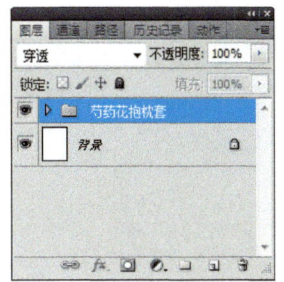

图6-124

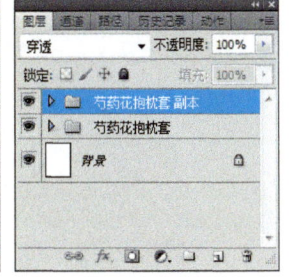

图6-125

15 选中分组按住Shift+ →（向右的箭号）快捷键,单击一下就移动10个像素,可根据实际情况进行适合的点击数量,如图6-126所示。

图6-126

16 重复以上步骤,制作为八个产品,每个组之间的间距要控制在10像素,组与分之间的间距要统一才能显出店铺设计的严谨和专业,也为了视觉感官上不会觉得别扭,如图6-127所示。

图6-127

5.搭配模块制作

01 新建一个图层,命名为"圆形背景",使用"椭圆选框工具"拉出一个正圆形,然后填充颜色位（R:181, G:158, B:116）,如图6-128所示。

图6-128

02 新建一个图层，命名为"田字格"，使用"矩形选框工具"在圆形中间拉出一个正方形，如图6-129所示。

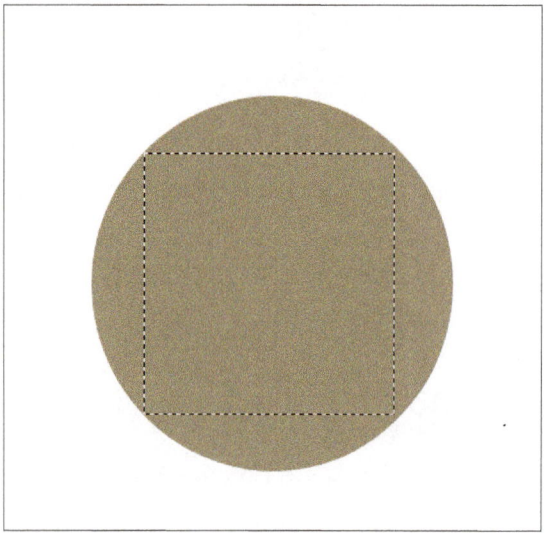

图6-129

03 在画布上点击鼠标右键，选中"描边"选项，设定数值为1像素，颜色设置为白色，点击确认，如图6-130所示。

图6-130

04 使用"矩形选区工具"在画布上拉出一个1像素的线性选区，然后将其填充为白色，横线的制作方式也是一样，如图6-131至图6-133所示。

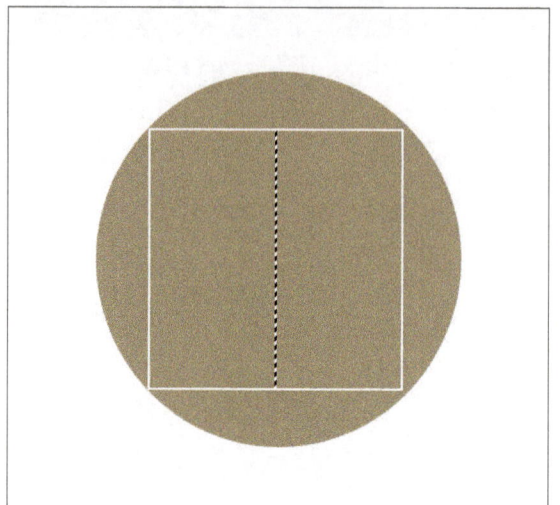

图6-131

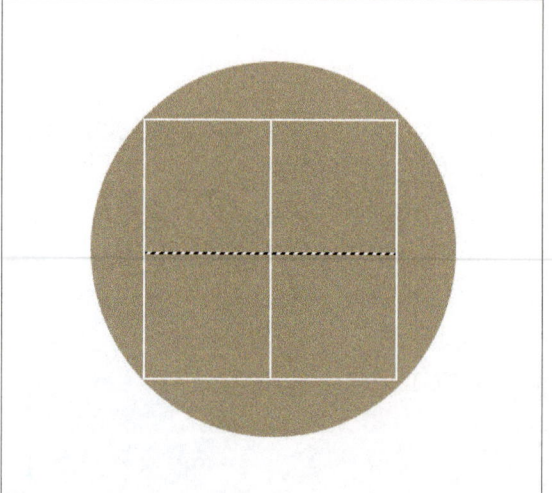

图6-132

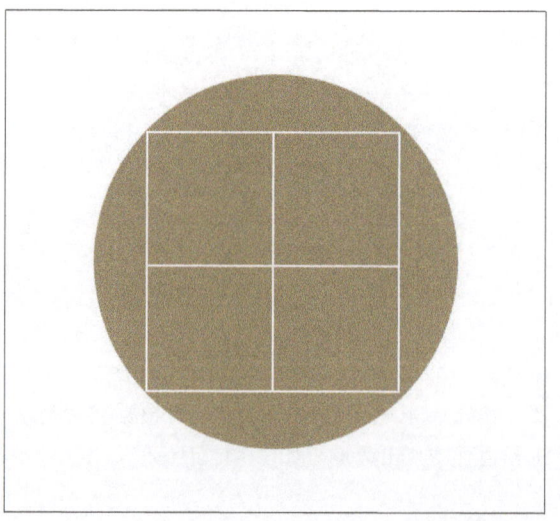

图6-133

05 选择田字格图层,然后将不透明度降低到50%,如图6-134和图6-135所示。

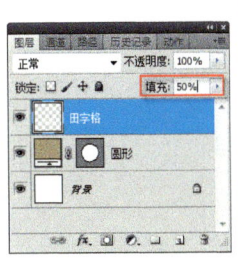 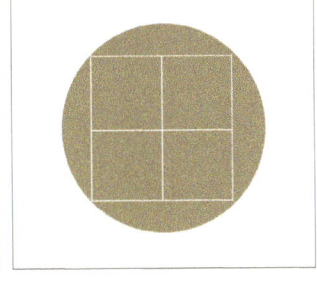

图6-134　　　　　　　　图6-135

06 复制"圆形背景"和"田字格"图层,并向左移动,复制的圆形背景图层颜色设置为(R:141,G:126,B:97),如图6-136所示。

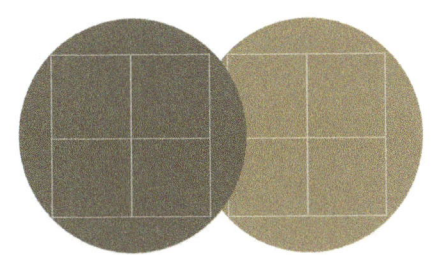

图6-136

07 新建一个图层,命名为"横线",使用"矩形选区工具"拉出一条线,然后填充颜色为(R:141,G:126,B:97),如图6-137所示。

图6-137

08 使用"横排文字工具"输入"搭配"字样,文字颜色为白色,再输入"推荐购买/"字样,文字颜色为(R:200,G:181,B:147),再输入英文Recommended to buy,文字颜色为(R:200,G:181,B:147),再输入"搭配购买更加实惠,装扮清爽家居环境!"字样,文字颜色为(R:186,G:175,B:155),如图6-139至图6-141所示。

图6-138

图6-139

图6-140

图6-141

09 新建一个图层,命名为"家居素材容器",使用"画笔工具"并点击顶部导航画笔预设按钮,选择合适的形状,然后在图层上面画出一个轮廓,如图6-142和图6-143所示。

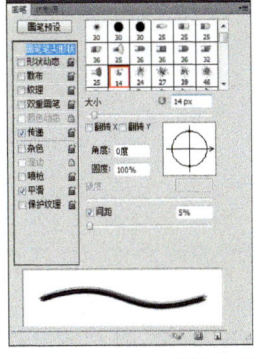 

图6-142　　　　　　图6-143

10 在家居素材容器图层上半部分制造一种朦胧感,用"橡皮擦工具"在图层上进行适当的擦拭,如图6-144所示。

图6-144

`11` 找到清新的家居素材后拉进画布，放置图层上方，在素材与图层之间按住Alt键并点击一下，将素材放入图层容器中，如图6-145所示。

图6-145

`12` 下面的导航区的制作方法也是与上述步骤一样，为了降低观客的视觉疲劳，又能保持整体的统一性，建议用小素材的更换，让页面看起来有些微妙的变化，如图6-146所示。

图6-146

6.小分类模块制作

`01` 新建一个图层，命名为"渐变背景"，将前景色设为（R:211，G:211，B:211），选择"渐变工具"中的"对称渐变"按钮，在画布上拉出相对应的效果，如图6-147所示。

图6-147

`02` 复制一个图层，将后景色设置为黑色，按住Ctrl+Shift+Delete快捷键填充后景色，然后点击"选取工具"向下移动1个像素，按一下"↓"（向下键）并点击删除键，将下面多余的部分去除掉，线条效果就出来了，如图6-148所示。

图6-148

`03` 使用"横排文字工具"在画布上输入GRACEFUL，文字颜色为白色，如图6-149所示。

图6-149

`04` 使用"横排文字工具"在画布上输入"格蕾诗芙分类"字样，文字颜色为白色，如图6-150所示。

图6-150

`05` 使用"横排文字工具"在画布上输入相对应的小分类名称，间隔和大小用空格键进行控制，文字颜色为白色，如图6-151所示。

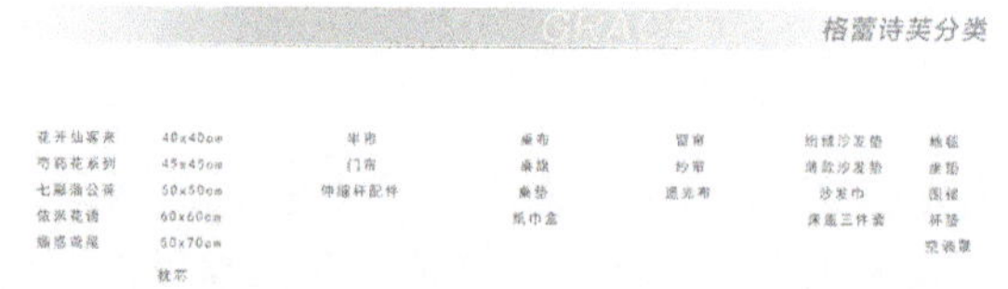

图6-151

`06` 使用"横排文字工具"选中部分重要的分类，然后颜色改为（R:182，G:0，B:1），如图6-152所示。

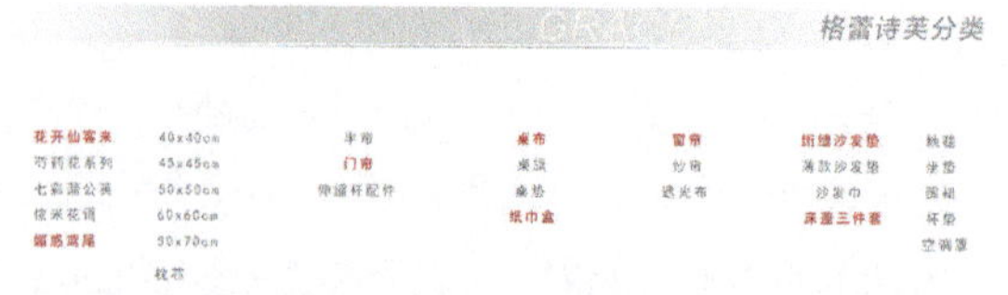

图6-152

`07` 新建一个图层，命名为"分割线"，使用"矩形选框工具"拉出一个宽为2像素的竖线，填充颜色为（R:211，G:211，B:211），然后分割线复制图层，按照画布上面的分类数量来做分割线，移动到相应的位置上，如图6-153所示。

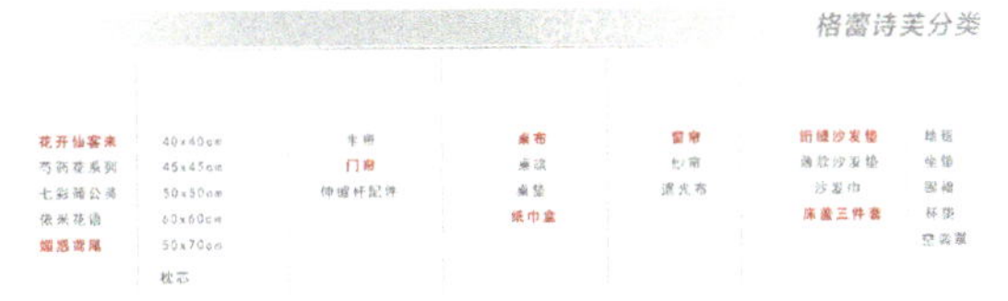

7.分类产品模块制作

01 新建一个图层，命名为"圆形"，使用"椭圆工具"拉出一个正圆形，颜色填充为（R:223，G:173，B:143），然后使用"横排文字工具"T在"圆形"图层上面输入1F字样，文字颜色为白色，如图6-158和图6-159所示。

图6-158

图6-159

02 在圆形图层旁边输入"抱枕布艺系列"字样，文字颜色为（R:223，G:173，B:143），如图6-160所示文字颜色为（R:205，G:192，B:183）

图6-160

03 按回车键，输入英文Pillow fabric series，文字颜色为（R:205，G:192，B:183），如图6-161所示。

08 使用"横排文字工具"T在画布上输入大分类的类目名称，文字颜色为（R:162，G:144，B:120），如图6-154所示。

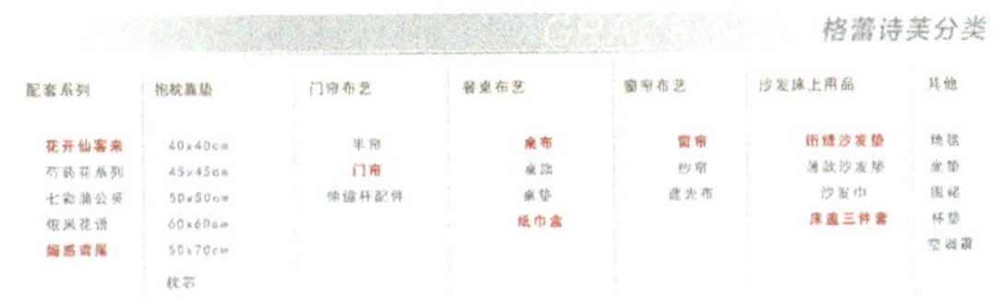

图6-153

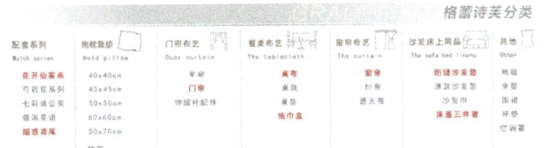

图6-154

09 为了使分类模块看起来更加时尚一点，可以添加一些英文元素，使用"横排文字工具"T在画布上输入大分类的类目名称，文字颜色为（R:114，G:114，B:114），如图6-155所示。

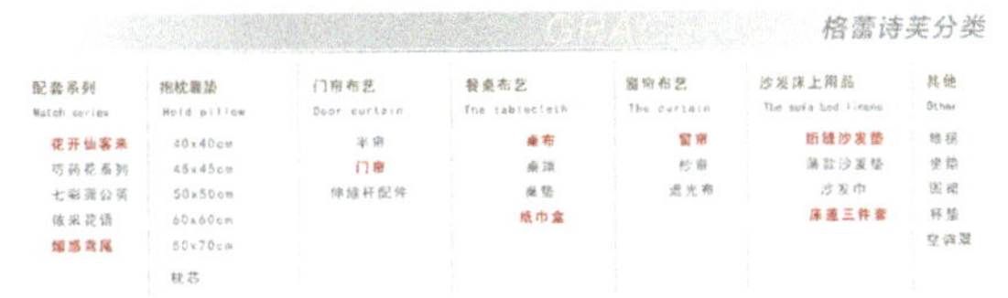

图6-155

10 使用"钢笔工具"描绘出相对应的线条图形，然后右击选择"描边路径"增加画面感，如图6-156所示。

图6-156

11 使用"矩形工具"拉出一个高度为5像素（宽度根据分类的宽度而定）的矩形框，然后填充一些鲜亮的色彩，如图6-157所示。

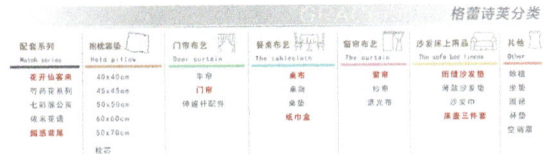

图6-157

图6-161

04 使用"钢笔工具"描绘出抱枕的形状，颜色填充为白色，然后双击图层，设置图层样式的选项，选中描边，设置大小为1像素，位置为内部，颜色为黑色，如图6-162所示。

图6-162

05 使用"横排文字工具"在画布上输入MORE，设置颜色为（R:219，G:202，B:180），如图6-163所示。在画布上输入"点击查看更多>>"字样，设置颜色为（R:152，G:194，B:203），如图6-164所示。使用"椭圆工具"并按住Shift键拉出一个正圆，填充色为（R:219，G:202，B:180），如图6-165所示。

图6-163

图6-164

图6-165

06 使用"多边形工具"并设置边数为3，拉出一个三角形，最后效果如图6-166所示。

图6-166

8.页尾模块制作

01 将品牌Logo拖入到画布中，放到相对应的位置，然后使用"横排文字工具"输入"格蕾诗芙家居专营店"字样，设置文字颜色为（R:145，G:145，B:144），如图6-167所示。

图6-167

02 使用"横排文字工具"输入"在线客服：周一至周六：8:30-23:00"字样，营业时间视店铺的真实情况而定，设置文字颜色为（R:101，G:101，B:101），如图6-168所示。

图6-168

03 使用"横排文字工具"在画布上输入"—"（减号），制作分割线，设置颜色为（R:172，G:170，B:167）如图6-169所示。

图6-169

04 用简单的形状组成汽车的效果，如图6-170至图6-173所示。

图6-170

图6-171

图6-172

图6-173

05 使用"横排文字工具"在车身上输入"格蕾诗芙直营"字样，文字颜色为白色，如图6-174所示。

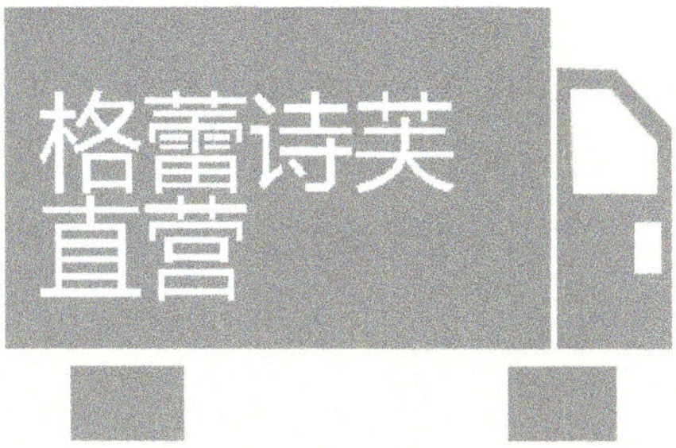

图6-174

06 下面的图案也都与上述制作步骤一样，用简单的图案进行组装，如图6-175所示。

图6-175

07 使用"横排文字工具"在相对应的图形下面写上标语，文字颜色为（R:172，G:170，B:167），如图6-176所示。

图6-176

08 使用"横排文字工具"在相对应的图形下面写上一些英文，文字颜色为（R:172，G:170，B:167），如图6-177所示。

图6-177

09 用一些简单的线条组成形状作为"收藏我们"模块的一个点缀效果。新建一个图层，命名为"收藏我们边框"，使用"矩形选框工具"拉出一个矩形选区，然后右击鼠标选择描边，描边大小为1像素，设置颜色为（R:172，G:170，B:167），然后使用"矩形选框工具"拉出相对大小的选区，按住Shift键再拉出相对大小的选区，点击删除，如图6-178至图6-181所示。

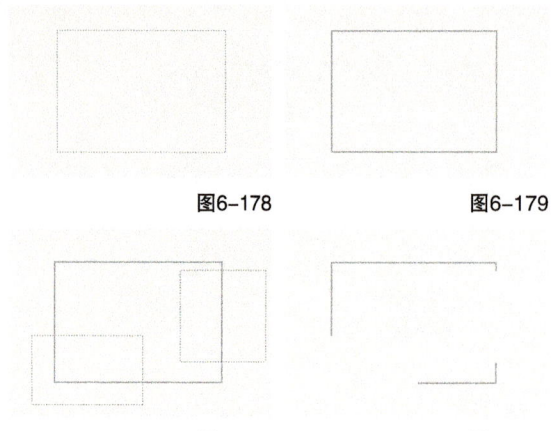

图6-178　　　　　图6-179

图6-180　　　　　图6-181

相对应的图形上面再写上"藏"字，文字颜色为（R:172，G:170，B:167），最后效果如图6-186所示。

图6-184

10 使用"横排文字工具"在相对应的图形下面写上"收藏我们"字样，文字颜色为（R:172，G:170。B:167），再写上英文，如图6-182和图6-183所示。

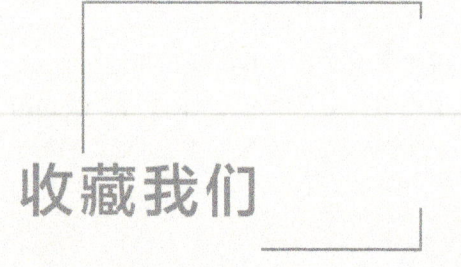

图6-182

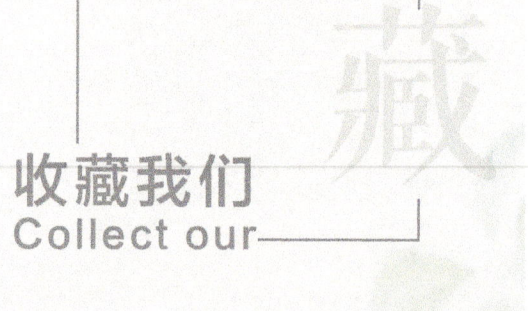

图6-185

图6-183

图6-186

11 使用"横排文字工具"在相对应的图形下面写上"藏"，文字颜色为（R:172，G:170，B:167），如图6-184所示。将文字"藏"的不透明度降低到23%，效果如图6-185所示。接着，在

07

美妆类店铺装修

美妆类店铺整体设计分析

自然唯美风格

简单清凉风格

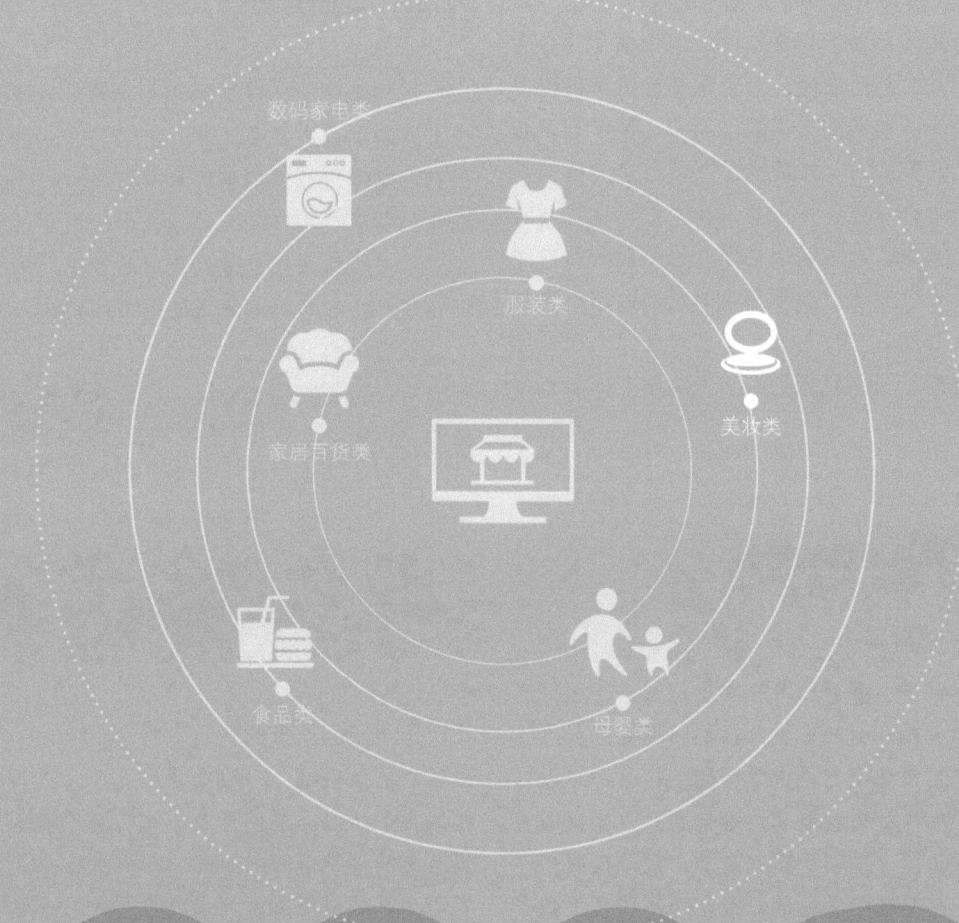

7.1 美妆类店铺整体设计分析

美妆类目的页面设计风格以清新自然为主，该类目的产品成分大部分都和自然、动植物有关，所以，在页面设计上要充分利用这个特性。另外，在页面展示上可以挑选比较能说服客户的产品成分，来作为该产品的背景，作为视觉营销的手段。

7.1.1 分析主要的消费群体

该类产品的消费群体还是比较广泛的，以前主要针对的消费群体是女性，现在也有针对男性的，随着时代的发展，爱美的特性也不只体现在女性身上。美妆的产品层出不穷，不但有针对性别的，还有针对年龄段的，所以，这类页面设计要比较大众一点。在页面设计上，可以找一些花、草、水果、叶子等植物素材来烘托清新自然的氛围。一般来讲，清新风格的页面虽然不会带给人们强烈的视觉冲击效果，但是会让人在视觉上感觉舒适，只要视觉上看起来舒服，那么就会让人接受。

7.1.2 分析页面的排版

在页面的排版方面还是以主次来划分的，可以将店铺的主爆款放置在首屏位置，将主打产品放在店铺最醒目的位置，自然就增加了产品的曝光度。首屏以下都是放店铺的主打款，可以以全屏海报的方式进行展示，这样会让整个页面看起来比较大气。值得一提的是，一般该页面的产品背景大多是整个主题的背景，不用按照单款产品制作不同背景，所以，整体的效果还是很统一的。为了避免顾客的视觉疲劳，建议在背景上可以加一些不同的元素，不要所有的产品背景都一样，那样顾客很容易产生视觉疲劳。在不影响页面的主题效果的情况下，在页面中可以增加一些和背景能融为一体的元素，引起顾客的好奇心和增加新鲜感，从而让顾客不断地往下翻看。

7.2 自然唯美风格

7.2.1 页面分析

自然唯美的风格页面让人看起来很舒服，这个页面的主题是"水、陆、空"这3个主题元素，但是对顺序进行了调整。首屏是以空旷唯美的陆地作为背景，将产品和主题突出，页面下部的产品展示模块背景则是梦幻空灵的天空场景，为了突出产品，在背景上元素使用得比较少，更是为了让顾客把目光放在产品上面。虽然该页面的背景简单，但是唯美的分层云彩和气球等元素将整体的视觉效果都提升了一个层次。第3个模块则是以小溪流水的主题作为背景，将产品放置在小溪中间，因为页面上面的两个模块的颜色偏淡，页面也偏白，所以，中间以小溪的绿色为主，为整个页面增色不少。接下来的页面，则是小溪和天空的场景进行切换，为了避免视觉疲劳，可以将产品进行错落摆放。

运用不同场景的主题切换设计时，一定要注意素材的风格统一，该页面的素材都以水墨的彩绘为主，所以，即使背景与场景进行切换，还是没有影响到整体的页面统一，反而在视觉上增色了不少。如果在页面上采用的元素风格不统一，如有手绘的和有卡通的还有实体的照片素材等，那样反而会让页面显得不统一。所以，在素材选择上也尽量要统一，如图7-1所示。

07 美妆类店铺装修

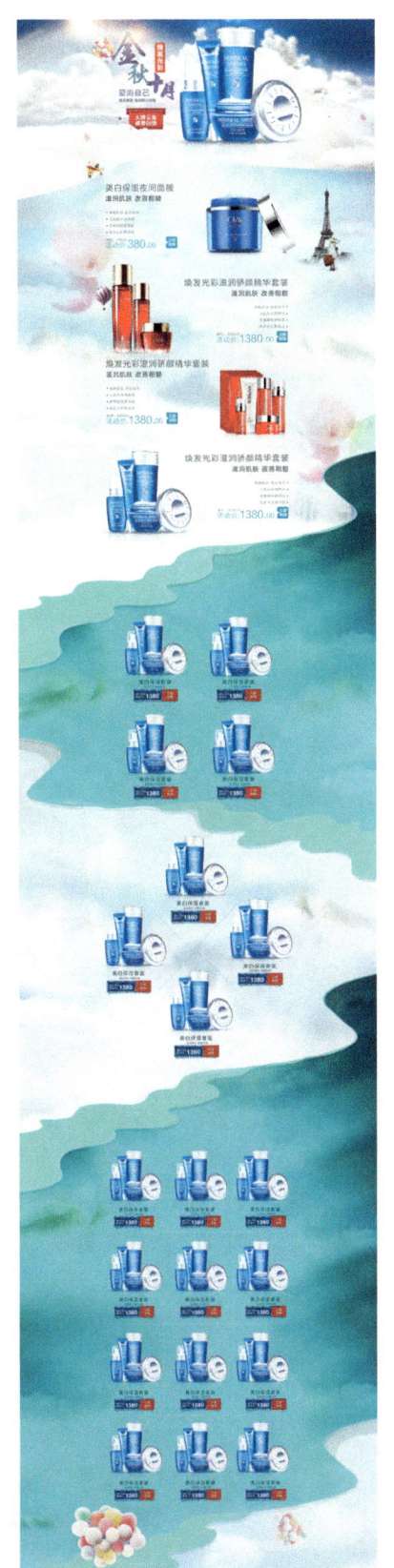

图7-1

1. 页面配色

自然唯美风格的页面配色为冷色调,如图7-2所示。

R246、G245、B243	R193、G221、B233
C5、M4、Y5、k0	C29、M7、Y8、k0
R240、G245、B249	R48、G201、B206
C7、M3、Y2、k0	C67、M0、Y29、k0

图7-2

2. 页面布局

整体页面布局如图7-3所示。

(1)首屏:首屏是以明亮宽敞的沙漠作为背景,为了更好地体现产品清新自然的视觉效果,首屏展示店铺主打款的系列产品,排版方式为左文右图。

(2)热卖产品展示:根据店铺的运营方式制定主打款,按主次顺序在首页上面展示产品,根据店铺产品的多少来划分首页布局占比,这个页面的产品较少,所以产品占比都比较大。每款产品都以左文右图或者右文左图的方式进行展示。

(3)产品展示:主打产品下面有产品分类展示,因为分类的产品不是主打产品,所以占比较小,而且都是采用两个产品为一组的方式进行展示。为了让排版不那么单一,可以用菱形的排版方式展示产品。

(4)背景:为了烘托自然唯美的页面主题,用天空和湖水作为背景,让整个页面更加丰富。

7.2.2 步骤详解

实例位置	实例文件 >CH07> 自然唯美风格 .psd、自然唯美风格 .jpg
素材位置	素材文件 >CH07> 空旷唯美沙漠 .jpg
技术掌握	视频文件 >CH07> 自然唯美风格 .mp4

1.首屏制作方式

01 在网上找一张空旷唯美的沙漠素材作为背景，该素材还需要进行修饰，如图7-4所示。

图7-4

02 将产品素材拖入画布中，放置在右边位置将气球素材遮挡住，如图7-5所示。

图7-5

03 新建一个图层，命名为"首屏产品阴影"，使用"圆形选框工具" 在画布上拉出一个圆形选区，同时按住Shift+F6快捷键进行羽化，设置羽化的数值为8像素，颜色设置为（R:144，G:148，B:157），效果如图7-6所示。

图7-6

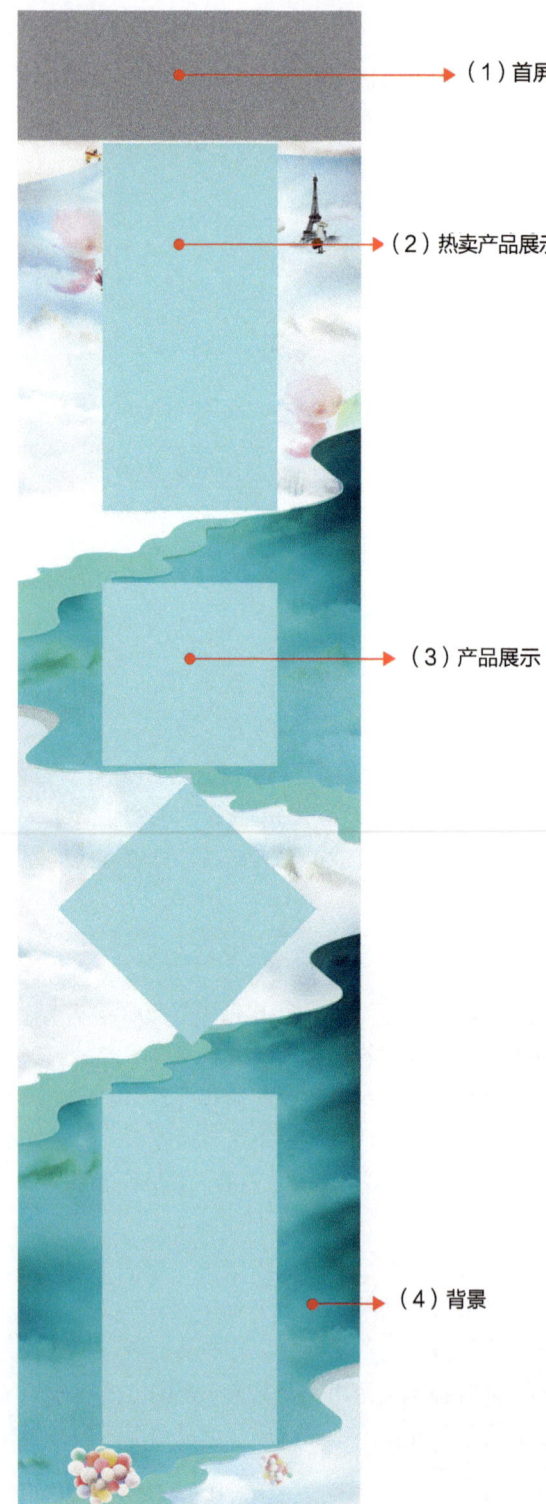

（1）首屏
（2）热卖产品展示
（3）产品展示
（4）背景

图7-3

04 复制"首屏产品"图层为"首屏产品副本",按住Ctrl+T快捷键右击鼠标选择"垂直旋转",将"首屏产品副本"图层移动至"首屏产品"的下部,如图7-7所示。

图7-7

05 选择"首屏产品副本"图层,勾选图层面板下方的"添加图层蒙版"按钮,然后使用"渐变工具"从下往上拖动出一个渐变效果,效果如图7-8所示。

图7-8

06 新建一个图层,命名为"红色矩形背景",使用"矩形选框工具"在画布中拉出一个适当大小的矩形,然后填充颜色为(R:223,G:53,B:27),然后使用"横排文字工具"在"红色矩形背景"图层上面输入"焕发光彩"字样,颜色设置为白色,如图7-9所示。

图7-9

07 使用"横排文字工具"在画布上输入"金秋十月"主题,字体为毛笔字体,文字颜色设置为(R:142,G:114,B:175),然后选中文字"秋",将秋字颜色调整为(R:107,G:150,B:167),在"秋"字图层下面新建一个图层,命名为"秋字阴影",再使用"矩形选框工具"在画布上拉出一个适当大小的矩形,然后将其羽化,羽化值为5像素,然后填充颜色为(R:87,G:87,B:87),再将"秋字阴影"图层样式改为"正片叠底",并且在"主题文案"图层上面放上光效素材,效果如图7-10所示。

图7-10

08 使用"横排文字工具" T 在画布上输入"爱尚自己 滴滴精华滋润鲜活娇颜"字样，文字颜色设置为（R:142，G:114，B:175），再在画布上输入"大牌云集 感恩回馈"字样，文字颜色设置为白色，将文字放置在背景图层标签上方，效果如图7-11所示。

图7-11

2.产品模块制作方式

01 找一张浅蓝色的分层云彩作为背景，尽量找唯美一点的素材，如图7-12所示。

图7-12

02 为了丰富背景，在云彩背景上添加铁塔和热气球的素材，如图7-13所示。

图7-13

03 将产品素材放置在画布右上方，产品投影的效果和首屏制作中步骤方式一样，就不重复说明了，效果如图7-14所示。

图7-14

04 使用"横排文字工具" T 在画布上输入"美白保湿夜间面膜"和"滋润肌肤 改善粗糙"字样，文字颜色设置为（R:96，G:107，B:109），如图7-15所示。

图7-15

05 新建一个图层，命名为"分割线"，使用"矩形框选区工具"在画布上面拉出一个大小适合的矩形框，颜色设置为（R:184，G:229，B:248），然后向下移动一个像素，按住Delete键将其他多余的部分都删除掉，使用"椭圆工具"在画布中拉出一个适当大小的圆形，颜色设置为（R:95，G:129，B:141），复制三个圆形图层向下排开，再使用"横排文字工具" T 在画布上输入相应的卖点文案，文案的行距以圆形间距为准，再写上"原价：780元"字样，颜色设置为（R:122，G:131，B:136），效果如图7-16所示。

07 美妆类店铺装修

图7-16

06 使用"横排文字工具" T 在卖点文案下方位置输入"活动价：380.00"字样，文字颜色设置为（R:18，G:147，B:179），如图7-17所示。

图7-17

07 新建一个图层，命名为"立即抢购背景"，使用"钢笔工具" 画出相应的图案，将其转化为选区，填充颜色为（R:18，G:147，B:179），再使用"横排文字工具" T 在"立即抢购背景"上面写上"立即抢购"字样，文字颜色设置为白色，如图7-18所示。

图7-18

08 将以上的产品模块图层全部选中后并复制，然后向下移动，将产品和文案的方向对调，并且将产品素材换掉，修改掉相对应的文案，效果如图7-19所示。

图7-19

09 将小溪素材拖至海报产品模块下方，如图7-20所示。

图7-20

10 新建图层，命名为"小溪边沿"，使用"钢笔工具" 沿着小溪的边沿画出相应的形状，将其颜色填充为（R:114，G:219，B:205），如图7-21所示。

图7-21

图7-23

11 新建一个图层，命名为"产品分割线"，使用"矩形选框工具"▭在画布上面拉出一个适当大小的矩形选区，颜色设置为（R:184，G:229，B:248），然后向下移动一个像素，按住Delete键将其他多余的线条删除掉，使用"橡皮擦工具"✐对边缘部分进行擦拭，复制"产品分割线"图层，按住Ctrl+T快捷键并右击鼠标选择"顺时针旋转90°"，重复以上步骤两次，将线条摆放成十字效果，将产品素材放置在分割线上面，效果如图7-22和图7-23所示。

12 使用"横排文字工具"T在产品下部加上文案，文案颜色设置为（R:8，G:61，B:65），如图7-24所示。

图7-22

图7-24

13 将价格标签的背景选框放置在文案下方，如图7-25所示。

07 美妆类店铺装修

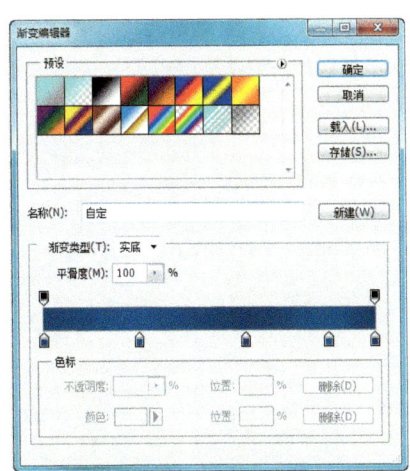

图7-27

图7-25

图7-28

14 新建一个图层，命名为"价格标签背景"，使用"矩形选框工具"在画布上面拉出一个适当大小的矩形框，将颜色填充为（R:10，G:61，B:108），双击图层选择设置图层样式为"渐变叠加"，设置角度为124°，设置渐变颜色从左至右为（R:10，G:61，B:108）（R:28，G:87，B:147），按住Alt键将复制左边颜色值，拖动到相应位置，重复以上步骤，参数如图7-26和图7-27所示。效果如图7-28所示。

15 新建一个图层，命名为"立即购买背景"，使用"矩形框选区工具"在画布上面拉出一个适当大小的矩形框，将其颜色填充为（R:187，G:33，B:5），再使用"横排文字工具"在"立即抢购背景"图层上面输入"立即抢购"字样，文字颜色设置为白色，如图7-29所示。

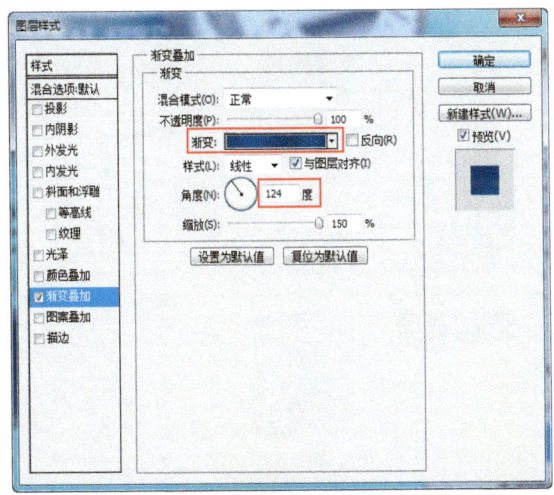

图7-26

图7-29

16 使用"横排文字工具"在"价格标签背景"图层上面输入相对应的原价和活动价格,文字颜色设置为白色,如图7-30所示。

图7-30

17 新建一个图层,命名为"价格标签背景",使用"矩形选框工具"在画布上面拉出一个大小适当的矩形并将其羽化,羽化值为5像素,然后将颜色设置为(R:87,G:87,B:87),按住Ctrl+T快捷键将"标题背景阴影"图层进行变形扭曲,回到图层控制面板中,将"标题背景阴影"图层样式选为"正片叠底",如图7-31所示。

图7-31

18 将以上的产品模块图层全部选中,全部复制,移动到相对应的位置,如图7-32所示。

图7-32

19 将上面的"产品模块分割线"图层复制后移动到下面的产品模块处,按住Ctrl+T快捷键将"产品模块分割线"图层旋转45°,并且将复制的产品模块移动到相对应的位置上,如图7-33所示。

图7-33

20 制作"产品模块分割线",并且将复制的产品模块移动到相对应的位置上,在尾部增加一些气球的素材,丰富页面,如图7-34所示。

图7-34

图7-35

7.3 简单清凉风格

7.3.1 页面分析

简单清凉的风格页面适合在夏季的时候使用,在炎热的夏季,看到蓝色或水等素材时,会让人感到平静和舒适。不过,这样的风格不要在冬季使用,否则,会给人不寒而栗的感觉。该页面整体的背景以水为主,使用的颜色则是以淡蓝色为主。在产品的体现上,会在产品周边放置相应的素材,比如在补水乳周围,使用水珠等素材增加画面感,而展示蚕丝面膜时,则会在产品周边放置蚕丝素材,给顾客更强烈的带入感,如图7-35所示。

1.页面配色

简单清凉风格的页面配色为冷色调,如图7-36所示。

R222、G238、B251	R197、G221、B255
C16、M3、Y1、k0	C26、M10、Y0、k0

R240、G248、B251
C8、M1、Y2、k0

图7-36

2.页面布局

整体页面布局如图7-37所示。

(1)首屏:首屏以淡蓝色的唯美水珠作为背景,为了更好地体现产品简单清凉的视觉效果,首屏展示店铺主打款的系列产品,排版方式为左文右图。

177

（2）热卖产品展示：根据店铺的运营方式制定主打款，按顺序在首页上面展示产品，根据店铺产品的多少来划分首页布局占比，这个页面的产品较少，所以产品占比都比较大，每款产品都以左文右图或者左图右文的错落的海报方式进行展示。

（3）产品展示：主打产品下部有产品分类展示，因为分类产品不是主打产品，所以占比比较小，而且都是采用两个产品为一组的方式进行展示。为了让排版不那么单一，可以用菱形的排版方式展示产品。

（4）背景：为了烘托简单清凉的页面主题，以淡蓝色唯美水珠素材作为背景，让整个页面更加丰富。

图7-38

02 将产品素材放置在画布右侧，如图7-39所示。

图7-39

03 在产品素材周围添加水波和水珠的素材，如图7-40所示。

图7-40

04 在产品素材上面添加光效素材，并放置在洗面奶上面，如图7-41所示。

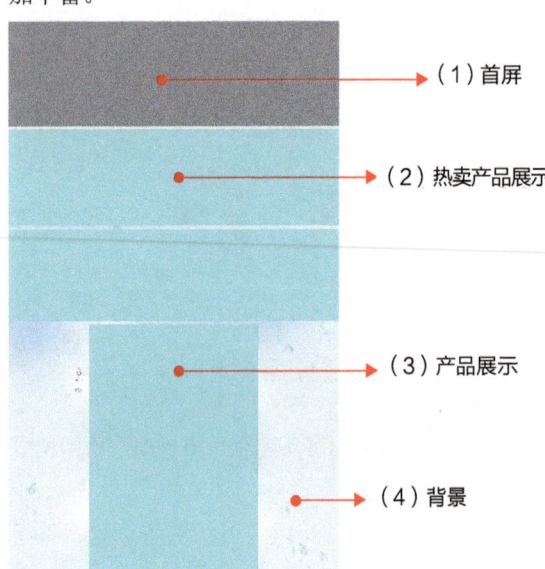

图7-37

7.3.2 步骤详解

1.首屏制作方式

实例位置	实例文件 >CH07> 简单清凉风格 .psd、简单清凉风格 .jpg
素材位置	素材文件 >CH07> 水波 1.jpg、水波 2.jpg
技术掌握	视频文件 >CH07> 简单清凉风格 .mp4

01 先找一张唯美的水波背景，如图7-38所示。

图7-41

05 使用"横排文字工具" 在画布左侧输入主题文字"打造水嫩美肌"，文字颜色设置为

（R:37，G:102，B:135），再在主题文字下方输入
"165841位爱美女士的选择"字样，文字颜色设
置为（R:12，G:121，B:151），如图7-42所示。

图7-44

图7-42

06 使用"横排文字工具"在主题文字下面输
入"高渗透吸收 美白提亮 增强修复"字样，文字
间隔使用空格键来把控，文字颜色设置为黑色，
将水珠素材放置在中间，如图7-43所示。

08 复制"文案背景阴影"图层，并且向右移动5像
素，双击图层，设置图层样式为"渐变叠加"，角度为
142°，渐变颜色从左至右为（R255，G:182，B:37）、
（R255，G:151，B:1），按住Alt键复制左边色值，拖动
到相应位置，重复以上步骤，参数如图7-45和图7-46
所示。效果如图7-47所示。

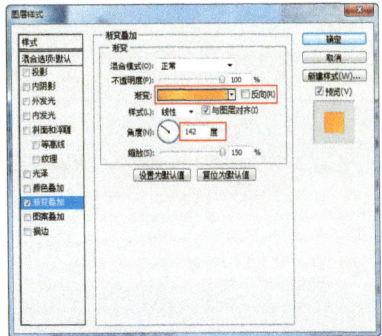

图7-45

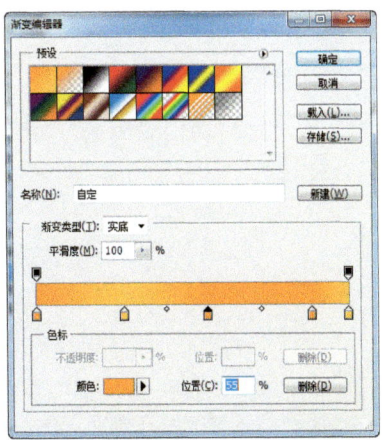

图7-43

07 新建一个图层，命名为"文案背景阴影"，
然后使用"钢笔工具"画出相应的形状，再将
该形状的颜色设置为（R185，G:124，B:14），如
图7-44所示。

图7-46

图7-47

09 使用"横排文字工具"在"文案背景阴影"图层上面输入"限时买赠 立即抢购!"字样,文字颜色设置为白色,如图7-48所示。

图7-48

2.产品模块制作方式

01 找一张唯美的水波背景,如图7-49所示。

图7-49

02 将产品素材放置在画布左侧,如图7-50所示。

图7-50

03 在产品素材周围添加薰衣草的素材,如图7-51所示。

图7-51

04 使用"横排文字工具"在画布右侧输入主题文字"控油锁水 肌肤无忧",文字颜色设置为(R:37,G:102,B:135),再在主题文字下面写上"美丽肌肤从清洁开始"字样,文字颜色设置为(R:91,G:91,B:91),再在主题文字下面写上"洗脸 洗头 沐浴 洗脚 洗手 泡泡面膜"字样,文字间隔使用空格键来把控,文字颜色设置为黑色,将水珠素材放置在间隔中间,效果如图7-52所示。

图7-52

05 使用"横排文字工具"在主题文字下方写上"特惠价:39.00"字样,文字颜色设置为(R:91,G:91,B:91),选中39.00并修改文字颜色为(R:253,G:119,B:0),再新建一个图层,命名为"文案背景",使用"矩形选框工具"在画布右边画出一个适当大小的矩形,填充颜色为(R:255 G:151 B:1),在主题文字下方继续输入"热销3万件 赶紧抢!"字样,文字颜色设置为白色,效果如图7-53所示。

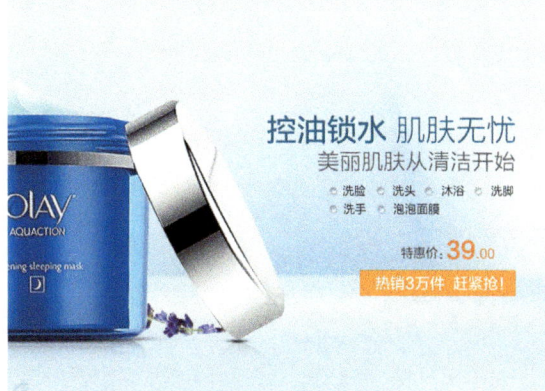

图7-53

06 将以上的产品模块图层全部选中,然后复制,向下移动,将产品和文案的方向对调,并且将产品素材换掉,修改相对应的文案,效果如图7-54所示。

图7-54

07 找一张唯美的水波背景,如图7-55所示。

图7-55

08 新建一个图层,命名为"圆角矩形",使用"椭圆工具"在画布上面拉出一个适当大小的矩形,填充颜色为白色,如图7-56所示。

图7-56

09 将"圆角矩形"图层填充改为0%,双击图层,勾选图层样式为"内发光",参数如图7-57所示。效果如图7-58所示。

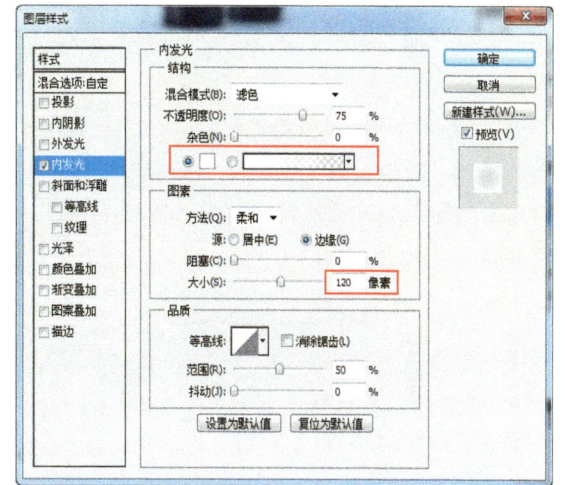

图7-57

图7-58

10 ▶ 使用"横排文字工具"在画布上输入"体会水的滋润 感受肌肤的满足"字样，文字颜色设置为（R:37，G:102，B:135）。按回车键后再输入相关文案，文字颜色设置为（R:141，G:141，B:141），全选文字，勾选顶部导航的"文本居中对齐"选项，效果如图7-59所示。

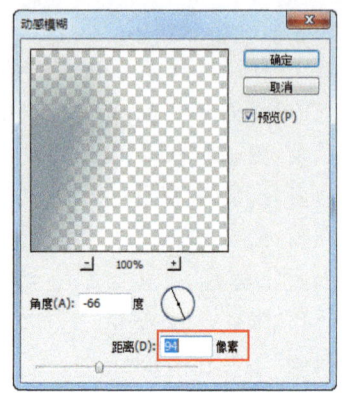

图7-61

图7-59

11 ▶ 使用"椭圆工具"在画布左侧拉出一个适当大小的椭圆形，颜色设置为（R:204，G:221，B:227），如图7-60所示。

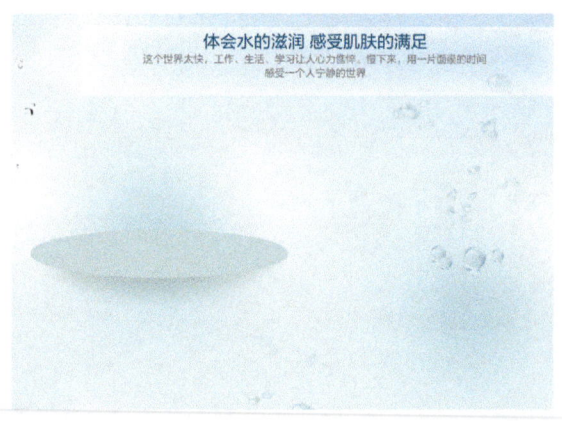

图7-62

13 ▶ 双击图层勾选图层样式为"渐变叠加"，参数如图7-63所示。设置渐变颜色从左至右为（R160，G:190，B:200）、（R217，G:23，B:237），按住Alt键复制左边色值并拖动到相应位置，如图7-64所示。重复以上步骤，效果如图7-65所示。

图7-60

12 ▶ 新建一个图层，命名为"椭圆图层背景"，按住Ctrl键并单击鼠标选中椭圆图层，按住Shift+F6快捷键进行羽化，羽化值为10像素，颜色设置为白色，然后执行"滤镜>模糊>动感模糊"菜单命令，设置角度为-66°，距离为94像素，如图7-61所示。效果如图7-62所示。

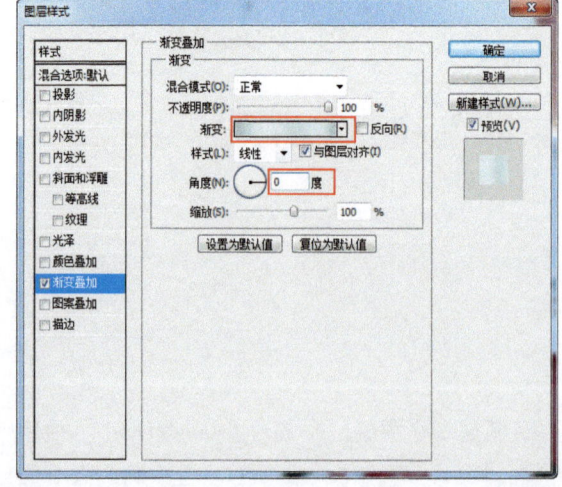

图7-63

图7-64

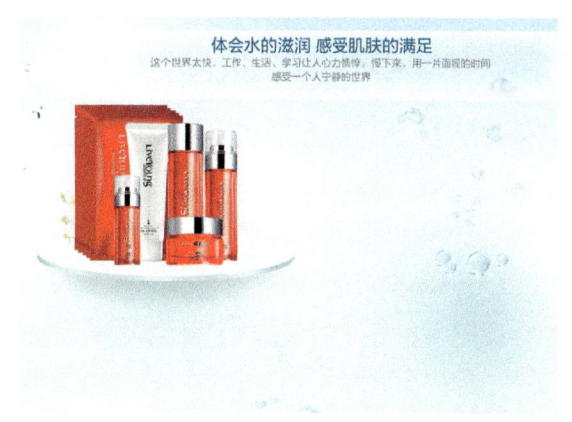

图7-67

16 使用"圆角矩形工具"在画布上面拉出一个适当大小的矩形，填充颜色为（R:238，G:248，B:252），双击图层勾选图层样式为"斜面和浮雕"，设置阴影模式为"正片叠底"，阴影颜色设置为（R:208，G:235，B:246），参数如图7-68所示。最终效果如图7-69所示。

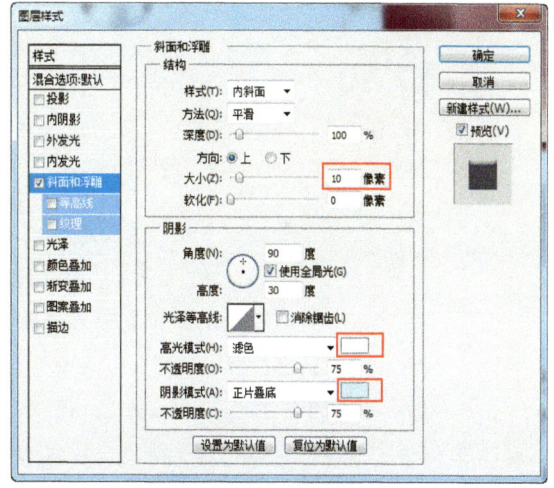

图7-68

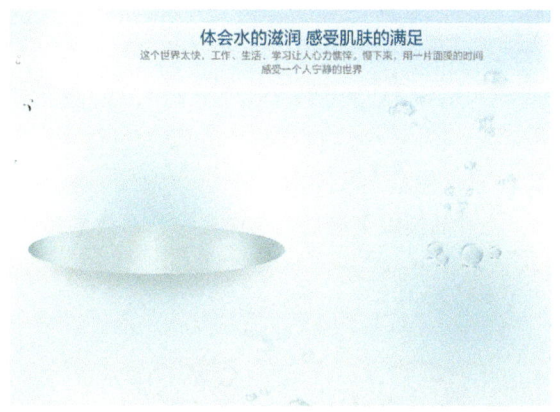

图7-65

14 使用"椭圆工具"在画布左侧拉出一个适当大小的椭圆形，填充颜色为白色，如图7-66所示。

图7-66

15 将产品放置在托盘上方，为了增加画面感，在产品图片后面放置了雏菊的素材，如图7-67所示。

图7-69

17 新建一个图层，命名为"线条"，使用"钢笔工具" 在画布上面画出两根线条，设置前景色为（R:149，G:160，B:165），设置画笔大小为1像素，并设置描边，效果如图7-70所示。

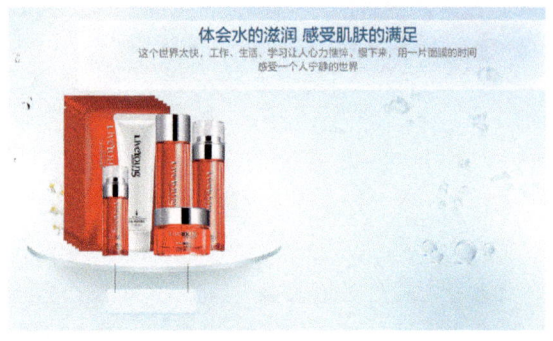

图7-70

18 将水珠素材放置在线条两端，如图7-71所示。

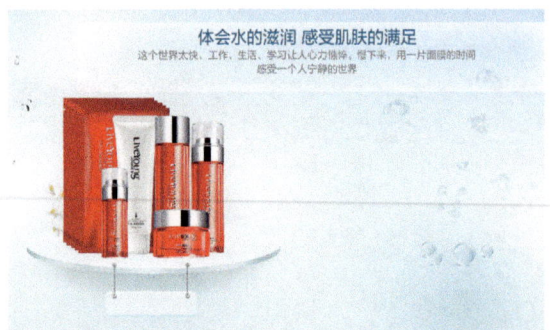

图7-71

19 使用"横排文字工具" 在画布上输入"美白套装"字样，文字颜色设置为（R:63，G:63，B:63），按回车键后再写上"买2送2盒 美白补水 去黄保湿 温和无刺激"字样，文字颜色也设置为（R:63，G:63，B:63），文字间隔使用空格键来把控，将水珠素材放置在间隔中间，如图7-72所示。

图7-72

20 使用"圆角矩形工具" 在画布上拉出一个适当大小的矩形框选区，将其颜色设置为（R:69，G:127，B:153），使用"横排文字工具" 在画布上写上"特惠价：69.00"字样，文字颜色设置为白色，如图7-73所示。

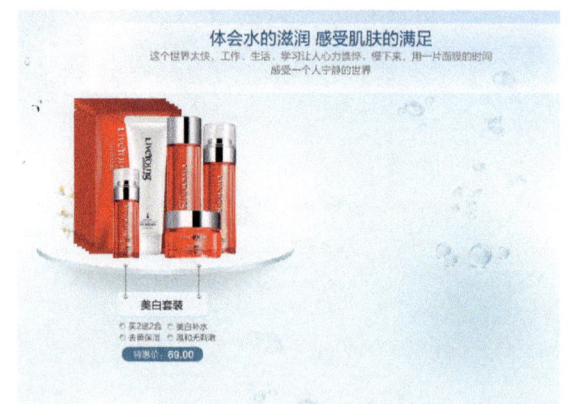

图7-73

21 将产品模块全选后复制向左移动，效果如图7-74所示。

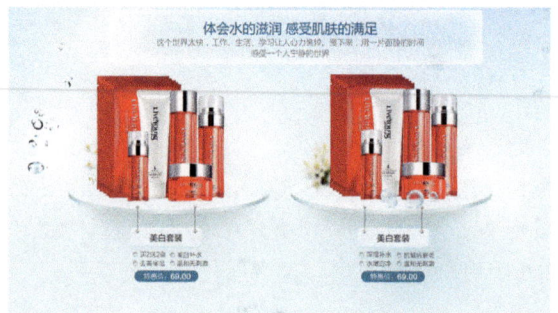

图7-74

08

母婴类店铺装修

母婴类店铺整体设计分析

空灵梦幻风格

卡通手绘风格

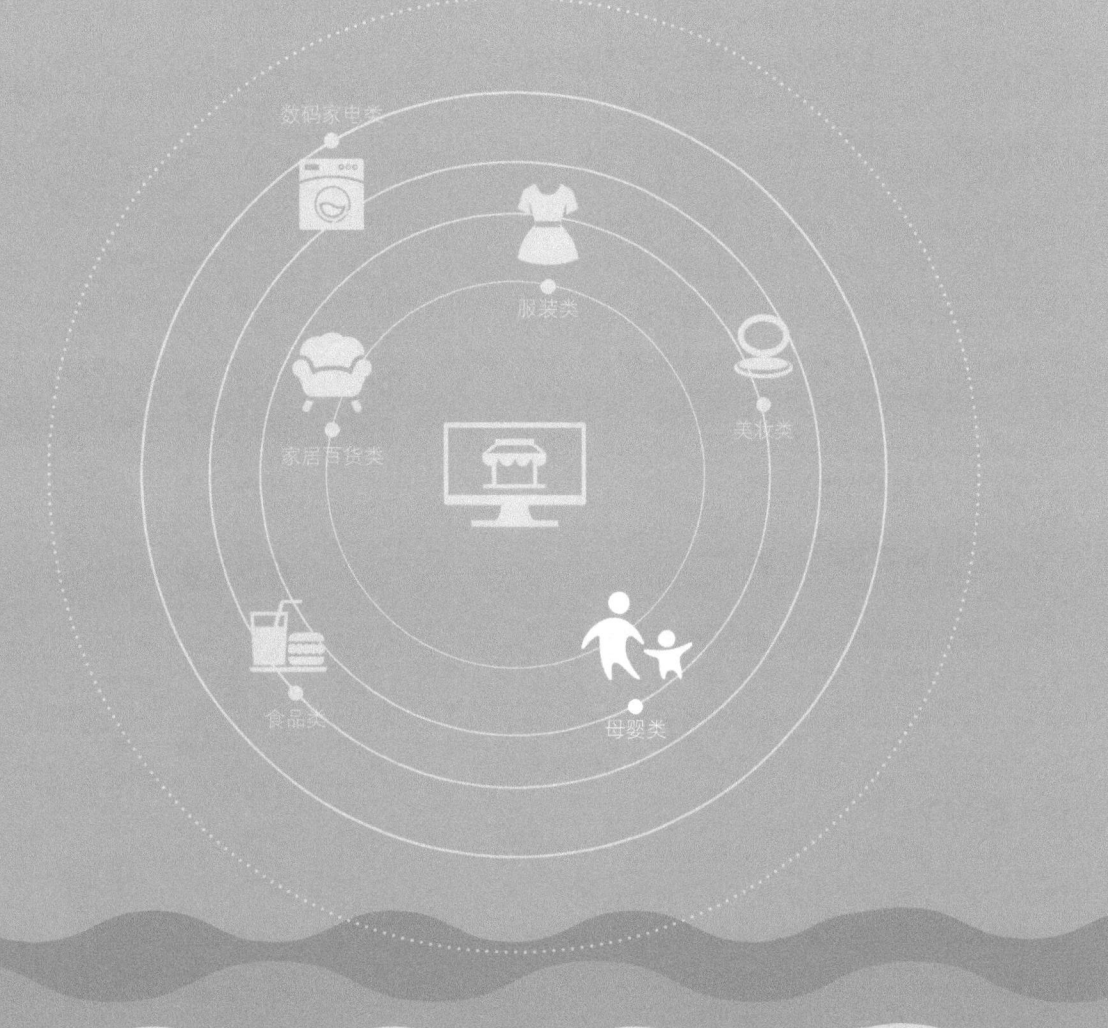

8.1 母婴类店铺整体设计分析

母婴类目的产品主要是针对孩子的,大部分的消费群体都是"奶爸"和妈妈。所以,在页面上最好可以体现出温馨家庭的画面,以刺激消费者的购买需求。

8.1.1 分析主要的消费群体

母婴类目产品的页面设计风格主要偏向于可爱卡通风,该类目的主要消费群体以妈妈为主。母婴类的产品是卖给婴童的,但是孩子太小根本不能自己决定自己想要的东西,所以,大部分的产品当然是父母来帮忙购买。该类消费群体可能并不喜欢可爱卡通的风格,但是他们会联想到孩子可能会喜欢,所以,在页面上尽量烘托出可爱卡通的氛围,从而抓住这类消费群体的特性。

在页面设计上,有条件的商家可以让一些可爱的孩子作为模特,让孩子与产品一起拍照,这么做也是为了给顾客一个视觉参照,便于顾客想象自己的孩子用这款产品时的效果。如果没有条件的话,可以多找一些图片作为背景素材来烘托产品。页面的色调最好以暖色调为主,烘托温馨的氛围,让顾客看到页面会想到和孩子在一起的温馨时光,增加顾客的好感度。

8.1.2 分析页面的排版

页面的排版则以产品的主次来排序,建议商家可以将店铺的主打款放在最前面,因为顾客不一定会认真地把你的页面从头看到尾。根据统计,用户在前三屏的停留率最高,所以店铺的黄金位置一定要利用好。

商品的排版采用的是分类目标题逐一排序的方式,每款产品的展示以左文右图的方式展现,下面的模块为了避免顾客视觉疲劳,采用的是产品模块之间左右调换错落的排开。对于产品展示模块,因为产品图片占页面高度会比较高,在文案不能够达到这么高的情况下,为了使页面不会出现太多留白,建议采用的方式是在文案的下方添加产品的SKU图片,或者是产品细节等图片,将空白处填上,就可以避免太多留白。

8.2 空灵梦幻风格

8.2.1 页面分析

该页面的整体围绕的背景是天空,页面色调比较亮,产品展示的背景比较唯美,给人一种比较梦幻的感觉。为了营造出这种感觉,在素材上面会运用一些天空中会出现的东西,如热气球、云朵、岛屿、叶子等,以烘托出空灵的梦幻感,如图8-1所示。

图8-1

1.页面配色

空灵梦幻风格页面配色为冷色调,如图8-2所示。

R147、G193、B229	R144、G211、B230
C47、M16、Y6、k0	C47、M4、Y12、k0

R255、G253、B254
C0、M1、Y0、k0

图8-2

2.页面布局

整体页面布局如图8-3所示。

(1)首屏:首屏的背景以天空和云彩为主,为了更好地体现产品的空灵视觉效果,首页展示店铺主打款的系列产品,排版方式为左文右图。

(2)产品认证:店铺主营的产品为儿童安全座椅,为了体现产品的安全系数,在首屏下方将该品牌的产品权威认证展示出来,消除顾客对产品是否安全的顾虑,从而让顾客安心地购买。

(3)热卖产品展示:根据店铺的运营方式制定主打款,按顺序在首页上面展示产品,根据店铺产品的多少来划分首页布局占比,这个页面的产品较少,所以产品占比都比较大,每款产品都以左文右图或者是左图右文错落的海报方式进行展示。

(4)背景:为了烘托整体空灵视觉效果,采用的是天空云彩作为背景。

(5)店铺信息:为了增加客户体验,在页面尾部增加店铺的售后信息,让顾客无后顾之忧地购买该店铺产品。

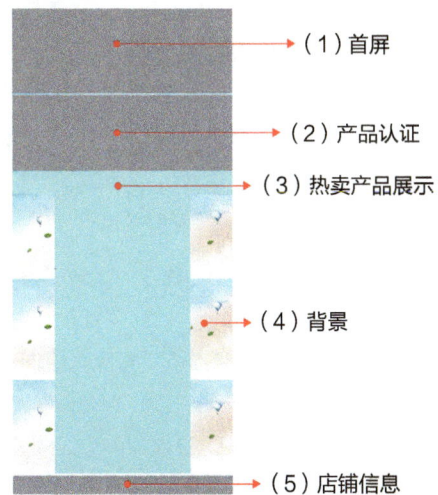

图8-3

8.2.2 步骤详解

实例位置	实例文件 >CH08> 空灵梦幻风格 .psd、空灵梦幻风格 .jpg
素材位置	素材文件 >CH08> 天空 .jpg、云彩 .jpg、树叶 .png、岛屿 .png
技术掌握	视频文件 >CH08> 空灵梦幻风格 .mp4

1.首屏制作

01 在网上找一张天空的素材作为背景,背景尽量找唯美一点的,如图8-4所示。

图8-4

02 将产品素材拖入画布中,为了制造出近大远小的空间感,把其他的产品素材缩小变形后放置在相应的位置,把主打产品素材放置在最醒目的地方,如图8-5所示。

图8-5

03 将热气球的素材放置在产品素材上面,制作出产品绑在热气球下方的视觉效果,如图8-6所示。

图8-6

04 到网上找云层的素材,如果没有的话也可以到"PS联盟"中下载云层的笔刷,将云层的素材多复制几个放在产品素材上方,这样就可以将产品融入背景素材中,以增加一些空间感,如图8-7所示。

图8-7

05 将婴儿素材拖进画布中，放置在爆款素材的后方，营造出孩子很渴望得到这个产品的视觉效果，并且在背景的黄色部分中加入一些光效，如图8-8所示。

图8-8

06 使用"横排文字工具" 在画布上输入"这个6.1送孩子一份安全"主题文字，文字颜色为（R:17，G:47，B:134），双击主题图层，勾选图层混合选项为"描边"，再勾选"投影"，如图8-9和图8-10所示。效果如图8-11所示。

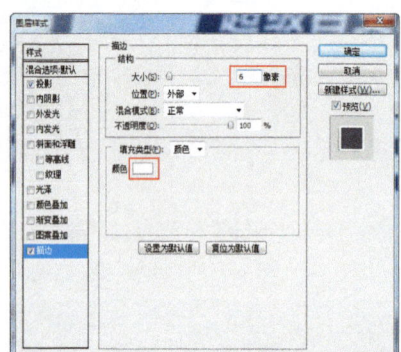

图8-9

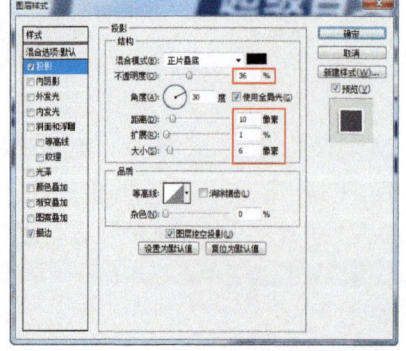

图8-10

图8-11

07 使用"横排文字工具" 在画布上输入一些英文文案丰富的海报，再在画布上输入"原价2480元仅售：1980元"字样，文字颜色为白色，复制该图层，向左移动6像素，然后填充文字颜色为（R:17，G:47，B:134），在价格图层下面新建一个图层，命名为"价格阴影"，再用"矩形选框工具" 在画布中拉出一个适当大小的矩形，羽化像素为5像素，然后填充颜色为（R:87，G:87，B:87），如图8-12所示。

图8-12

08 新建一个图层，命名为"产品名称背景"，用"钢笔工具" 画出一个平行四边形，填充任意颜色，双击产品名称背景图层，勾选图层样式为"渐变叠加"，渐变颜色从左至右为（R:15，G:47，B:137）、（R:74，G:117，B:199），参数如图8-13和图8-14所示。输入文字"超级百变王"，效果如图8-15所示。

2.认证模块制作

01 找一张蓝色的分层云彩效果的素材作为认证模块的背景，如图8-16所示。

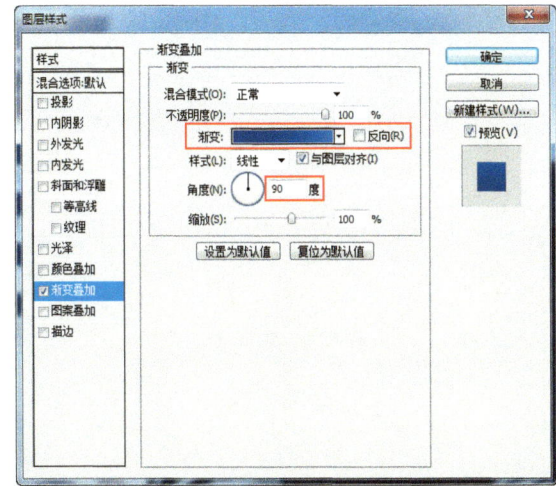

图8-13

图8-16

02 使用"横排文字工具"在画布上方的地方加上主题文字"您的选择 让孩子更安全！"，文字颜色为（R:17，G:47，B:134），双击主题图层，勾选图层混合选项为"描边"，描边颜色设置为白色，参数如图8-17所示。新建一个图层，命名为"几何图形"，使用"钢笔工具"在画布上画上一个适当大小的几何图形，转为选区后填充颜色（R:17，G:47，B:134），再进行描边，效果如图8-18所示。

图8-14

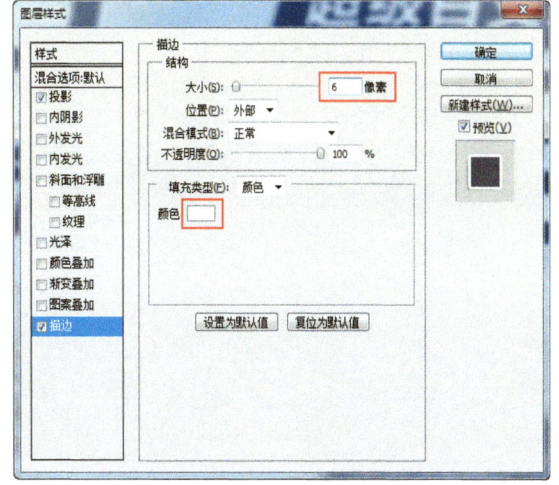

图8-17

图8-15

图8-18

03 新建一个图层，命名为"飘带外框描边"，使用"钢笔工具"在画布上画出一个适当大小的飘带形状，转为选区后右击选择描边，描边颜色为（R:17，G:47，B:134），描边大小为2像素，如图8-19所示。

图8-19

04 使用"横排文字工具"在画布上输入"英国皇家御用品牌"字样，文字颜色为（R:17，G:47，B:134），如图8-20所示。

图8-20

05 使用"多边形工具"并设置边数为6，在画布上拉出一个适当大小的六边形，填充颜色为白色，到图层控制面板中，将该图层的填充降低到36%，双击六边形图层勾选图层混合选项位"描边"，描边大小为2像素，颜色为白色，参数如图8-21所示。再复制出两个相同形状，向左排开，如图8-22所示。

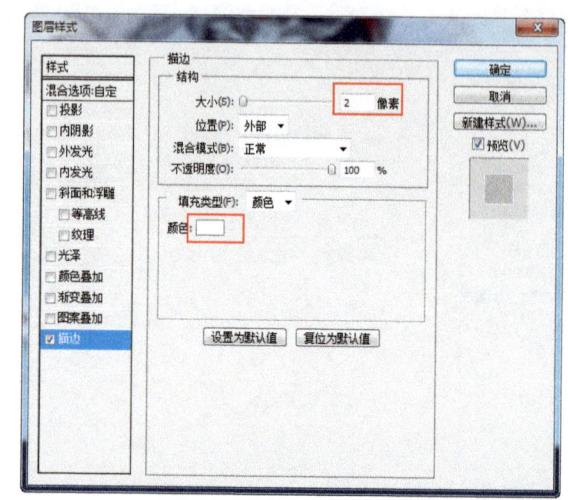

图8-21

图8-22

06 使用"横排文字工具"在画布上方加上主题"您的选择 让孩子更安全！"文字颜色为白色，如图8-23所示。

图8-23

07 新建一个图层,命名为"分割线",使用"矩形选框工具"在画布中拉出一个宽度适当高度为1像素的矩形,然后填充颜色为白色,再新建一个图层,命名为"分割矩形",在画布中拉出一个宽度适当高度为6像素的矩形,然后填充颜色为白色,放置在分割线最右边,复制这两个图层,将"分割矩形"按中间和右边各放一个,再在分割线下方加上文案,文字颜色为白色,效果如图8-24所示。

图8-24

08 将云朵素材拖入画布,放置在中间位置,双击云彩素材图层,勾选投影,设置参数如图8-25所示。效果如图8-26所示。

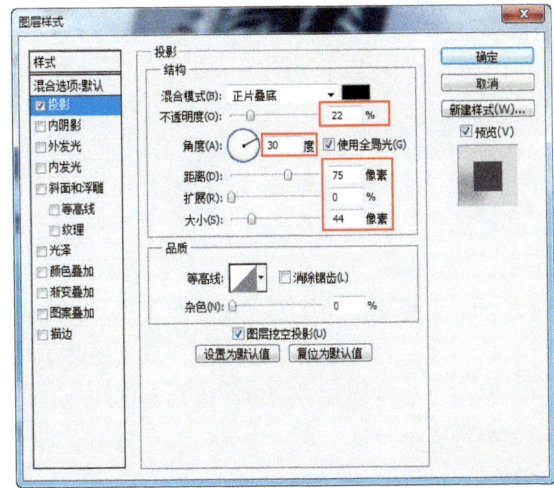

图8-25

图8-26

09 使用"横排文字工具"在云朵中间加上文案,文字颜色分别为黑色和玫红色(R:227,G:0,B:51),效果如图8-27所示。

图8-27

10 将圆形标签素材放置在云朵的左下角位置,如图8-28所示。

图8-28

11 新建一个图层，命名为"标签阴影"，使用"椭圆选框工具" 在画布上拉出一个圆形选区，然后同时按住Shift+F6快捷键将其羽化，羽化值设置为8像素，选择"渐变工具" 中的"径向渐变" 按钮，前景色设置为（R:114，G:115，B:108），渐变选项选为径向渐变，最后向下垂直拉动，松开鼠标就可以出现如图8-29所示的大致效果。

图8-29

12 选中"标签"和"标签阴影"图层，并复制3个，向右排开，高度位置可以稍进行调整，不用太死板，如图8-30所示。

图8-31

14 使用"横排文字工具" 在认证标志下面加上文案，文字颜色为白色，效果如图8-32所示。

图8-30

13 将认证标志放置在各自的圆形标签内，如图8-31所示。

图8-32

3.产品模块制作

01 新建一个图层，命名为"标题背景"，使用"矩形选区工具" 在画布上面拉出一个适当大小的矩形，填充颜色为（R:0，G:24，B:79），再新建一个图层，命名为"线条样式"，在画布上拉出一个适当大小的矩形选区，填充颜色为白色，复制"线条样式"图层，将其向下移动，使用"横排文字工具" 在中间和下方写上文案，文案颜色为白色，如图8-33所示。

图8-33

02 新建一个图层,命名为"标题背景阴影",使用"矩形选区工具"在画布上面拉出一个适当大小的矩形,并设置羽化值为5像素,然后填充颜色为(R:87,G:87,B:87),按住Ctrl+T快捷键将"标题背景阴影"图层进行变形扭曲,回到图层控制面板中,将"标题背景阴影"图层样式选为"正片叠底",效果如图8-34所示。

图8-34

03 将唯美的天空素材放置在"标题背景阴影"图层下方,如图8-35所示。

图8-35

04 新建一个图层,命名为"矩形框描边",使用"矩形选区工具"在画布上拉出一个大小合适的矩形选区,右击选择描边,描边大小为2像素,描边颜色为(R:0,G:24,B:79),再在画布上拉出一个高度为1像素的矩形框选区,填充为(R:0,G:24,B:79),制作出线条的分割线,然后将中间部分删除掉,中间的文字空出来放标题文案,如图8-36所示。

图8-36

05 将树叶素材放置在画布中,可以摆放得错落一点,不用太整齐,如图8-37所示。将岛屿素材放置在画布右边,作为放置产品"托盘"的效果,如图8-37所示。

图8-37

06 到网上找云层素材,将云层素材多复制几个放在岛屿素材上方,这样就可以使岛屿和树叶不会显得那么突兀了,以增强画面感,如图8-38所示。

图8-38

07 将产品素材放置在岛屿素材上方,如图8-39所示。

图8-39

08 使用"横排文字工具" 在空白处添加相关文案,文字颜色为黑色,使用"矩形选区工具" 在画布上拉出一个大小合适的矩形选区,填充为灰色(R:87,G:87,B:87),再添加相关文案,如图8-40和图8-41所示。

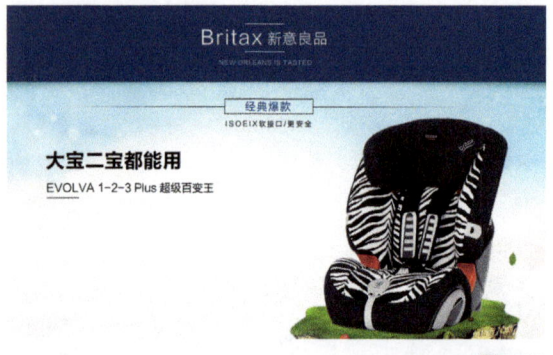

图8-40

图8-41

09 使用"横排文字工具" 在左边的空白处添加"原价:2480"字样,文字颜色为灰色(R:89,G:89,B:89),再添加"踏青优惠价:"字样,文字颜色为绿色(R:97,G:139,B:0),再添加"1980",文字颜色为玫红色(R:214,G:4,B:43),效果如图8-42所示。

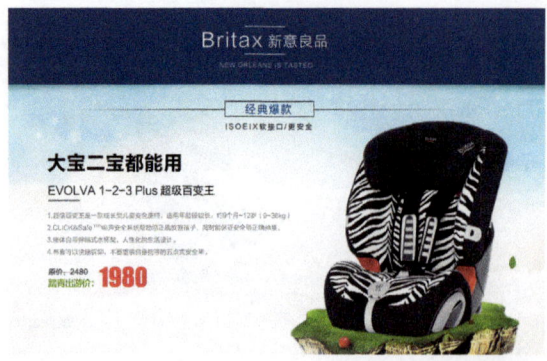

图8-42

10 在价格下方放上产品的SKU图和相对应的文案,文案颜色为(R:87,G:87,B:87),如图8-43所示。

图8-43

11 下面的产品模块也都按照上述的方式来做,为了让整个版面看起来不那么死板,模块要错落一点,将产品和文案的方向对调一下,如图8-44所示。

图8-44

12 最后的尾部使用"钢笔工具" 画出相应的图像,再结合"横排文字工具" 在图案左侧和下方写上相应的文案,如图8-45所示。

图8-45

8.3 卡通手绘风格

8.3.1 页面分析

该类页面风格针对的消费人群为"奶爸、潮妈",这类消费群体可能自己不喜欢该风格,但是他们认为孩子可能会喜欢，所以，卡通风格页面会给这类消费群体增加不少好感。这类页面设计方面可以用亮一点的颜色，页面上运用一些线条和几何图形，让整个页面有活力一点，这样才让"奶爸、潮妈"更加青睐，如图8-46所示。

2.页面布局

整体页面布局如图8-48所示。

（1）首屏：首屏以大海和天空的卡通素材作为背景，为了更好地体现可爱卡通的视觉效果，首页展示店铺主打款的系列产品，排版的方式为左文右图。

（2）热卖产品展示：根据店铺的运营方式制定主打款，按顺序在首页上面展示产品，根据店铺产品的多少来划分首页布局占比，这个页面的产品较少，所以产品占比都比较大，每款产品都以左文右图或者左图右文的错落海报方式进行展示，海报下方有该款产品的其他颜色展示模块。

（3）背景：为了烘托整体页面卡通的氛围，页面背景跟海报的底色一致，而且还增加了一些卡通的素材作为点缀。

图8-46

1.页面配色

卡通手绘风格页面配色为缤纷彩色调，如图8-47所示。

图8-47

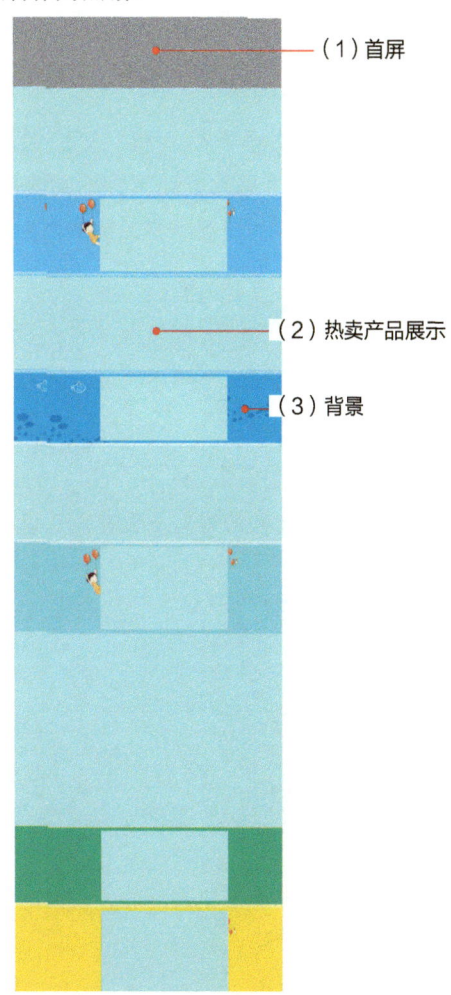

图8-48

8.3.2 步骤详解

实例位置	实例文件 >CH08> 卡通手绘风格 .psd、卡通手绘风格 .jpg
素材位置	素材文件 >CH08> 卡通海盗船 .png、椰树 .png
技术掌握	视频文件 >CH08> 卡通手绘风格 .mp4

1.首屏制作

01 首先将背景素材的颜色填充为（R:59，G:238，B:253），新建一个图层，命名为"淡蓝色云朵"，然后用"钢笔工具"画出相应的图像，将其颜色填充为（R:170，G:239，B:246），如图8-49所示。

图8-49

02 为了使背景更有层次感一些，再新建一个图层，命名为"白色云朵"，然后用"钢笔工具"画出相应的图案，将图案填充为白色，如图8-50所示。

图8-50

03 将卡通海盗船的素材放置在左边画布中，如图8-51所示。

图8-51

04 将海盗的卡通形象人物放置在海盗船素材中间，如图8-52所示。

图8-52

05 为了使海盗素材和海盗船素材融为一体，将海盗船下半部分的船架用"钢笔工具"抠出来，并且将抠出来的图层放置在海盗卡通形象上方，效果如图8-53所示。

图8-53

06 新建一个图层，命名为"岛屿"，然后用"钢笔工具"先画出最底层的蓝色部分，将其颜色填充为（R:52，G:211，B:223），再画出深褐色的形状，颜色填充为（R:158，G:116，B:35），再画出土黄色部分，颜色填充为（R:227，G:176，B:60），再画出淡黄色部分，颜色填充为（R:223，G:184，B:92），效果如图8-54所示。

08 母婴类店铺装修

图8-54

07 将产品素材放置在岛屿上，并且将椰树素材放置在岛屿的右后方，如图8-55所示。

图8-55

08 建一个图层，命名为"海浪"，然后用"钢笔工具" 先画出最底层的白色部分，颜色填充为白色，再画出深蓝色的形状，颜色填充为（R:103，G:192，B:232）。再新建一个图层，命名为"小海浪"，然后用"钢笔工具" 先画出最底层的白色部分，颜色填充为白色，再画出淡蓝色的形状，颜色填充为（R:191，G:236，B:255），如图8-56所示。

图8-56

09 新建一个图层，命名为"透明文案背景"，使用"钢笔工具" 画出一个椭圆形，将其转为选区，右击鼠标选择"描边"，描边大小为3像素，再画出一个更小一点的椭圆形，进行描边，重复以上步骤，效果如图8-57所示。

图8-57

10 将品牌Logo拖入画布，放置在"透明文案背景"图层上方。新建一个文字图层，命名为"主题"，使用"横排文字工具" T 在画布上输入"安全出行 乐趣随心"字样，颜色设置为（R:0，G:45，B:156），再新建一个文字图层，命名为"卖点"，在画布上输入"全场满199减100元"字样，颜色分别设置为蓝色（R:0，G:45，B:156）和红色（R:206，G:0，B:71）。再新建一个文字图层，命名为"活动日期"，在画布上输入具体日期，颜色设置为（R:0，G:45，B:156），并且加上云朵和动漫人物等素材丰富页面，效果如图8-58所示。

图8-58

197

2.产品模块制作

01 新建一个图层,命名为"产品模块背景",填充为蓝色(R:73,G:181,B:227),如图8-59所示。

图8-59

02 新建一个图层,命名为"产品模块暗部",使用"矩形选框工具" 在画布上拉出一个适当大小的矩形选区,设置羽化值为5像素,颜色填充为(R:68,G:176,B:238),如图8-60所示。

图8-60

03 新建一个图层,命名为"背景渐变",使用"渐变工具" 中的"径向渐变" 按钮,前景色设为(R:114,G:196,B:252),在画布中心拉出一个径向渐变效果,如图8-61所示。

图8-61

04 将产品素材拖入画布,放置在右边位置,如图8-62所示。

图8-62

05 新建一个图层,命名为"手绘翅膀",使用"画笔工具" ,将画笔大小设置为14像素,颜色为白色,在产品素材两侧分别画上翅膀,效果如图8-63所示。

图8-63

06 将云朵和动漫版的美国队长素材拖入画布,放置在相应的位置上,如图8-64所示。

图8-64

07 新建一个图层,命名为"热卖爆款背景",使用"钢笔工具" 在画布上画出一个标签形状,并且填充颜色(R:239,G:168,B:0),使用"横排文字工具" 在"热卖爆款背景"图层上输入"热销爆款"字样,文字颜色为白色,如图8-65所示。

图8-65

08 新建一个文字图层,命名为"主题",使用"横排文字工具"在画布上输入"潮流新派 出行也拉风"字样,文字颜色为白色,选中"拉风"二字,设置颜色为(R:254,G:255,B:1),如图8-66所示。

图8-68

11 使用"横排文字工具"在画布上输入"鼓包升级 侧翼防撞"字样,文字颜色为(R:60,G:60,B:60),然后使用"椭圆工具"在"鼓包升级 侧翼防撞"右边拉出一个适当大小的圆形,将图层控制面板的填充降低到0%,双击图层,设置图层混合选项为"描边",描边大小为3像素,颜色为(R:60,G:60,B:60)。新建图层,命名为"箭头",用"钢笔工具"在圆圈内画上箭头,并填充颜色为(R:60,G:60,B:60),如图8-69所示。

图8-66

09 单击控制面板中"主题"图层前的眼睛图标,将"主题"图层隐藏,按住Ctrl键单击"主题"图层,将"主题"图层转化为选区,新建一个图层,命名为"主题粉笔效果",右击鼠标,选择描边,描边大小为2像素,描边颜色为(R:147,G:222,B:254),使用"画笔工具"并将画笔大小设置为2像素,在选区范围内随意涂画,如图8-67所示。

图8-67

10 单击控制面板中"主题"图层前的眼睛图标,将隐藏的"主题"图层显示出来,如图8-68所示。

图8-69

12 使用"圆角矩形工具"并设置半径为35像素,前景色为(R:60,G:60,B:60),拉出一个圆角矩形框,填充颜色为白色,如图8-70所示。

图8-70

图8-72

13 使用"圆角矩形工具" 再拉出一个矩形框,颜色填充为(R:254,G:255,B:1),使用"横排文字工具" 在黄色矩形框内写上HOT,字体颜色为(R:244,G:2,B:27),再在白色矩形框内写上"爆款热卖"字样,字体颜色为(R:60,G:60,B:60),最后再在灰色矩形框内写上"买就送价值55元专用凉席"字样,字体颜色为白色,如图8-71所示。

14 将赠品素材放置在文案的下方,如图8-72所示。

15 为了让赠品更可爱一点,在赠品上面增加表情素材,可以去素材网上找一些表情素材。新建一个图层,命名为"卡通肢体和气球",再使用"画笔工具" 在画布上画上素材的手,将画笔大小设置为12像素,颜色为(R:83,G:43,B:31),再画上气球,颜色为白色。新建一个图层,命名为"黄色气球",给气球上色,颜色为(R:254,G:255,B:1),最后使用"横排文字工具" 在黄色气球上输入"赠"字样,字体颜色为(R:244,G:2,B:27),如图8-73所示。

图8-71

图8-73

16 使用"横排文字工具"在画布上输入"原价：3588"和"专享价："字样，颜色为白色，再在画布上输入"1380元"，选中1380，颜色设置为（R:254，G:255，B:1），如图8-74所示。

图8-74

17 将透明的弧形波浪形纹路素材放置在最上方，如图8-75所示。

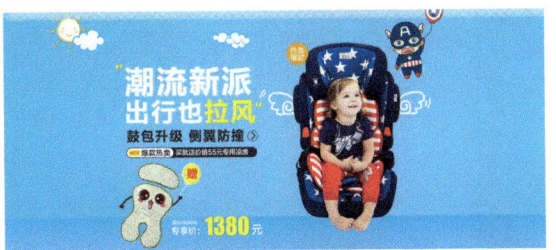

图8-75

18 新建一个图层，将透明的弧形波浪形纹路素材放置在最上方，如图8-76所示。

图8-76

19 使用"横排文字工具"在画布上输入"原价：缤纷色彩""【一定有你喜欢哦~】"等文案，颜色为白色，如图8-77所示。

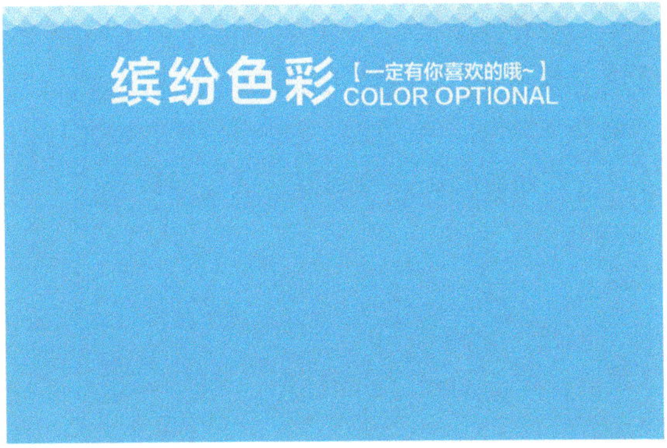

图8-77

20 新建一个图层，命名为"矩形框描边"，使用"矩形选区工具"在画布上拉出一个大小合适的矩形选区，右击选择描边，描边大小为2像素，描边颜色为白色，再在画布上拉出适当大小的矩形框，然后将中间部分删除掉，中间的文字空出来放标题文案，如图8-78所示。

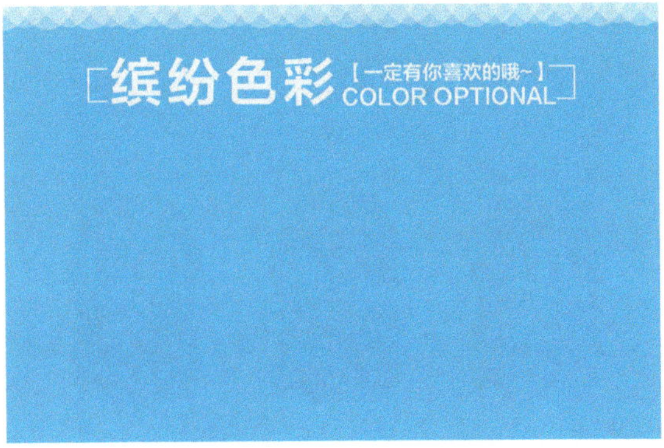

图8-78

21 新建一个图层，命名为"产品展示背景"，使用"矩形选区工具"在画布上拉出一个大小合适的矩形选区，颜色填充为白色，如图8-79所示。

图8-79

22 将前景色设置为（R:182，G:182，B:182），使用"横排文字工具"在画布上输入"—"（减号）制作出分割线，复制出一个，放置在右边，分割线的间距要控制好，最好间距一样，如图8-80所示。

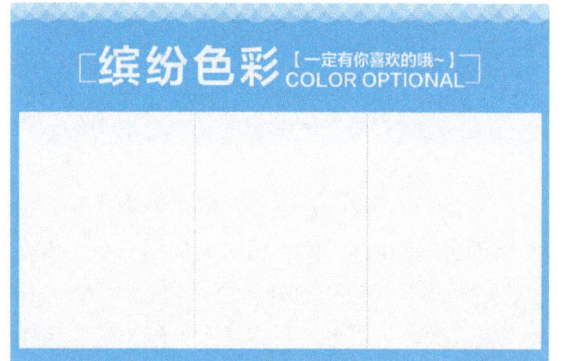

图8-80

23 将产品分别摆放在分割线中间，如图8-81所示。

图8-81

24 使用"横排文字工具"在画布上输入"辣椒红 安全座椅"，文字颜色为（R:103，G:86，B:43），再写上"原价：3588 专享价："字样，文字颜色为（R:91，G:90，B:88），如图8-82所示。

图8-82

25 使用"横排文字工具"在画布上输入"¥1380，文字颜色为（R:60，G:60，B:60）。再新建一个图层，命名为"点击购买背景"，使用"矩形选框工具"在画布上拉出一个适当大小的矩形框选区，颜色填充为（R:246，G:65，B:108），再在画布上输入"点击购买"字样，文字颜色为白色，如图8-83所示。

图8-83

26 将文字部分全部选中后，复制所有图层，向右排开，修改相对应的产品颜色名称，如图8-84所示。

图8-84

27 将云朵和动漫素材放置在产品左右侧，起到点缀作用，让页面不那么单调，如图8-85所示。

图8-85

28 新建一个图层，命名为"动漫人物阴影"，将动漫人物转为选区，羽化值为5像素，颜色填充为（R:182，G:182，B:182）；然后执行"滤镜>模糊>动感模糊"菜单命令；设置参数如图8-86所示。到图层面板中，选择图层样式为"正片叠底"，制作出投影的效果，以增加空间感，如图8-87所示。

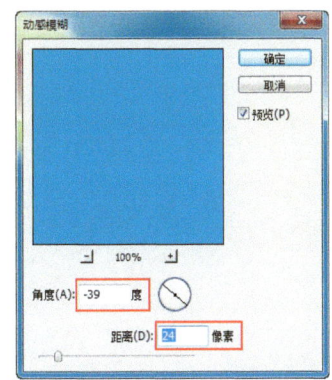

图8-86

图8-87

29 下面一个产品模块也按照上述的方法进行操作，只是将元素改为海底元素，那么背景就比上面更深一点，元素则以海底会出现的素材为主，以切合海底这个主题，如图8-88所示。

图8-88

30 这个模块则以陆地为主，海底元素也就换成了蓝天白云和绿色植物等，切合陆地的主题，效果如图8-89所示。

图8-89

31 这个模块主要是以撞色为主，用黄色搭粉色的经典撞色作为背景组合，增加一些鲜艳的几何图形作为点缀，让画面更加丰富不单调，效果如图8-90所示。

图8-90

32 推车模块也是一撞色搭配，绿色搭配黄色，背景则以摩登都市为主题，用手绘的楼房作为点缀，增加画面感，如图8-91所示。

33 这个模块主要是以黄色作为背景，增加一些鲜艳的几何图形和动漫人物作为点缀，让画面更加丰富，效果如图8-92所示。

图8-91

图8-92

09

食品类店铺装修

食品类店铺整体设计分析
缤纷休闲风格
喜庆浪漫风格

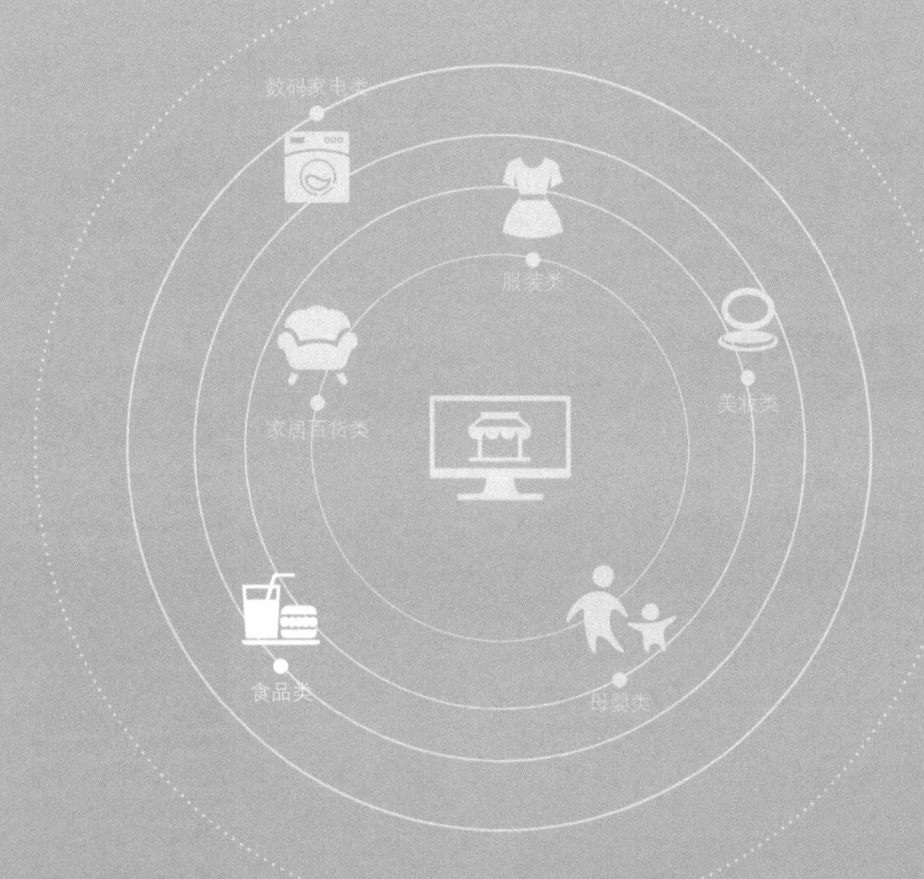

9.1 食品类店铺整体设计分析

食品类目涉及的产品比较广泛，有办公休闲类、养生保健类、进口食品类等，并且还有针对不同年龄段的食品。所以，这个类目的产品要根据不同的产品属性来设计相对应的页面。

9.1.1 分析主要的消费群体

随着时代的发展，现在食品的种类越来越多样化。设计的页面风格可以根据店铺主营的产品类目来进行设计，例如，办公休闲食品可以体现休闲和多彩的页面风格；进口食品可以体现出不同地域的风情主题；养生保健食品可以使用清新自然和中国风来体现产品功效等。这是根据现在电商设计师的惯性思维进行分析的，但不只局限于这样的体现手法。食品的页面基本上没有什么太大的风格局限，还可以根据时下的季节和节日对页面进行设计。总之，可以发挥自己无穷的想象力，设计出更有创意的页面。

9.1.2 分析页面的排版

在页面的排版方面以主次进行划分，首屏则是体现店铺当下的活动主题，将活动的营销方案直接在首屏上面体现，通过满减或满送等优惠来吸引顾客，带动店铺的整体消费。页面下部则是放置优惠券和主爆款，因为店铺的产品比较多，所以整体还是将产品分类目或是按主题进行分类，比如办公休闲食品、儿童喜爱食品、送礼礼盒食品等，进行产品模块分类，这样顾客可以根据自己的需要进行购买。

9.2 缤纷休闲风格

9.2.1 风格分析

缤纷休闲风格，该页面大部分的产品属于休闲类食品，页面首屏的背景是有缤纷色彩的光晕。因为主题体现的是"让嘴巴去旅行"，为了迎合这个主题，首屏也运用了一些世界著名的建筑素材和气球等素材，从而烘托旅行的氛围。

第二屏则是突出店铺主爆款，这个"黄金位置"最好是将店铺的主打款展现出来，增加曝光率，让更多的顾客可以在第一时间看到这个产品，将流量引导到主爆款的详情页里，从而促进主打款的购买率。页面下半部分的产品则是以产品属性分类进行排版划分的，不同的是，每个分类的主题都是比较有创意的主题文案，这样比"镇店之宝""热销爆款"等主题更有说服力。因为"镇店之宝""热销爆款"这类主题在淘宝上运用得太广泛了，没有创意，会让顾客觉得营销性太强烈了，而且太司空见惯的语句不会引发他们思考就更不能打动他们的心。所以，可以适当地运用一些时下比较流行的网络语或者一些比较有创意性的主题语句，如图9-1所示。

图9-1

1.页面配色

缤纷休闲风格的配色为暖色调，如图9-2所示。

R234、G250、B250　　R208、G24、B74
C11、M0、Y4、k0　　 C23、M98、Y62、k0

R255、G255、B255
C0、M0、Y0、k0

图9-2

2.页面布局

整体页面布局如图9-3所示。

（1）首屏：首屏的背景是五颜六色的炫彩风格，将世界各地的著名景点素材运用其中起到点缀的作用，烘托旅行的主题。

（2）热卖产品：根据店铺的运营方式制定主打款，按顺序在首页上面展示产品，根据店铺产品的多少来划分首页布局占比，这个页面的产品较多，所以每个分类为一组进行展示。

（3）产品分类：为了让顾客快速找到自己想要的产品，在首屏下部增加一块分类区域。

（4）背景：背景的颜色是淡灰色，产品模块和分类模块运用的色彩比较多，所以，本页面则以简单的纯色为背景。

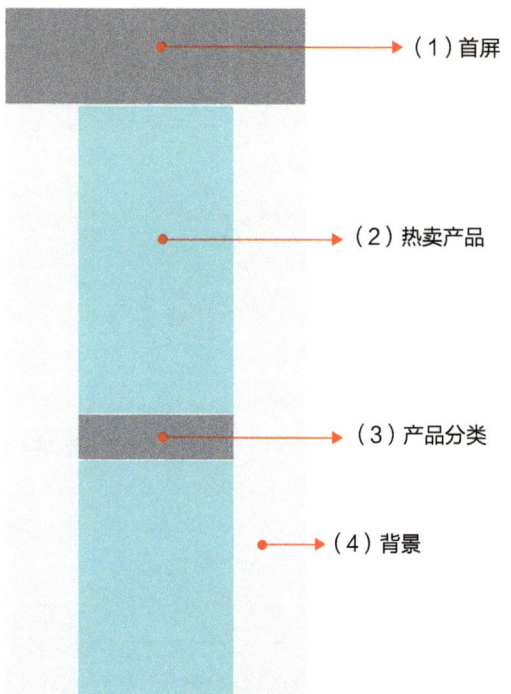

图9-3

9.2.2 步骤详解

实例位置	实例文件 >CH09> 缤纷休闲风格 .psd、缤纷休闲风格 .jpg
素材位置	素材文件 >CH09> 彩色光晕 .jpg、手绘小山坡 .png
技术掌握	视频文件 >CH09> 缤纷休闲风格 .mp4

1.首屏制作

01 在网上找一张彩色光晕的素材作为首屏的背景，如图9-4所示。

图9-4

02 将手绘小山坡的素材放置在画布的下方，如图9-5所示。

图9-5

03 将世界著名建筑的素材沿着山坡的弧度放置在画布上，如图9-6所示。

图9-6

04 将手绘花朵的素材放置在山坡下方，如图9-7所示。

图9-7

05 ▶ 使用"横排文字工具" T 在画布上输入"让嘴巴去旅行"主题，字体为倩体，文字颜色设置为（R:241，G:20，B:35），并摆放在合适的位置，如图9-8所示。

图9-8

06 ▶ 将主题文字图层栅格化，使用"钢笔工具" ▶ 沿着主题画出相对应的图案，将图案转化为选区，填充颜色为（R:241，G:20，B:35），再将多余的文字笔画去掉，添加上嘴唇素材和爱心形状，如图9-9所示。将主题的样式合并为一个图层，双击图层后设置图层样式为"外发光"，参数如图9-10所示。效果如图9-11所示。

图9-9

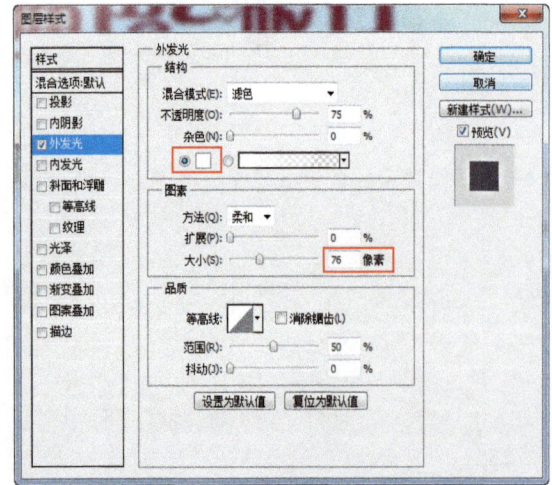

图9-10

图9-11

07 ▶ 使用"横排文字工具" T 在主题文案上方写上副标题"全场满68元包邮（偏远地区除外）"，文字颜色设置为（R:241，G:20，B:35），按住Alt键鼠标移至主题文案图层"外发光"图层样式，移动至副标题图层，即可同步"外发光"图层样式，如图9-12所示。在主题文案两边加上气球素材，效果如图9-13所示。

图9-12

图9-13

08 ▶ 新建一个图层，命名为"粉色条纹"，使用"钢笔工具" ▶ 在画布上画出一个平行四边形，然后转化为选区，填充颜色为（R:233，G:31，B:107），然后按Ctrl+J快捷键复制"粉色条纹"

图层,再按Ctrl+T快捷键将其向右移动至合适位置,单击确认后按住Ctrl+Alt+Shift+T快捷键复制图层并移动至合适位置,多按几次,将"粉色条纹"图层平铺过去,然后选中所有复制的"粉色条纹"图层合并为一个图层,效果如图9-14和图9-15所示。

图9-17

`03` 使用"横排文字工具"在画布上写上标题"来自好邻居的爆款"字样,文字颜色设置为白色,如图9-18所示。

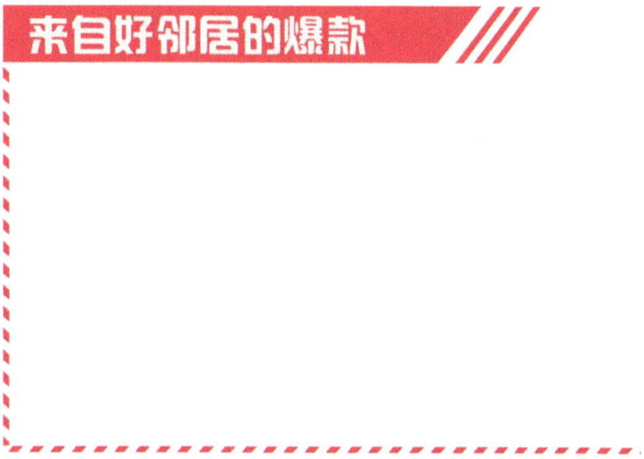

图9-14

图9-15

2.热卖产品模块制作

`01` 按Ctrl+J快捷键复制"粉色条纹"图层,再按Ctrl+T快捷键将其旋转90°,摆放至合适的位置,如图9-16所示。

图9-18

`04` 新建一个图层,命名为"标签样式背景",使用"矩形选框工具"在画布上拉出一个适当大小的矩形框,颜色填充为(R:233,G:31,B:107),再使用"椭圆选框工具"在"标签样式背景"图层上拉出一个适当大小的圆形,按Delete键将圆形矩形框内的图形删除,如图9-19所示。

图9-16

`02` 新建一个图层,命名为"产品模块主题背景",使用"钢笔工具"画出一个梯形并转化为选区,填充颜色为(R:233,G:31,B:107),再新建一个图层,命名为"平行四边形",画出平行四边形,复制图层向右边排开,如图9-17所示。

图9-19

209

05 使用"横排文字工具"T在画布上输入"出发去旅行吧~"副标题，文字颜色设置为白色，如图9-20所示。

图9-20

06 使用"钢笔工具"在画布上画出一个S形曲线，再使用"横排文字工具"T移至路径上方写上"—"（减号），多按几下，制作出虚线的曲线效果，颜色设置为（R:233，G:31，B:107），再添加上自行车和行李箱的图标素材，如图9-21所示。

图9-21

07 使用"横排文字工具"T移至路径上方，写上"—"（减号），多按几下，制作出分割线的效果，文字颜色为（R:233，G:31，B:107），如图9-22所示。

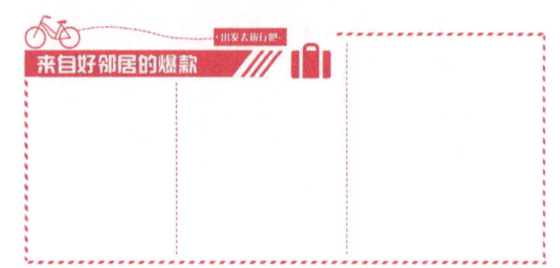

图9-22

08 使用"横排文字工具"T在画布上输入"精选蜂蜜加应子"字样，文字颜色设置为（R:243，G:85，B:83），再写上"原价：36.8"字样，文字颜色设置为黑色，再写上"抄底价：19.8元"字样，文字颜色设置为（R:243，G:85，B:83），选中19.8将文字颜色改为（R:215，G:21，B:22），如图9-23所示。在文字下方添加上产品素材，如图9-24所示。

图9-23

图9-24

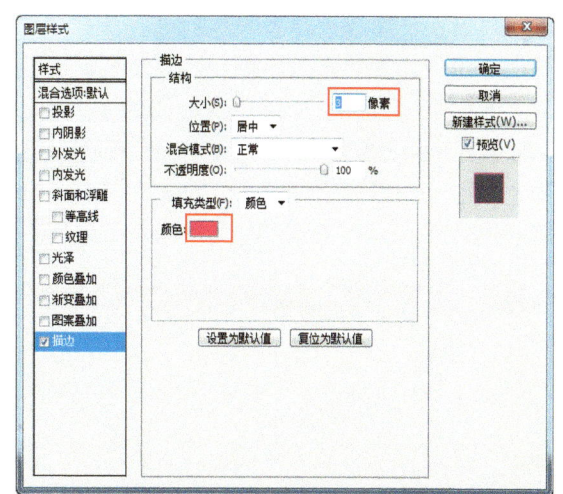

图9-26

图9-27

09 复制产品文案价格等图层并向右移动,放置在相应的产品内,添加上其他产品素材,并把产品文案修改成相对应的文案,如图9-25所示。

11 新建一个图层,命名为"标题背景",使用"矩形选框工具"在画布上拉出一个适当大小的矩形框,颜色填充为(R:194,G:0,B:73),如图9-28所示。

图9-25

图9-28

10 新建一个图层,命名为"产品分类模块背景框",使用"矩形选框工具"在画布上拉出一个适当大小的矩形框,将其填充为白色,然后双击图层,设置图层样式为"描边",参数如图9-26所示,效果如图9-27所示。

12 新建一个图层,命名为"标题背景折纸效果",使用"钢笔工具"在画布上画出三角形,将其颜色填充为(R:154,G:0,B:58),复制"标题背景折纸效果"图层,按住Ctrl+T快捷键进行垂直变化,并向右移动至相应的位置,如图9-29所示。

图9-29

13 新建一个图层,命名为"梯形标题背景",使用"钢笔工具"在画布上画出梯形,颜色填充为(R:242,G:44,B:19),再使用"椭圆选框工具"在"梯形标题背景"图层上拉出一个适当大小的圆形,按住Delete键将圆形矩形框内的图形删除,效果如图9-30所示。

图9-30

14 新建一个图层,命名为"梯形标题背景阴影",使用"钢笔工具"沿着梯形背景画出一个平行四边形,然后执行"滤镜<模糊<动感模糊"菜单命令,设置距离,如图9-31所示。再新建一个图层,命名为"梯形折纸阴影",使用"钢笔工具"画出三角形,颜色填充为(R:123 G:0 B:47),将"梯形折纸阴影"图层放置在"梯形标题背景"图层两侧,如图9-32所示。

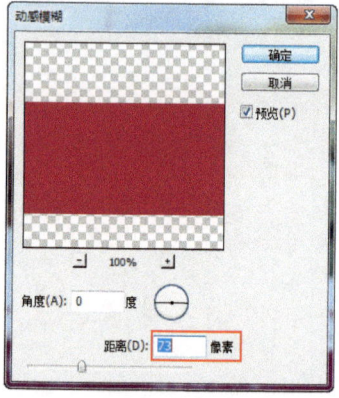

图9-31

图9-32

15 新建一个图层,命名为"标签背景",使用"钢笔工具"在画布上画出标签形状,将其颜色填充为(R:242 G:44 B:19),再使用"椭圆选框工具"在"标签样式背景"图层上拉出一个适当大小的圆形,按住Delete键将圆形内的图形删除,如图9-33所示。

图9-33

16 新建一个图层，命名为"梯形标题背景阴影"，使用"钢笔工具"沿着梯形背景勾画出一个平行四边形，颜色填充为（R:138，G:1，B:54），然后执行"滤镜>模糊>动感模糊"菜单命令，制作出标签的投影。再新建一个图层，命名为"梯形标题背景阴影"，画出绳子的线条，设置画笔大小为4像素，将前景色设置为（R:106，G:3，B:41），右击选择"描边"，效果如图9-34和图9-35所示。

图9-34

图9-35

17 使用"横排文字工具"在画布上输入"追剧'伴侣'"字样，文字颜色设置为白色，如图9-36所示。

图9-36

18 将建筑标志素材放置在标题左边，并制作出阴影效果，前面步骤中已讲过阴影制作的方式，这里不再赘述，效果如图9-37所示。

图9-37

19 新建一个图层，命名为"产品展示背景"，使用"矩形选框工具"在画布上拉出一个适当大小的矩形框，将其颜色设置为（R:208，G:24，B:74），如图9-38所示。

图9-38

20 新建一个图层,命名为"产品展示白色背景",使用"矩形选框工具"在画布上拉出一个适当大小的矩形框,将其颜色设置为白色,再新建一个图层,命名为"产品名称背景",在画布上拉出一个适当大小的矩形框,将其颜色设置为(R:100,G:100,B:100),如图9-39所示。

图9-40

22 使用"横排文字工具"在画布上输入"美国进口蔓越莓干118g"等字样,文字颜色设置为白色,如图9-41所示。

图9-39

21 在"产品展示白色背景"图层上方添加产品素材,如图9-40所示。

图9-41

23 使用"横排文字工具"在画布上输入"专柜价：59.80"等字样，文字颜色设置为（R:62，G:0，B:14），再在画布上输入"超值尝鲜价：38.8"等字样，文字颜色设置为白色，选中38.8将颜色改为（R:246，G:250，B:54），如图9-42所示。

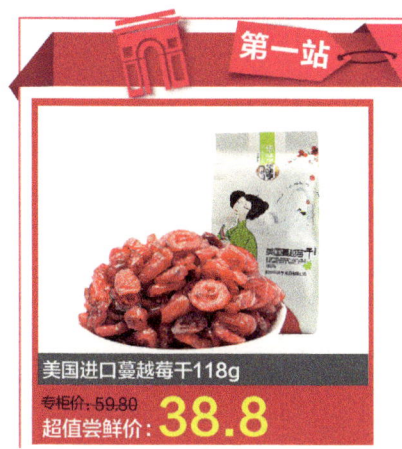

图9-42

24 新建一个图层，命名为"立即抢购背景"，使用"矩形选框工具"在画布上拉出一个适当大小的矩形框，将其颜色设置为白色；再使用"钢笔工具"画出三角形，颜色设置为（R:123，G:0，B:47），再将"立即抢购背景"图层转为选区，将其填充为（R:123，G:0，B:47），使用动感模糊的方法制作出投影的效果，如图9-43所示。使用"横排文字工具"在画布上输入"立即抢购》"字样，文字颜色设置为（R:199，G:12，B:67），如图9-44所示。

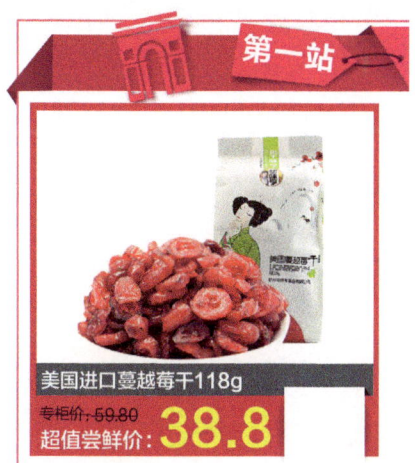

图9-43

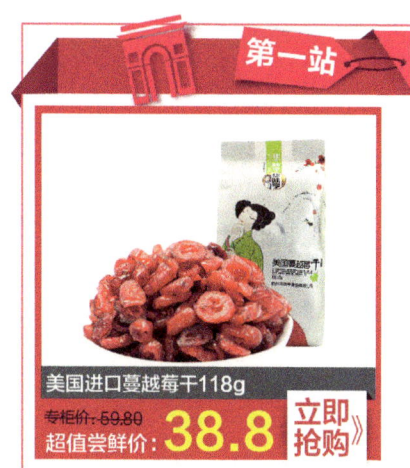

图9-44

25 复制产品展示模块的所有图层，将产品排开，如图9-45所示。

图9-45

26 复制整个分类的产品模块的所有图层，将它们移至下方，替换里面的产品素材和标题文案，效果如图9-46所示。

图9-46

3.产品分类模块制作

01 新建一个图层，命名为"圆角矩形"，使用"圆角矩形工具" ，将其半径设置为100像素，在画布右侧拉出一个适当大小的圆角矩形，颜色设置为（R:218，G:96，B:81），如图9-47所示。到图层面板双击图层并选择图层样式为"内阴影"，对参数进行设置，再勾选"描边"选项，对参数进行设置，如图9-48和图9-49所示。效果如图9-50所示。

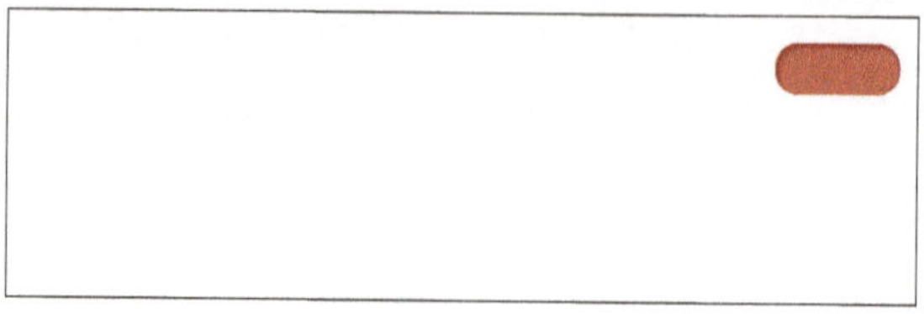

图9-50

02 复制"圆角矩形"图层，将颜色分别改为（R:36，G:200，B:150）（R:245，G:209，B:51）（R:64 G:165，B:237），如图9-51所示。

图9-51

03 新建一个图层，命名为"分类背景"，使用"矩形选框工具" 在画布上面拉出一个适当大小的矩形框，将颜色设置为（R:208，G:24，B:74），如图9-52所示。

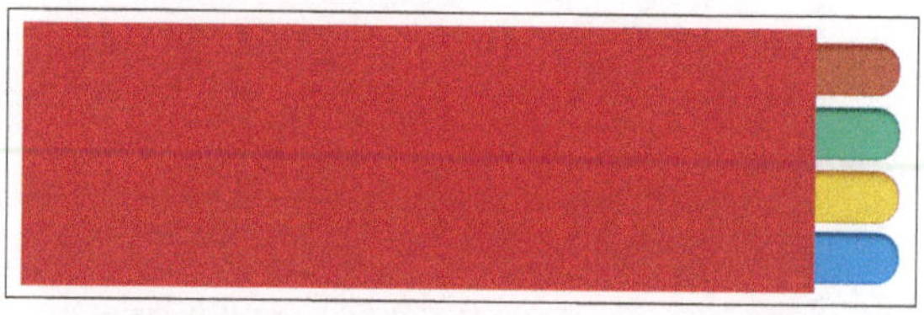

图9-47

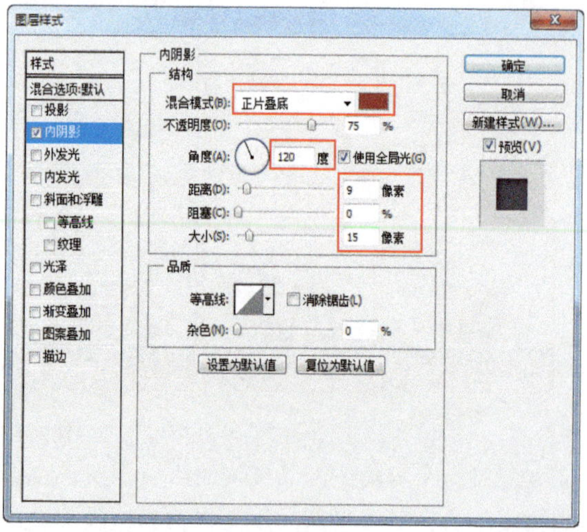

图9-48

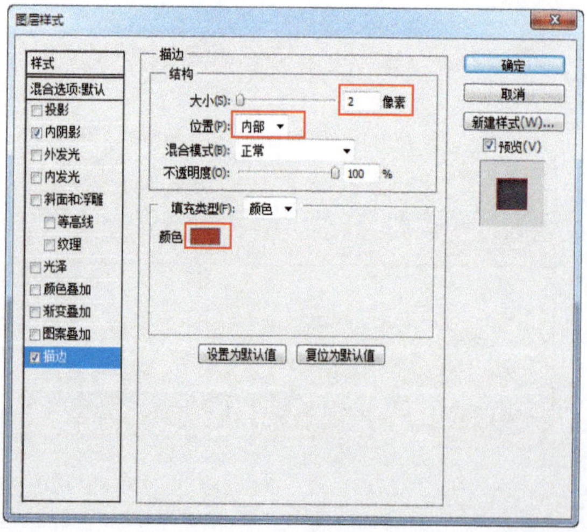

图9-49

图9-52

04 使用"横排文字工具" 在画布上输入"按销量 按新品 按价格 按人气"等字样，文字颜色设置为白色，如图9-53所示。

图9-53

09 食品类店铺装修

05 新建一个图层,命名为"分类分割线",使用"矩形选框工具"在画布上拉出一个适当大小的矩形框,将其颜色设置为白色,如图9-54所示。

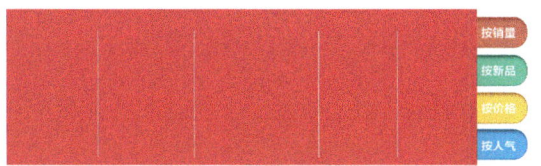

图9-54

06 使用"横排文字工具"在"分类背景"图层顶部写上产品类别名称,文字颜色为(R:255,G:216,B:0),如图9-55所示。

图9-55

07 使用"横排文字工具"在"分类背景"图层上面写上产品名称,文字颜色为白色,选中相对应的主打款产品名称,将主打款产品名称的颜色改为(R:255,G:216,B:0),如图9-56所示。

图9-56

9.3 喜庆浪漫风格

9.3.1 风格分析

该页面的氛围是喜庆的,所以整个页面的颜色偏红,适合主打喜糖批发等产品属性的店铺设计风格。该页面的主题是情人节,情人节以浪漫为主,所以,在页面的设计方面会使用一些与情人节有关的素材作为点缀,如花瓣、爱心桃、情人节的艺术字体等,从而烘托喜庆浪漫的氛围。

页面的首屏采用的是以情人节为主题的活动营销文案,根据时下的节日给出相对应的优惠,如"满减送"的活动,带动整体消费,还有优惠券等,让顾客感到实惠。页面下部分就是礼盒装的巧克力产品,这类产品在情人节的销量是比较高的,所以,这类产品可以考虑放在首屏下面,接下来的页面就是按照产品的品类进行分模块的展示,如图9-57所示。

图9-57

1.页面配色

恩爱喜庆风格的配色为暖色调,如图9-58所示。

| R136、G4、B2
C48、M100、Y100、k23 | R241、G236、B207
C8、M7、Y23、k0 |

R255、G255、B255
C0、M0、Y0、k0

图9-58

2.页面布局

整体页面布局如图9-59所示。

(1)首屏:首屏的背景是红色的炫彩风格,加上一对恩爱的情侣模特起到烘托作用,更加体现喜庆浪漫的主题。首屏文案体现的是店铺的活动,方便顾客了解店铺的优惠活动,从而促进客单量。

(2)优惠券:为了促进客单量,在首屏下面展示店铺的优惠券信息,方便顾客了解和领取。

(3)热卖产品:根据店铺的运营方式制定主打款,按顺序在首页上面展示产品,根据店铺产品的多少来划分首页布局占比,这个页面的产品较多,所以产品以每个分类为一组进行展示。

(4)背景:背景以红色的纯色块为主,这是为了更好地烘托喜庆的氛围。

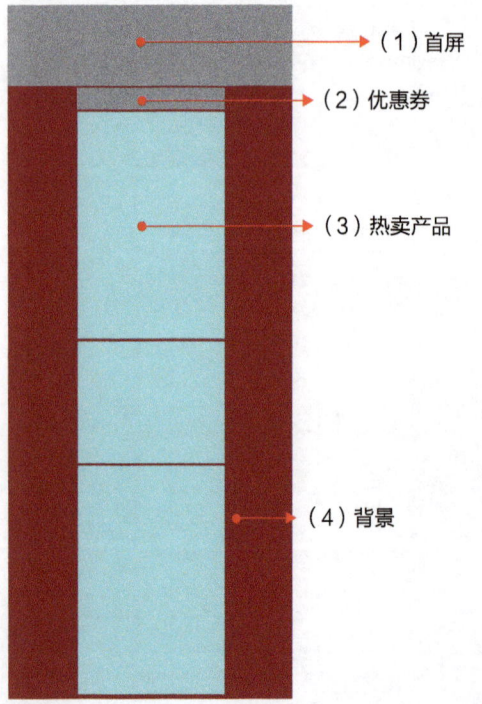

图9-59

9.3.2 步骤详解

实例位置	实例文件 >CH09> 喜庆浪漫风格.psd、喜庆浪漫风格.jpg
素材位置	素材文件 >CH09> 爱心桃.jpg、光晕.jpg
技术掌握	视频文件 >CH09> 喜庆浪漫风格.mp4

1.首屏制作

01 首先找一张爱心桃的红色背景,如图9-60所示。

图9-60

02 在红色背景的中间位置加上光晕素材,如图9-61所示。

图9-61

03 将人物素材放置在画布左侧,如图9-62所示。

图9-62

04 新建一个图层,命名为"圆角矩形",使用"圆角矩形工具" 在画布上面拉出适当大小的圆角矩形,颜色填充为(R:80,G:1,B:1),按Ctrl+T快捷键将圆角矩形旋转合适角度,并在圆角矩形图层背部添加爱心桃素材,如图9-63所示。

图9-63

05 将"圆角矩形"图层转为选区，然后新建一个图层，命名为"渐变光效"，前景色设置为（R:252，G:233，B:233），选择"渐变工具"中的"径向渐变"按钮，在画布上面拉出一个径向渐变效果，如图9-64所示。将爱心桃气球素材放置在圆角矩形右上角位置，如图9-65所示。

图9-64

图9-65

06 新建一个图层，命名为"气球高光"，前景色设置为（R:252，G:255，B:255），选择"渐变工具"中的"径向渐变"按钮，在爱心桃气球素材上面拉出一个径向渐变效果，双击图层设置图层混合模式为"滤色"，效果如图9-66所示。

图9-66

07 使用"横排文字工具"在圆角矩形图层上写上"2.14情人节"字样，文字颜色设置为（R:193，G:2，B:9），再新建一个图层，命名为"爱心桃"，使用"钢笔工具"画出爱心桃，将其颜色填充为（R:193，G:2，B:9），选中14和"节"字将文字颜色改为白色，然后再新建一个文字图层，写上"创意送礼攻略"字样，如图9-67和图9-68所示。

图9-67

图9-68

08 使用"横排文字工具"在画布左侧写上"满68包邮(偏远地区除外)"和"全场满168送："字样，文字颜色设置为（R:71，G:23，B:21），并且放上巧克力的产品素材，效果如图9-69所示。

219

图9-69

2.优惠券模块制作

01 新建一个图层，命名为"优惠券模块背景"，使用"矩形选框工具"在画布上面拖出一个适当大小的矩形，将颜色设置为（R:252，G:255，B:255），再拖出一个适当大小的矩形，将颜色设置为（R:175，G:0，B:0），如图9-70所示。

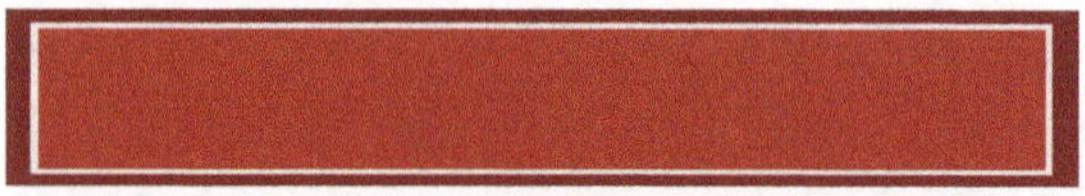

图9-70

02 使用"横排文字工具"在画布左侧写上"先领券 更优惠"和"优惠券"字样，文字颜色设置为（R:252，G:255，B:255），如图9-71所示。

图9-71

03 新建一个图层，命名为"阴影分割线"，前景色设置为（R128，G:1，B:0），选择"渐变工具"中的"径向渐变"按钮，在画布上面拉出一个径向渐变效果，然后使用"矩形选框工具"在画布中拉出一个适当大小的矩形，将"红色背景阴影"图层的左半部分径向渐变删除，按住Ctrl+T快捷键将"阴影分割线"图层压扁，并放置在文字右侧，如图9-72所示。

图9-72

04 使用"横排文字工具"在画布左侧写上"10元优惠券"字样，文字颜色设置为（R:252，G:255，B:255），如图9-73所示。

图9-73

05 新建一个图层，命名为"领取背景"，然后使用"钢笔工具"画出相应的图形，将图形的颜色设置为（R:254，G:233，B:167），然后使用"横排文字工具"在"领取背景"图层上面写上"领取"字样，文字颜色设置为（R:175，G:0，B:0），如图9-74所示。

图9-74

06 使用"横排文字工具"在画布上输入"单笔订单满198使用"字样，文字颜色设置为（R:254，G:233，B:167），如图9-75所示。

图9-75

07 复制"阴影分割线"图层和优惠券文字图层并向右移动，修改优惠券面额和使用门槛，如图9-76所示。

图9-76

3.产品展示模块制作

01 新建一个图层,命名为"产品模块背景",使用"钢笔工具"画出相应的图形,将颜色填充为(R:170,G:0,B:0),如图9-77所示。

图9-79

03 新建一个图层,命名为"产品模块背景阴影",使用"钢笔工具"画出相应的图形,将其颜色设置为(R:121,G:0,B:1),并在底部位置放上情人节创意字体素材,如图9-80所示。

图9-77

02 新建一个图层,命名为"产品模块背景光线",使用"钢笔工具"画出相应的光线线条,设置画笔大小为2像素,设置前景色为(R:215,G:0,B:1),右击选择描边路径,勾选模拟压力选项,如图9-78所示。效果如图9-79所示。

图9-78

图9-80

04 使用"横排文字工具" 在"产品模块背景阴影"图层上面写上主题文案"浪漫情人节之奢华礼盒",文字颜色设置为（R:255,G:233,B:0）,然后在主题文案右侧加上爱心桃标签素材,如图9-81和图9-82所示。

05 使用"横排文字工具" 在爱心桃标签素材上面写上主题文案"查看更多》",文字颜色设置为白色,如图9-83所示。

图9-81

图9-82

图9-83

06 新建一个图层,命名为"灰色半透明阴影",设置前景色为（R:217,G:10,B:11）,使用"渐变工具" 在顶部拉出一个线性渐变效果,如图9-84所示。

图9-84

07 使用"圆角矩形工具"在画布上面拉出适当大小的圆角矩形,将颜色设置为(R:241,G:236,B:207),如图9-85所示。

图9-85

08 执行"选择>修改>收缩"菜单命令,设置收缩量,然后右击"描边",描边颜色设置为(R:198,G:192,B:149),如图9-86和图9-87所示。

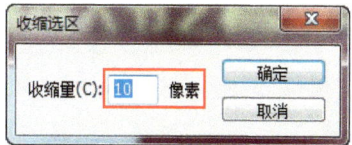

图9-86

图9-87

09 将产品素材放置在产品模块背景上,如图9-88所示。

10 使用"横排文字工具" T 在产品模块上输入"金吻榛果巧克力200g"和"原价:￥78.8"字样,文字颜色设置为(R:71,G:34,B:17),再在产品模块上输入"狂欢价:￥49.80"字样,文字颜色设置为(R:176,G:8,B:2),如图9-89和图9-90所示。

图9-88

图9-89

图层并设置图层样式为"内发光",设置混合模式为"滤色",设置颜色为(R:255,G:233,B:189),再勾选"渐变叠加",设置渐变颜色从左至右为(R:204,G:148,B:89)(R:246,G:205,B:139),最后勾选"描边",设置描边大小为2像素,位置为内部,颜色为(R:166,G:116,B:62),各参数如图9-92至图9-95所示。

图9-90

11 新建一个图层,命名为"立即抢购背景",使用"矩形选框工具"在画布上面拉出一个适当大小的矩形框,将颜色设置为(R:176,G:8,B:2),如图9-91所示。双击立即抢购背景

图9-91

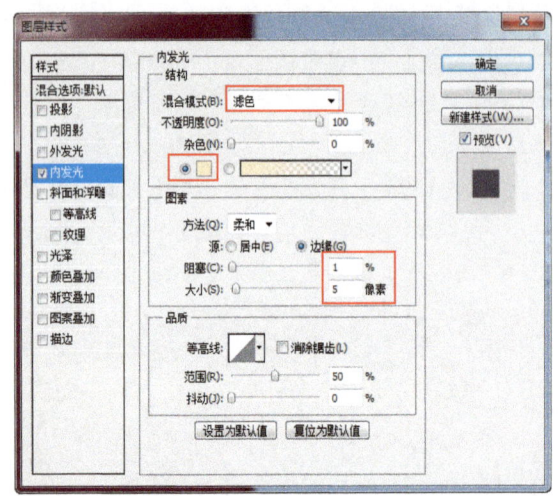

图9-92

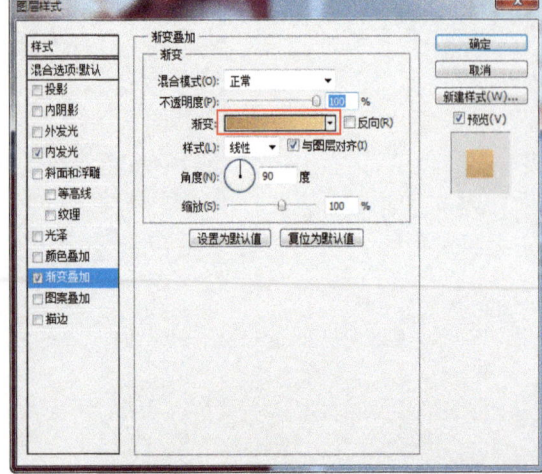

图9-93

图9-95

12 使用"横排文字工具"在"立即抢购背景"图层上面写上"立即抢购"字样,文字颜色为(R:112,G:11,B:8),并且在立即抢购旁边加上箭头素材,在圆角矩形背景上方添加欧式花纹素材,效果如图9-96所示。

图9-94

图9-96

226

13 复制产品模块所有图层，将图像排开，如图9-97所示。

图9-97

14 以下的模块顶部也是按照上述的方式制作，也可以直接将顶部模块复制移下来。新建图层，命名为"产品模块背景"，使用"矩形选框工具"在画布上面拉出一个适当大小的矩形框，颜色设置为白色，双击图层并勾选图层样式为"描边"，颜色为（R:241，G:20，B:35），参数如图9-98所示。效果如图9-99所示。

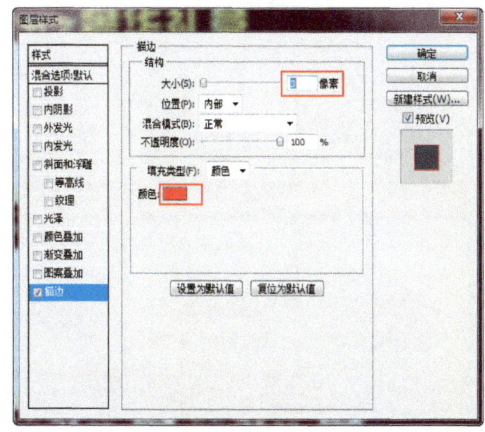

图9-98

图9-99

15 将产品素材放置在"产品模块背景"图层上，如图9-100所示。

图9-100

16 新建图层,命名为"产品名称背景",使用"矩形选框工具"在画布上面拉出一个适当大小的矩形框,将颜色设置为(R:252,G:246,B:162),再新建一个图层,命名为"产品价格背景",在画布上面拉出一个适当大小的矩形框,将颜色设置为(R:157,G:6,B:0),如图9-101所示。

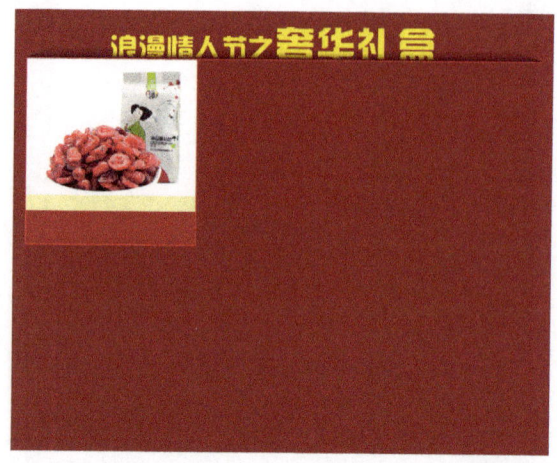

图9-101

17 使用"横排文字工具"在"产品名称背景"图层上输入"美国进口蔓越莓118g"字样,文字颜色设置为(R:150,G:47,B:28),如图9-102所示。

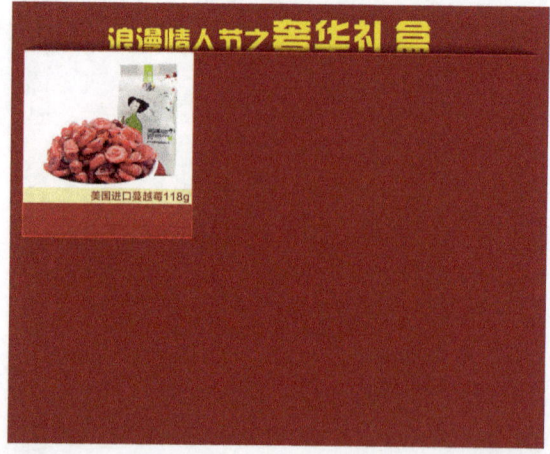

图9-102

18 使用"横排文字工具"在"产品价格背景"图层上面写上"原价:56.7"和"特惠价:21.80"字样,文字颜色设置为(R:251,G:240,B:155),如图9-103所示。

图9-103

19 新建图层,命名为"立即抢购背景",使用"矩形选框工具"在画布上面拉出一个适当大小的矩形框,将其颜色设置为(R:251,G:240,B:155),再在"立即抢购背景"图层上面写上"立即抢购"字样,文字颜色设置为(R:112,G:11,B:8),并在立即抢购旁边加上箭头素材,如图9-104所示。

图9-104

20 复制产品模块所有图层,将图层排开,如图9-105所示。

图9-105

10

数码家电类店铺装修

数码家电类店铺整体设计分析

酷炫数码风格

居家风格

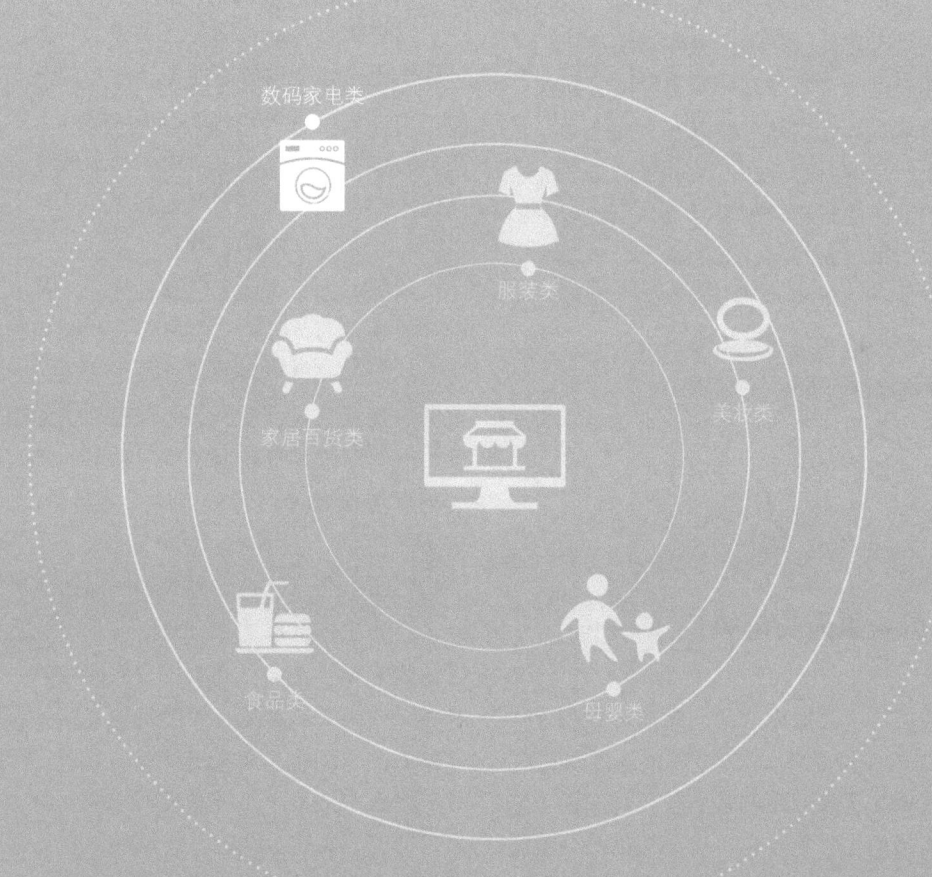

10.1 数码家电类店铺整体设计分析

数码家电类目涉及的产品类目比较广泛，有数码彩电类和家用电器类等，凡是能通电的产品都可以称为电器。该类目的客单量基本上都比较高，产品的功能性比较强，也可以在首页上面体现部分比较吸引顾客的卖点，将流量引导至该款产品的详情页上。

10.1.1 分析主要的消费群体

数码电器类目的页面设计风格主要偏向于酷炫和质感，这类产品的消费群体以男性为主，因为男性在数码电器性能和运用操作这块会比较了解，所以数码电器这类产品一般男性会去购买。电器类的客单量都比较高，所以在页面上面要尽量地展现出产品的质感，在产品的处理方面要求也比较高，页面的设计氛围要尽量体现出奢华的视觉效果。而电器在产品性能的基本要求就是要通电，为了迎合通电的效果，很多卖家都会在页面上增加流线型的光效等效果来提亮产品，所以在页面上都比较倾向于炫彩的风格。

家用电器类目的页面设计倾向于居家一点，这个类目的消费群体大部分是居家的女性。对于页面颜色来说，应尽量简单明亮一点。

10.1.2 分析页面的排版

在页面的排版方面以产品的主次进行划分，可以将店铺的主爆款产品放置在首屏醒目的位置，自然就增加了该产品的曝光度。页面以下三屏可以放店铺的主打款，也可以添加产品分类模块，针对目标比较明确的客户，可以直接看到想要购买的产品。如果店铺的产品和分类比较多，则可以以产品模块的形式体现出来，将每个分类的主打款产品设计为一张海报，剩下的产品按照3个为一组方式进行展示。如果店铺的产品不多，可以按照单款产品作为海报展示，页面下面可以将该单款产品的SKU图片展示出来，这样顾客就可以从首页上进行选择或购买。

10.2 酷炫数码风格

10.2.1 页面分析

酷炫数码风格页面的产品大部分是以笔记本电脑为主，该页面的主题是针对"双十一"大促的，当然也可以根据当下的活动修改主题。整体的页面色调以紫色为主，因为紫色偏暗，所以在页面上面会运用很多光效素材对产品和文案进行点缀，也可以用来提亮页面。

首屏上主要体现了店铺主打款，首屏以网页游戏的场景为背景，还会集合一些碎片和喷墨素材，从而体现出强烈的视觉冲击效果。为了统一首屏的视觉感观，在产品的表现上也增加了和背景类似的网游场景。为了体现电脑的"大屏"，会制作图像延伸的特效，给人一种3D立体视觉效果。

页面中产品的排版方式以产品的主次进行划分，店铺主打款放置在页面的前三屏位置。产品模块放置在展台上，并制作相应的特效，既可以展现一种高端的感觉，还能将顾客的目光集中在产品上面。产品和文案进行左右分布，每款产品对应相应的文案，将产品清晰地展现给顾客。因为店铺的产品偏少，每款产品的主打色会放在最醒目的位置，下面则以产品的SKU或同款样式作为小模块进行展示，如图10-1所示。

10 数码家电类店铺装修

1. 页面配色

酷炫数码风格的页面配色为冷色调，如图10-2所示。

R226、G190、B158 C15、M30、Y38、k0	R48、G2、B64 C91、M100、Y63、k37
R243、G188、B9 C9、M32、Y91、k0	R255、G255、B255 C0、M0、Y0、k0

图10-2

2. 页面布局

整体页面布局如图10-3所示。

（1）首屏：首屏的背景是空旷的游戏场景，为了体现产品性能，以酷炫效果为主。首页上展示店铺主打款及同系列产品，排版方式为左文右图。

（2）爆款小海报：根据店铺运营方式制定主打款，按顺序在首页上面展示产品，根据店铺产品的多少来划分首页布局占比。该页面的产品较少，所以产品占比都比较大，每款产品都以左文右图或者左图右文的错落方式进行展示。

（3）客服专区：为了提升顾客的购买体验，在页面上添加客服区域，方便顾客咨询。

（4）产品展示：爆款产品下面还有其他的产品展示，每款产品的主打色以小海报的方式展示，然后展示该产品的其他颜色。

（5）背景：背景是暗紫色的纹理素材，为了让页面上产品的光效和背景看起来有很大的反差，所以背景的颜色以暗色为主。

（6）返回顶部：在页面尾部增加返回顶部按钮，方便让顾客返回查看。

图10-1

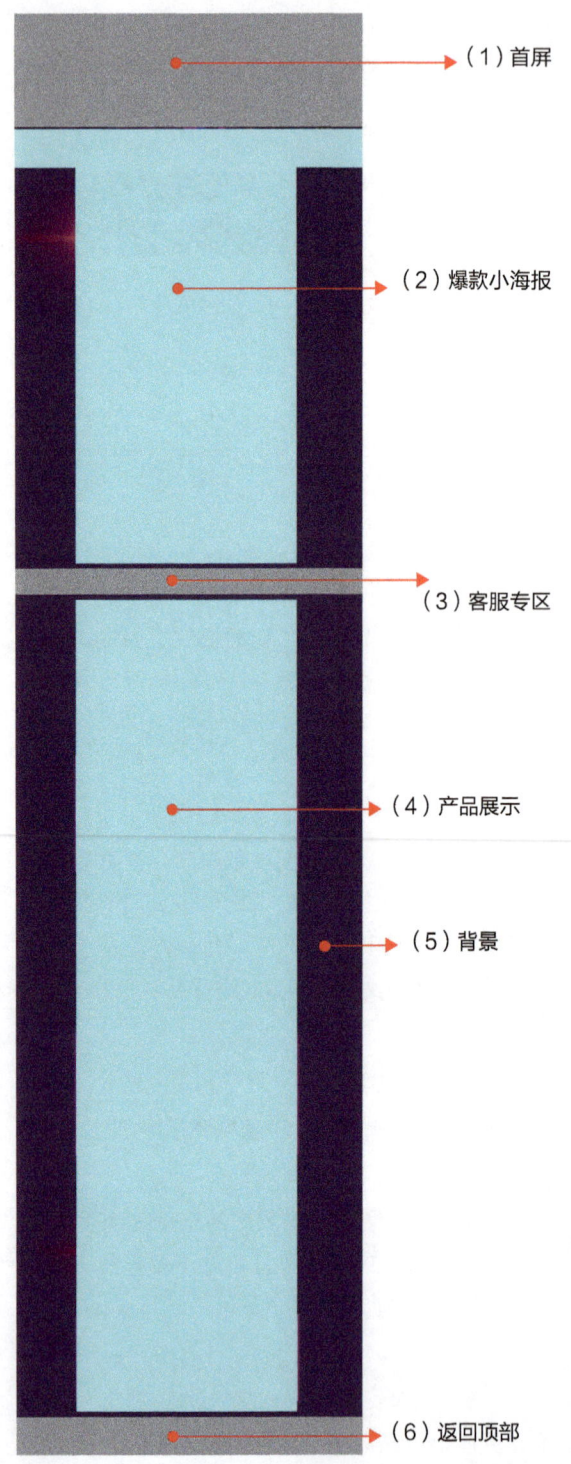

(1) 首屏
(2) 爆款小海报
(3) 客服专区
(4) 产品展示
(5) 背景
(6) 返回顶部

图10-3

10.2.2 步骤详解

实例位置	实例文件 >CH10> 酷炫数码风格 .psd、酷炫数码风格 .jpg
素材位置	素材文件 >CH10> 废墟 .jpg、红色丝绸 .jpg、展台 .png
技术掌握	视频文件 >CH10> 酷炫数码风格 .mp4

1.首屏制作方式

01 在网上找一张废墟的素材作为首屏的背景，如图10-4所示。

图10-4

02 将爆破的素材拖入画布右侧，如图10-5所示。

图10-5

03 新建一个图层，命名为"首屏尾部加深"，设置前景色为黑色，使用"渐变工具" 在画布左下角和右下角分别拖动出一个渐变效果，如图10-6所示。

图10-6

04 将产品素材放置在画布右侧，如图10-7所示。

图10-7

05 新建一个图层,命名为"产品素材阴影",使用"钢笔工具"沿着产品底部勾画出一个平行四边形,然后执行"滤镜>模糊>动感模糊"菜单命令,对参数进行设置,如图10-8所示。模糊后的投影效果如图10-9所示,将产品素材放上去后如图10-10所示。

06 在产品素材上面增加光效素材,将光效素材沿着产品的四周叠加上去,这样会让产品看起来更加有星光熠熠的效果,如图10-11所示。

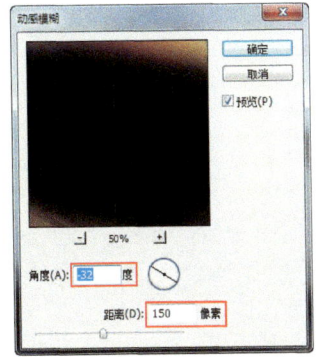

图10-8

图10-11

07 使用"横排文字工具"在画布上输入"最猛一站 决战双十一"主题,字体为毛笔字体,文字颜色设置为黑色,如图9-12所示。

图10-12

图10-9

08 将红色丝绸素材放置在主题文案上,如图10-13所示。将鼠标移动至红色丝绸素材和主题文案图层中间并按住Alt键再单击鼠标,将红色丝绸素材剪切到主题文案图层容器中,效果如图10-14所示。

图10-13

图10-10

图10-14

图10-16

09 在主题文案周围添加喷墨素材,增加主题的视觉冲击感,如图10-15所示。

11 在主题文案下面增加红色的纹理背景,作为副主题的背景,如图10-17所示

图10-15

图10-17

10 在主题文案上增加光效素材,让主题文案看起来更加突出,如图10-16所示。

12 新建图层,命名为"红色背景阴影",前景色设置为黑色,选择"渐变工具"中的"径向

渐变"按钮,在画布上面拉出一个径向渐变的效果,如图10-18所示。使用"矩形选框工具"在画布中拉出一个适当大小的矩形,将径向渐变的下半部分删除掉,如图10-19所示。按住Ctrl+T快捷键将"红色背景阴影"图层压扁,并放置在红色的纹理背景下面,如图10-20所示。

图10-20

13 将"双十一"的Logo放置在红色纹理背景素材上面,将"双十一"Logo的颜色设置为白色,如图10-21所示。

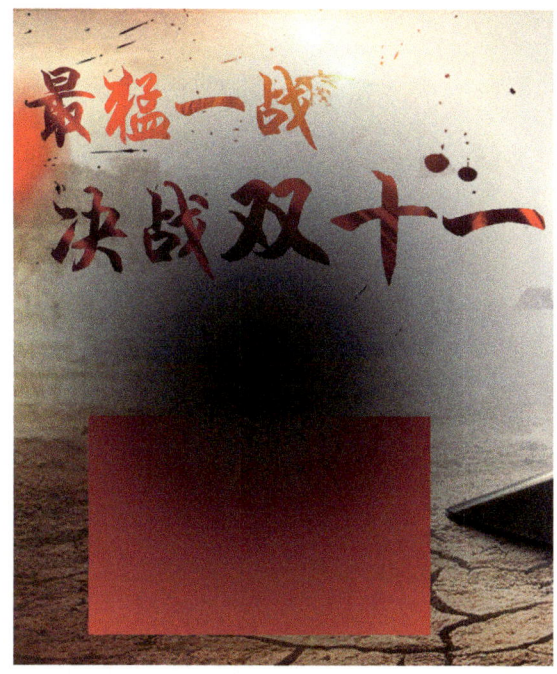

图10-18

图10-21

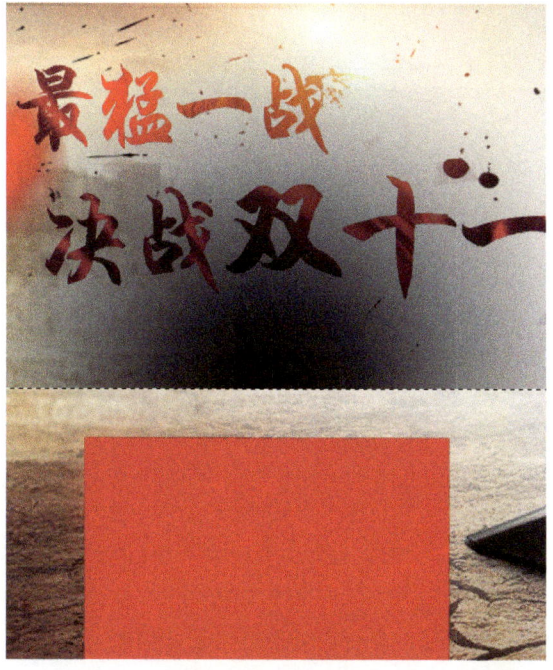

图10-19

14 将天猫的吉祥物素材放在红色纹理背景上，如图10-22所示。

图10-22

15 在主题文案旁边添加一个印章素材，然后使用"横排文字工具" 在印章素材上面写上"双十一"字样，文字颜色为白色，再加上模糊的金币素材，如图10-23所示。

图10-23

2.主打款产品模块制作

01 找一张暗紫色的纹理图片作为背景，如图10-24所示。

图10-24

02 在背景上面增加标题背景投影效果素材，如图10-25所示。

图10-25

03 建一个图层，命名为"标题背景"，使用"钢笔工具" 沿着阴影形状勾画出相应的图形，然后转化为选区，填充颜色为（R:63，G:7，B:87），如图10-26所示。

图10-26

04 新建一个图层，命名为"渐变光效"，设置前景色为（R:41，G:4，B:60），使用"渐变工具" 在顶部拉出一个线性渐变的效果，设置前景色为（R:121，G:4，B:129），再选择"渐变工具" 中的"径向渐变" 按钮，在画布上面拉出一个径向渐变的效果，将鼠标移动至标题背景图层和渐变光效图层中间并按住Alt键再单击鼠标,将红色丝渐变光效图层剪切到标题背景图层中,如图10-27所示。

图10-27

05 使用第4步的方法将几何图形素材放置在标题背景图层中,如图10-28所示。

图10-28

06 使用"横排文字工具"在画布上输入"11.11开启省钱密码"标题,将文字颜色设置为白色,如图10-29所示。双击标题图层,勾选图层样式为"投影",对参数进行设置,再勾选图层样式为"描边",对参数进行设置,设置渐变颜色从左至右为(R:242,G:245,B:247)(R:180,G:180,B:180)和白色,按住Alt键复制色值,放置合适的位置,最后勾选图层样式为"渐变叠加",对参数进行设置,设置渐变颜色从左至右为白色、(R:220 G:220,B:220)(R:116,G:116,B:116),各参数的设置如图10-30至图10-34所示。最终效果如图10-35所示。

图10-29

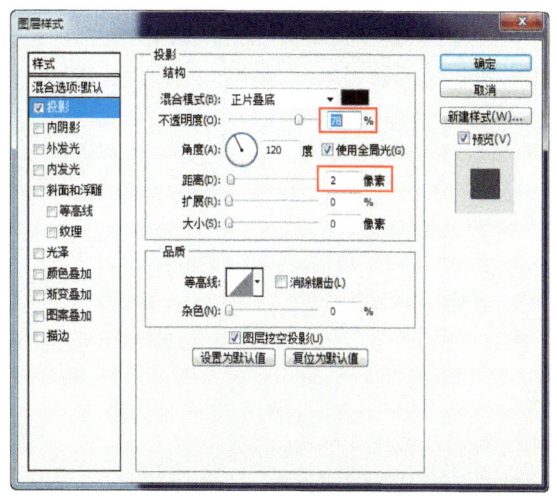

图10-30

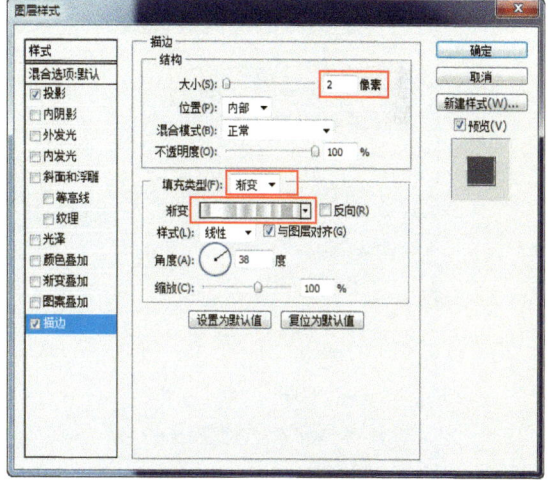

图10-31

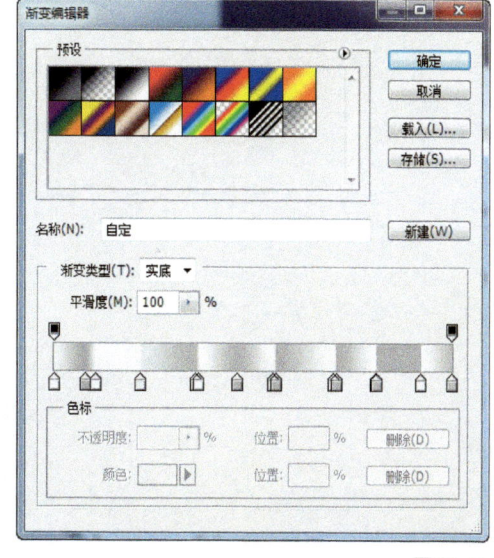

图10-32

10 数码家电类店铺装修

237

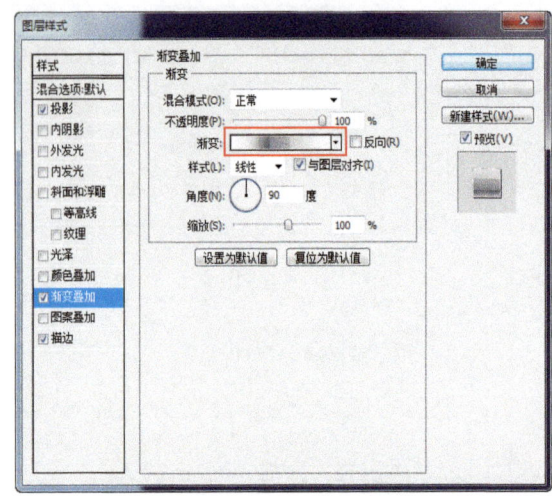

图10-33

图10-34

图10-35

07 使用"横排文字工具"在标题下面写上"双十一最猛一战 抓紧抢购>>"字样,文字颜色为白色,如图10-36所示。

图10-36

08 在标题上面添加星光素材,起到点缀的作用,然后在标题背景边缘上添加线性光效素材,如图10-37所示。

图10-37

10 数码家电类店铺装修

09 在画布下方添加梯形展台素材，如图10-38所示。

图10-38

10 在展台上放上产品素材，如图10-39所示。

图10-39

11 新建一个图层，命名为"产品阴影"，使用"椭圆选框工具"在画布上面拉出一个适合大小的椭圆选框，将其羽化，羽化值为10像素，颜色设置为（R:41，G:4，B:60），然后放置在产品素材下面，如图10-40所示。

图10-40

12 在产品素材上面添加光效素材，让产品看起来更耀眼，如图10-41所示。

图10-41

13 使用"横排文字工具"在产品素材右侧输入"0元试使用"字样，文字颜色设置为（R:124，G:124，B:124），双击主题图层，勾选图层样式为"外发光"，设置混合模式为滤色，颜色设置为（R:110，G:15，B:119），参数如图10-42所示。字体效果如图10-43所示。

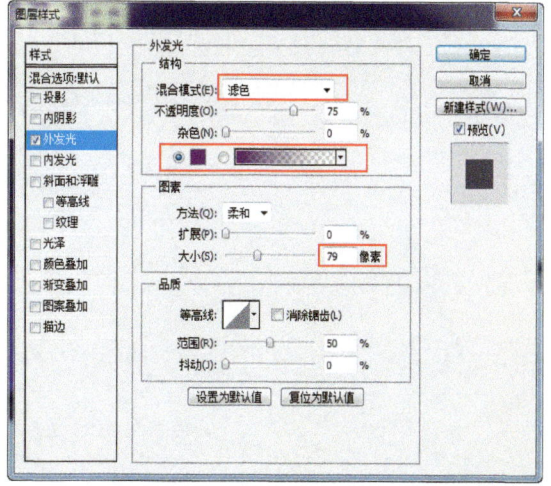

图10-42

图10-43

14 使用"横排文字工具"在标题下面写上"利刃出鞘 游戏畅享 精彩尽在微星"字样,文字颜色为白色,再在标题下面写上相关文案,文字颜色设置为(R:184,G:118,B:210),如图10-44所示。

图10-44

15 将"双十一"的标签素材放置在文案下面,使用"横排文字工具"在标题下面写上"日常价:998"字样,文字颜色设置为(R:40,G:1,B:58),再在标签素材上面写上"触底价:356",文字颜色设置为(R:238,G:10,B:59),如图10-45所示。

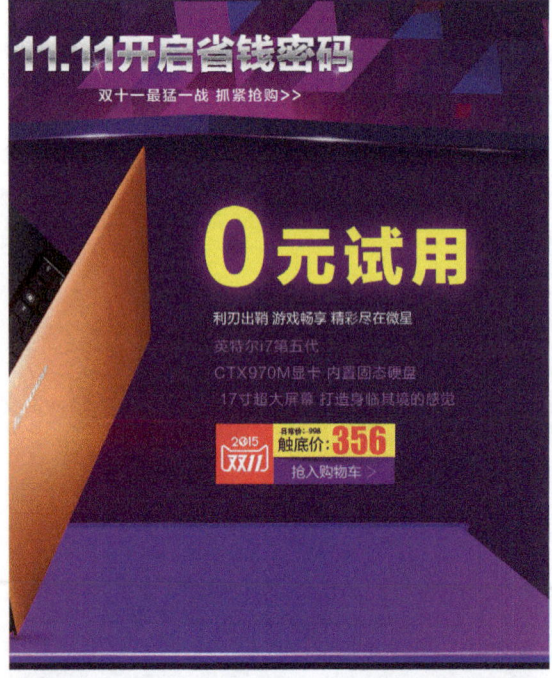

图10-45

16 复制上述步骤中产品模块的所有图层,并向下移动,将产品和产品文案替换成其他的款式,如图10-46所示。

图10-46

3.旺旺模块制作

01 建一个图层，命名为"旺旺背景"，然后使用"钢笔工具" 画出相应的形状，将其颜色设置为（R:244，G:183，B:1），如图10-47所示。

图10-47

02 将彩带素材剪切在旺旺背景图层中，如图10-48所示。

图10-48

03 将旺旺素材放置在旺旺背景上，复制旺旺素材，并按住Ctrl+T快捷键将旺旺素材缩小向左边排开，如图10-49所示。

图10-49

04 使用"横排文字工具" 在旺旺素材下面写上名字和店铺公告等文案，文字颜色设置为（R:46，G:0，B:62），再新建图层，命名为"分割线"，选择"渐变工具"中的"径向渐变"按钮，在画布上拉出一个径向渐变的效果，然后使用"矩形选框工具"在画布中拉出一个适当大小的矩形，将"分割线"图层的另一半径向渐变效果删除，按住Ctrl+T快捷键将"分割线"图层压扁，制作出分割线后复制放置在相对应的位置上，如图10-50所示。

图10-50

4.产品模块制作

01 使用"横排文字工具"在背景上面写上产品主题文案，文字颜色设置为白色，再在文案底部加上光效素材，如图10-51所示。

图10-51

02 新建一个图层，命名为"双十一特供款背景"，然后使用"钢笔工具"画出相应的形状，将其颜色填充为（R:244，G:183，B:1），再使用"横排文字工具"在"双十一特供款背景"图层上面写上"双十一特供款"字样，文字颜色设置为白色，如图10-52所示。

图10-52

03 将圆形展台素材放置在画笔左侧，如图10-53所示。

图10-53

04 在展台上面添加光效素材，并且放上产品素材，如图10-54所示。

图10-54

05 在产品右侧写上相应的文案，文案制作方法和上述的主打款产品制作方式一样，这里就不再重复了。可以将制作好的文案部分直接复制后拖到这里，改掉相应的文案即可，如图10-55所示。

图10-55

06 新建一个图层，命名为"双十一价格曲线"，然后使用"钢笔工具" 画出相应的形状，将其颜色填充为（R:124，G:0，B:151），使用"横排文字工具" 在"双十一价格曲线"对应的位置上写上价格，文字颜色也为（R:124，G:0，B:151），如图10-56所示。

图10-56

07 使用"椭圆工具" 在"双十一价格曲线"图层下方拖出一个适当大小的正圆形，将图层的填充降低到0%，然后双击图层勾选图层样式为"描边"，描边大小为3像素，颜色设置为（R:124，G:0，B:151），如图10-57所示。

图10-57

08 新建一个图层，命名为"产品展示模块边框"，使用"矩形选框工具"在画布上拉出一个适当大小的矩形，右击鼠标选择"描边"，描边大小为3像素，再选择"画笔工具"，设置大小为2像素，沿着边框周围画上圆点，如图10-58所示。双击"产品展示模块边框"图层，勾选图层样式为"外发光"，设置混合模式为滤色，颜色为（R:323，G:0，B:255），扩展为2%，大小为33像素，再勾选"内发光"，设置混合模式为滤色，颜色为（R:255，G:255，B:190），大小为10像素，各参数设置如图10-59和图10-60所示。效果如图10-61所示。

图10-58

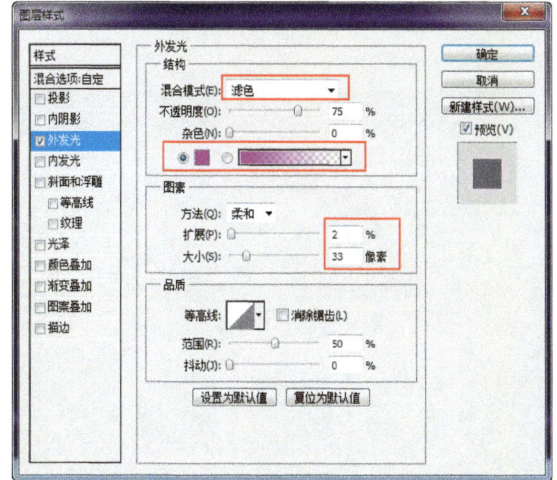

图10-59

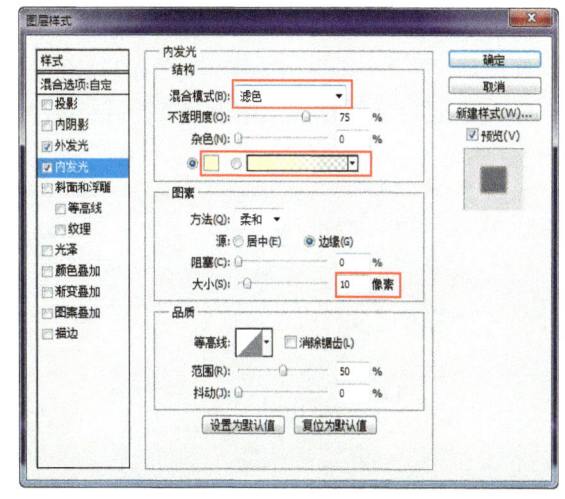

图10-60

图10-61

09 新建一个图层，命名为"产品展示模块背景"，使用"矩形选框工具"在画布中拉出一个适当大小的矩形，将其颜色设置为白色，在右上角处放上"双十一"Logo图标素材，如图10-62所示。

图10-62

243

10 在"产品展示模块背景"图层下面添加标签素材,并使用"横排文字工具"在标签素材上面写上"Cupid-K521升级版 伯爵蓝"字样,文字颜色为白色,如图10-63所示。

图10-63

11 在标签素材下面放上"双十一"的Logo素材,写上"日常价:3680"和"触底价:1480"字样,文字颜色设置为白色,并选中数字1480将颜色设置为(R:252,G:242,B:67),如图10-64所示。

图10-64

12 在"产品展示模块背景"上面添加产品素材,如图10-65所示。

图10-65

13 将上面的产品模块所有图层复制后向右排开,如图10-66所示。

图10-66

5.尾部返回首页模块制作

01 将尾部的几何图形素材放置在画布中间，如图10-67所示。

图10-67

02 新建一个图层，命名为"尾页背景"，使用"钢笔工具"沿着几何图形素材画出相应的形状，将其颜色填充为（R:36，G:0，B:46），设置前景色为（R:64，G:0，B:63），然后使用"渐变工具"在右边位置拉出一个浅紫色的渐变效果，如图10-68所示。

图10-68

03 新建一个图层，命名为"尾页光线"，使用"钢笔工具"沿着几何图形素材画出相应的形状，将其颜色设置为（R:112，G:17，B:111），如图10-69所示。

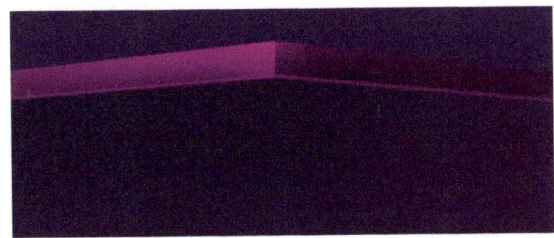

图10-69

04 使用"圆角矩形工具"在画布上面拉出一个适当的矩形，双击图层勾选图层样式为"投影"，设置投影大小为3像素，如图10-70所示。

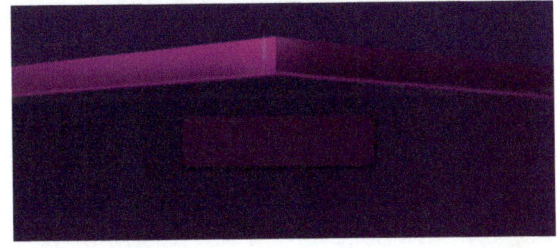

图10-70

05 将圆角矩形按钮素材放置在投影上方，如图10-71所示。

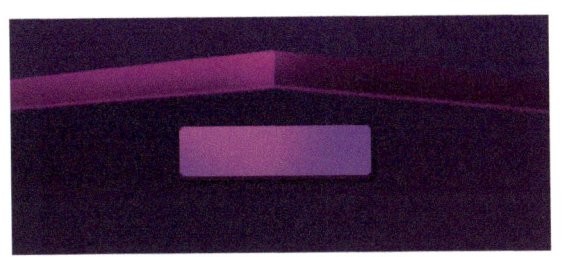

图10-71

06 使用"横排文字工具"在标签素材上面写上"返回顶部"和"乐蒂宝贝，英国轻奢品牌"字样，文字颜色设置为白色，再新建一个图层，命名为"尾部线条"，使用"矩形选框工具"在画布中拉出一个适当大小的矩形，然后使用"渐变工具"在矩形选区内拖动一个渐变的效果，将矩形选区向下移动一个像素后删除下面多余的部分，复制"尾部线条"图层，按住Ctrl+T快捷键右击选择水平翻转，向右移动至适合的位置，如图10-72所示。

图10-72

10.3 居家风格

10.3.1 页面分析

居家风格的页面采用的是简单大气的排版方式。在产品展示的模块，分类目向下排开，每个类目会选择一款主打产品制作成海报，将该款产品放置在每类最醒目的位置。下面的产品则以每行3个为一组排开，供顾客选择。整体的排版相对比较整齐和简单，整个页面主要为了体现现代厨具的氛围，海报展示的模块背景采用的是现代化的厨房背景，以烘托居家的氛围，如图10-73所示。

1.页面配色

居家风格的页面配色为暖色调,如图10-74所示。

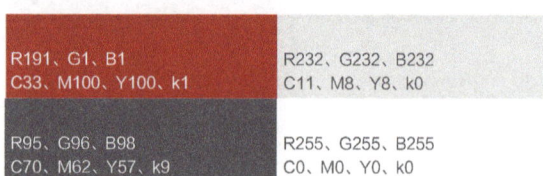

R191、G1、B1　　　　R232、G232、B232
C33、M100、Y100、k1　C11、M8、Y8、k0

R95、G96、B98　　　　R255、G255、B255
C70、M62、Y57、k9　　C0、M0、Y0、k0

图10-74

2.页面布局

整体页面布局如图10-75所示。

(1)首屏:首屏是红色的炫彩背景,首屏展示店铺的主打款产品,排版方式为左图右文。

(2)产品分类:为了提升顾客的购买体验,在页面上划分产品分类区域,让顾客可以快速找到自己想要的产品类型。

(3)爆款小海报:店铺的爆款产品用左文右图的方式来展示。

(4)产品展示:爆款下方还有其他产品展示,其他的产品则用分类目的方式在下方以三个为一排进行展示。

(5)背景:背景采用的灰白色为纯色的背景,整个页面的氛围都以简单大气为主,所以背景不用做太多的效果,也是为了让顾客将目光集中在产品上。

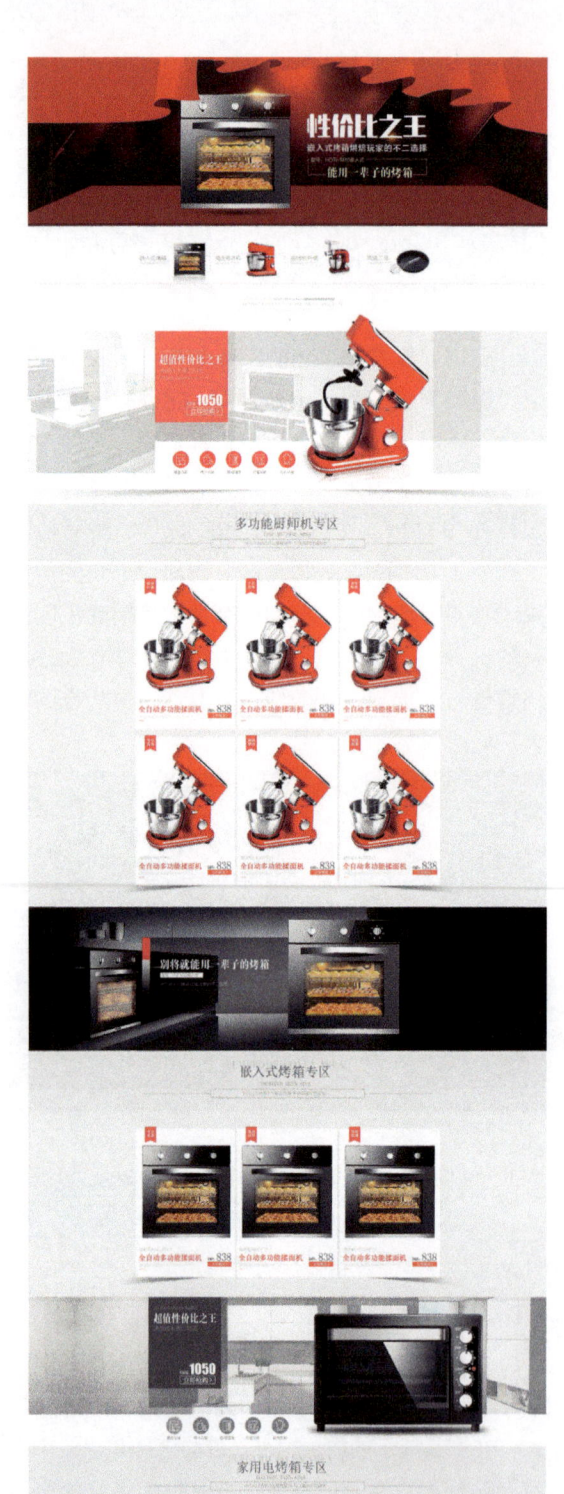

图10-73

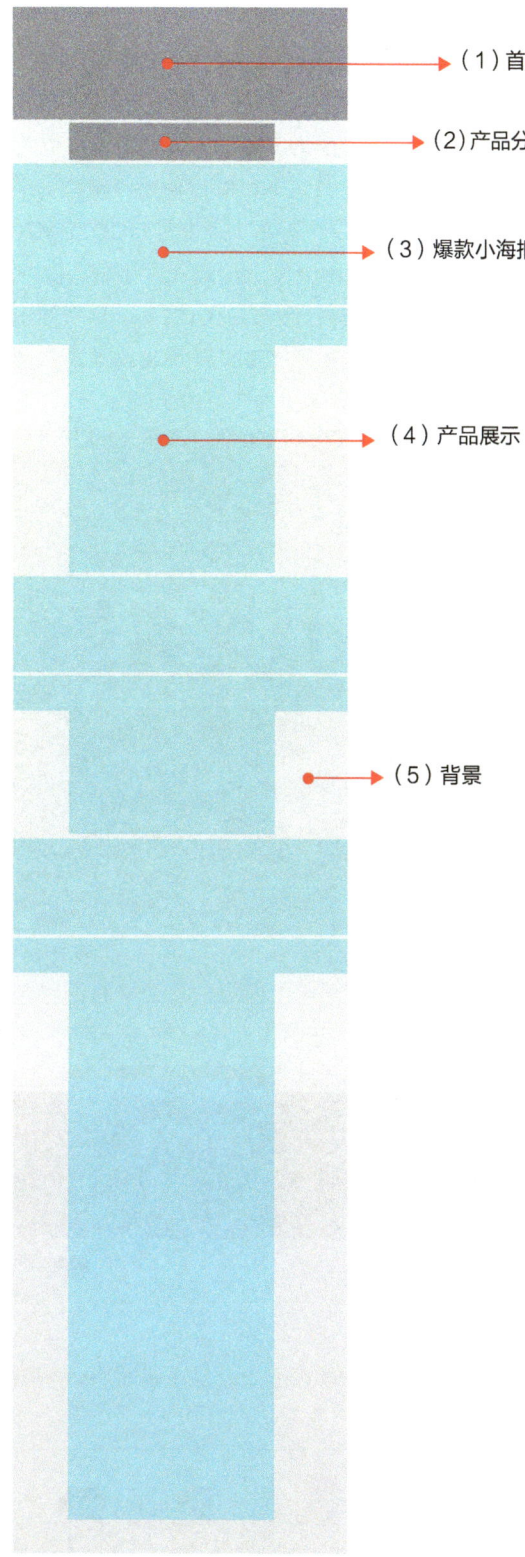

图 10-75

10.3.2 步骤详解

实例位置	实例文件 >CH10> 居家家电风格 .psd、居家家电风格 .jpg
素材位置	素材文件 >CH10> 光晕 .jpg、厨房 1.jpg、厨房 2.png
技术掌握	视频文件 >CH10> 居家家电风格 .mp4

1.首屏制作

01 首先找一张炫彩的红黑色光晕背景，如图 10-76 所示。

图 10-76

02 新建一个图层，命名为"红色桌面"，然后使用"钢笔工具" 画出梯形形状，将梯形的颜色设置为（R:93，G:0，B:1），复制梯形图层，将颜色改为（R:129，G:1，B:2），如图 10-77 所示。

图 10-77

03 将产品素材放置在画布左侧，如图 10-78 所示。

图 10-78

04 新建一个图层，命名为"产品素材阴影"，使用"椭圆选框工具" 在画布上面拉出适当大小的椭圆选区，将选区羽化，羽化值为 15 像素，颜色填充为（R:80，G:1，B:1），如图 10-79 所示。

图10-79

05 使用"横排文字工具" 在画布左侧写上相关文案,文字颜色都设置为白色,如图10-80所示。

图10-80

06 使用"横排文字工具" 输入"嵌入式烤箱烘焙玩家的不二选择"字样,文字颜色为白色,如图10-81所示。

图10-81

07 新建一个图层,命名为"文案背景线条样式",使用"矩形选框工具" 在画布上拉出适当大小的矩形选区,右键单击鼠标选择"描边",设置描边大小为3像素,描边颜色设置为(R:253,G:235,B:171),然后使用"横排文字工具" 在主题文字下方写上"型号:HOTI-M10嵌入式"和"能使用一辈子的烤箱"字样,文字颜色设置为(R:253,G:235,B:171),再框选出文案摆放的位置,并将"文案背景线条样式"图层的文案摆放位置删除掉,如图10-82所示。

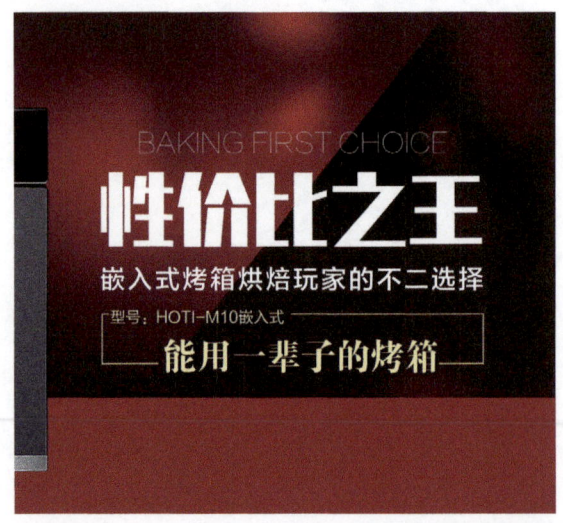

图10-82

08 在产品和主题文案上面添加光效素材,在首屏顶部添加红色飘带素材,如图10-83所示。

图10-83

2.分类模块制作

01 将分类的产品向右排开放置在画布中,如图10-84所示。

图10-84

02 使用"横排文字工具" T 在产品素材右侧写上"嵌入式烤箱"和英文文案作为点缀，文字颜色设置为（R:55，G:55，B:55），如图10-85所示。

图10-85

03 复制一层文案和英文点缀图层，放置在每个产品素材左侧，并修改相对应的产品分类名称，如图10-86所示。

图10-86

04 新建一个图层，命名为"分类线条"，然后使用"钢笔工具" 画出线条，设置画笔大小为1像素，设置前景色为（R:217，G:217，B:217），右击选择描边，如图10-87所示。

图10-87

3.产品展示模块制作

01 新建一个图层，命名为"产品展示标题样式"，使用"矩形选框工具" 在画布上面拉出适当大小的矩形选区，将颜色设置为（R:241，G:241，B:241），复制"产品展示标题样式"图层，颜色修改为（R:227，G:227，B:228），再复制"产品展示标题样式"图层，颜色修改为（R:200，G:199，B:202），如图10-88所示。

图10-88

02 使用"横排文字工具" T 在画布上写上文字，文字颜色设置为（R:86，G:86，B:86），再使用"自定形状工具" 并选择图片上的箭头图案，在画布上面拖出一个适当大小的箭头图案，如图10-89所示。

图10-89

03 将厨房素材背景拖到画布左侧，将不透明度降低到65%，如图10-90所示。

图10-90

04 新建一个图层，命名为"灰色背景"，使用"矩形选框工具" 在厨房素材背景右侧拖动一个适当大小的矩形框，将颜色设置为（R:233，G:233，B:233），如图10-91所示。

图10-91

05 在背景素材下面添加投影素材，如图10-92所示。

图10-92

06 新建一个图层，命名为"白色透明条"，使用"矩形选框工具"在厨房素材背景右下方拖出一个适当大小的矩形框，将颜色设置为白色，将不透明度降低到80%，再新建一个图层，命名为"灰色透明条"，在厨房素材背景右下角拖出一个适当大小的矩形框，将颜色设置为（R:168，G:168，B:168），将不透明度降低到20%，如图10-93所示。

图10-93

07 新建一个图层，命名为"灰色透明背景"，使用"矩形选框工具"在厨房素材背景右侧拖出一个适当大小的矩形选框，将颜色设置为（R:168，G:168，B:168），将不透明度降低到20%，如图10-94所示。

图10-94

08 新建一个图层，命名为"红色文案背景"，使用"矩形选框工具"在"灰色透明背景"图层上拖出一个适当大小的矩形，颜色设置为（R:255，G:94，B:102），再使用"横排文字工具"在"红色文案背景"图层上写上相应的文案，文字颜色都为白色，如图10-95所示。

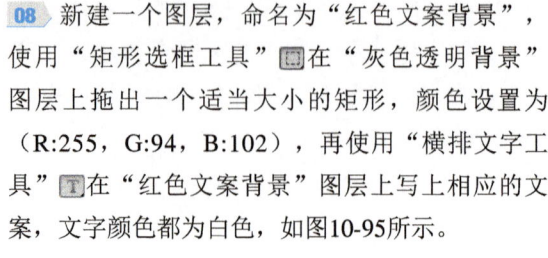

图10-95

09 在画布右侧放上产品素材，如图10-96所示。

图10-96

10 使用"椭圆工具"在画布左侧拉出一个适当大小的圆形,颜色设置为(R:250,G:77,B:86),复制4个圆形图层,向右排开,如图10-97所示。

图10-97

11 使用"钢笔工具"在圆形图层上面画出对应的图像,选择"描边",描边颜色为白色,再使用"横排文字工具"在每个图像下面写上相应的文案,文字颜色为(R:42,G:42,B:42),如图10-98所示。

图10-98

12 新建一个图层,命名为"产品展示背景",使用"矩形选框工具"在画布的上方和下方各拉出一个适当大小的矩形,颜色设置为(R:232,G:232,B:232),如图10-99所示。

图10-99

13 使用"横排文字工具"在画布上输入"多功能厨师机专区"和Chef Machine Area字样,文字颜色设置为(R:105,G:105,B:105),如图10-100所示。

图10-100

14 新建一个图层,命名为"线条",使用"钢笔工具"在画布上面写上相应的图案,前景色设置为(R:162,G:162,B:162),设置画笔大小为1像素,右击选择"描边路径",如图10-101所示。

图10-101

15 使用"横排文字工具"在矩形描边选框内上写上"HYUEISWIRT让爱更简单 专注高端烘焙家电"和Chef Machine Area字样,文字颜色设置为(R:58,G:58,B:58),在主题文案后面写上Chef Machine Area字样,字体颜色为(R:58,G:58,B:58),再将不透明度降低为20%,如图10-102所示。

图10-102

16 新建一个图层,命名为"产品展示背景",使用"矩形选框工具"在画布上拉出一个适当大小的矩形,填充颜色为白色,如图10-103所示。

图10-103

17 新建一个图层,命名为"红色旗帜背景",使用"钢笔工具"在画布上面写上相应的图案,前景色设置为(R:250,G:77,B:86),使用"横排文字工具"在"红色旗帜背景"图层上面写上"烘焙必备"字样,文字颜色为白色,如图10-104所示。

图10-104

18 在"产品展示背景"图层上面放上产品素材,如图10-105所示。

图10-105

19 使用"横排文字工具" 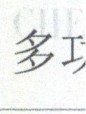在"产品展示背景"图层上面写上"厨师机HMDF501"字样,文字颜色设置为(R:53,G:53,B:53),再写上"全自动多功能揉面机"字样,文字颜色设置为(R:253,G:47,B:64),在文字下方加上英文文案点缀,再新建一个图层,命名为"产品文案点缀",使用"矩形选框工具"在画布上拉出一个适当大小的矩形,填充颜色为(R:254,G:135,B:144),如图10-106所示。

图10-106

20 使用"横排文字工具"在"产品展示背景"图层上面写上RMB:838,文字颜色设置为(R:91,G:91,B:91),如图10-107所示。

图10-107

21 新建一个图层,命名为"立即购买背景",使用"矩形选框工具"在画布上拉出一个适当大小的矩形,填充颜色为(R:253,G:86,B:78),使用"横排文字工具"在"立即购买背景"图层上面写上"立即购买>"字样,文字颜色为白色,如图10-108所示。

图10-108

22 将产品模块全选后复制2个,并向右排开,再复制上面3个产品模块向下排开,如图10-109所示。

图10-109

23 在产品展示模块下面添加投影素材,如图10-110所示。

图10-110

24 将背景填充为黑色,将厨房背景素材放置在画布左侧,如图10-111所示。

图10-111

25 新建一个图层,命名为"黑色透明文案背景",使用"矩形选框工具"在画布上拉出一个适当大小的矩形,填充为黑色,不透明度降低为35%,如图10-112所示。

图10-112

26 使用"横排文字工具"在"立即购买背景"图层上面写上相应的文案,文字颜色为白色,如图10-113所示。

图10-113

27 新建一个图层,命名为"黑色透明文案背景",使用"矩形选框工具"在画布上拉出一个适当大小的矩形,填充为白色,再使用"横排文字工具"在"立即购买背景"图层上面写上"型号:HO-M10嵌入式"字样,文字颜色设置为(R:120,G:120,B:120),如图10-114所示。

图10-114

图10-115

28 将产品素材放置在画布右侧，如图10-115所示。

29 页面下面的产品模块与上述的制作方式一样，可以直接复制所有图层，修改文案和产品素材即可。

11

多年工作经验总结

如何降低修改率

如何让你面试成功

如何提高你的身价

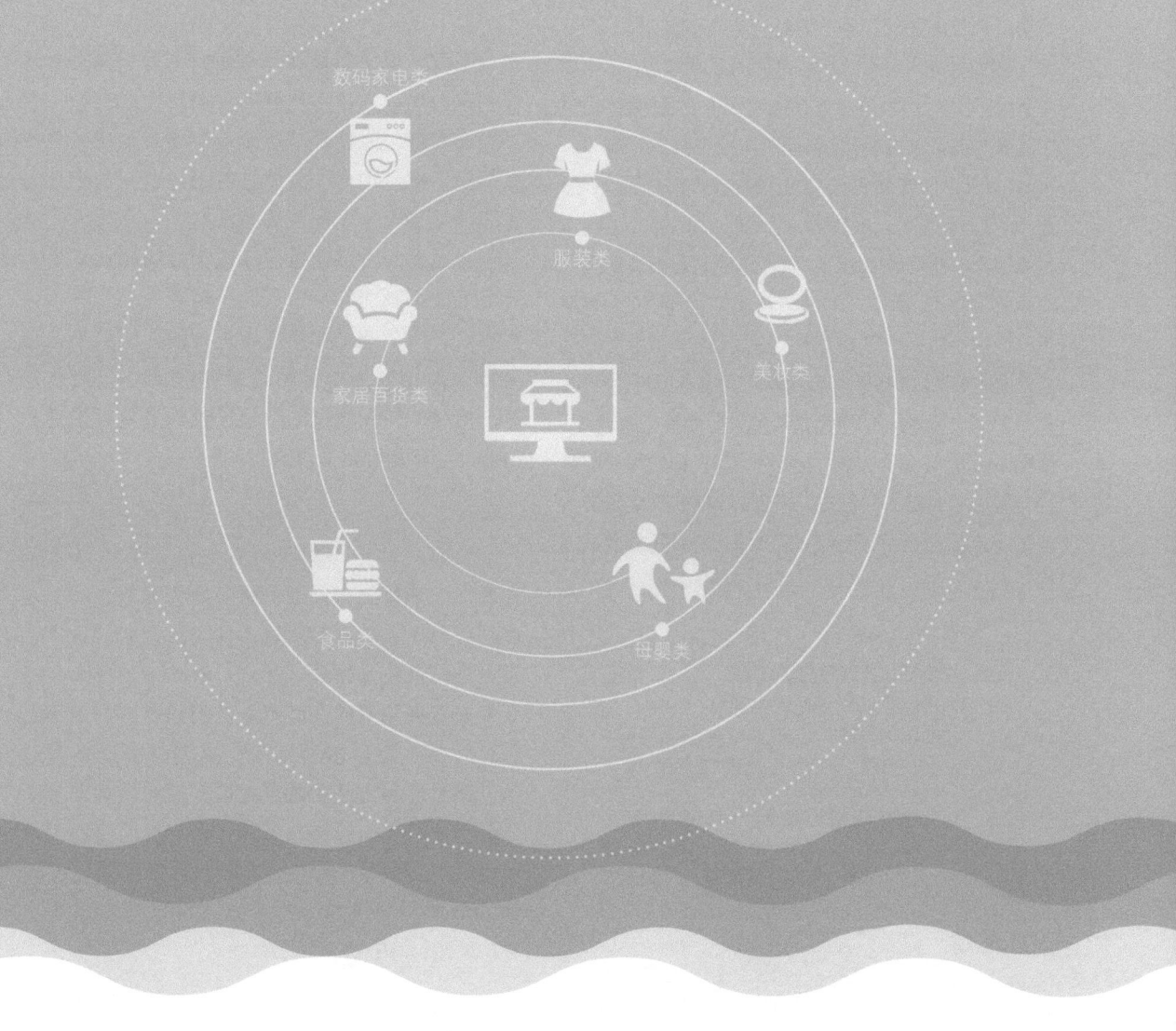

11.1 如何降低修改率

11.1.1 学会问——下手前先沟通清楚

作为电商设计师，经常面对的问题就是修改图片，刚刚进入该行业，可能不懂得在着手之前要先和负责人沟通清楚，就根据自己的感觉着手设计，那么面对的问题可能会是从头改到尾，这意味着花了很多的心思和时间来制作的图片都白费了。所以，在自己着手之前，要与负责运营的人员沟通清楚，不要因为不好意思就自己埋头苦干，运营和设计的交流是必须存在的，如果因为有疑问不好意思去问的话，就好像盲人摸象，硬闯硬碰，碰到满头的伤，设计的图片还不一定符合运营的要求。

因为设计人员不能掌握全部的运营知识，哪些图片要放在什么位置，在不知情的情况下就盲目制作，制作的成效就会大打折扣，修改的次数也会越来越多。所以，设计时一定要多问，知道图片放在页面的什么位置，制作的时候可以多参考一下其他商家的图片，制作起来也不会摸不着头脑了，而且还能让自己多掌握一些运营的知识，所以这些经验都是慢慢累积的。有很多设计师会自傲地以为"我只是做设计，不用懂得运营方面的知识，那些事情都是运营该做的，跟我没什么关系"！有这样想法的电商设计师只会停留在原地，不懂得如何进步，怎么突破。电商设计师设计的图片都要符合策划和负责人的想法，电商设计师的直接负责人就是运营，如果不了解运营的基本知识和想法，怎么制作符合运营想法的图片呢？如图11-1所示。

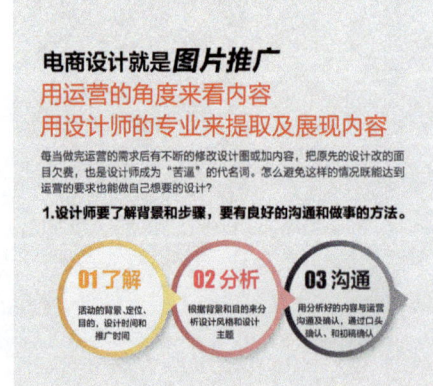

图11-1

11.1.2 学会看——充分参考同行的页面

在了解了运营人员的想法和明确了设计的主题与风格后，电商设计师要做的就是多参考同行的页面设计，假设要做一个产品的详情页，怎么样才能快速地了解一款产品的性能和优势呢？那么可以去看下同行的页面设计，去提取一些可用的元素，排版布局也可以参考行业内比较好的页面设计，所谓"站在巨人肩膀上才能看得更高，望得更远"。参考好的页面，然后再进行设计的突破，可以跟公司内部员工一起探讨和研究一下有特色的卖点。在做产品介绍的时候放大独特的卖点，可以让客户眼前一亮。

笔者认识很多设计师，他们都为了突出自己的创意而拒绝去参考同行的页面，不过有一句话"知己知彼，方能百战不殆"，连对手在做些什么都不了解，如何做到胜过对手。试问一个人的想法能顶得上一个团队的想法吗？一个人设计能有一个团队经过多次推敲和检测过的设计好吗？一个人的大脑能有一群人的大脑强大吗？一个优秀的设计人员都是在学习中进步的，所以千万别妄自菲薄地以为自己的是最好的。有个性是好事，但是如何让自己的个性被绝大多数人接受并追捧，这就是所要学习的。

当然，参考不代表所有的页面都可以无条件模仿。那么怎么分别页面的好坏呢？在动手之前，可以先去看看行业里面排在前几名的设计，无论是销量还是评分，都可以看一下，毕竟，那么多人能去购买的页面不会差到哪里。为了不盲目地效仿，可以多看几家，好好分析一下再着手，还有一种方法就是直接请求运营人员发一下他们想要的页面链接，了解他们想要的页面风格和主题，这样一来，自己做的页面也不会差太远。懂得利用资源少走弯路，可以省不少的工夫，如图11-2所示。

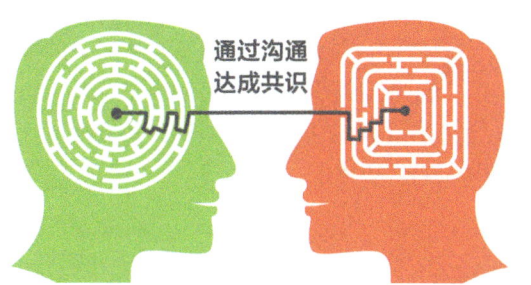

图11-3

图11-2

11.1.3 学会改——做出大家想要的效果

修改是不可避免的,从设计一个东西到能被大家所接受是需要磨合的过程。在设计的过程中,有些细节可能没有注意到,或者是该突出的卖点没有很好地突出等,都是需要修改的问题。所以,在一份初稿出来以后,肯定是要给相关负责人审核的,负责人审核后会提出要修改的点,为了避免下次再出现这样的问题,可以问清楚为什么要修改这些东西,同时在修改的过程中,也是自我学习的过程,把自己的不足之处修改掉也算是一种进步。但是,这并不代表要一味地接受修改意见,可以根据设计的专业知识点给运营人员一些恳切的建议,在沟通和思想的碰撞中取其长避其短,让设计的图片越来越完美,而这也是了解运营想法的主要路径,如图11-3所示。

11.1.4 学会记——不足之处记于心

了解了自己不足的地方后,在修改的过程中要铭记自己考虑不周全的地方,这样才能避免下次犯同样的错。所谓一个智者是不会让自己在同一个地方跌倒太多次的。记住这次的错误避免下次再犯同样的错误也是一种进步,只有不断地吸取教训后才能不断地提升设计水平,这样慢慢地累积经验会让自己的专业水平有所提升。

一个作品设计出来后,在和运营人员进行沟通时,可以拿一个笔记本把要修改的地方记下来,所谓"好记性不如烂笔头",用笔记下来也方便查找,如果要修改的地方过多也不会出现遗漏,避免遗漏也是减少修改次数的一个关键点。不要对自己的设计太过自信,因此要学会记录,如图11-4所示。

图11-4

作为笔者来说，已经在职场上摸爬滚打几年了，从初入社会再到久经沙场，从被面试到面试别人，以下总结了几个面试的要点，可以帮助热爱设计的设计师们少走弯路，也希望大家都能够找到合适自己的工作。

11.2 如何让你面试成功

通过以往的面试经验，电商设计一共有三轮面试要求。

11.2.1 海选——第一轮面试通过作品判断

海选：通过网上投的简历和人才网上查看简历，通知设计师将设计作品发给面试官，如果面试官满意的话会打电话进行复试。所以，在人事联系要求发作品的时候，一定要细心挑选，不要随意地将自己的作品发送给对方，如图11-5所示。因为对方是根本不了解自己，而所发的面试作品就是自己的第一张名片，一定要挑选出最得意的作品展现给对方。不要因为自己的随意失去了面试的机会，如果第一轮就被刷下来的话，就意味着自己离成功就职的机会更遥远。

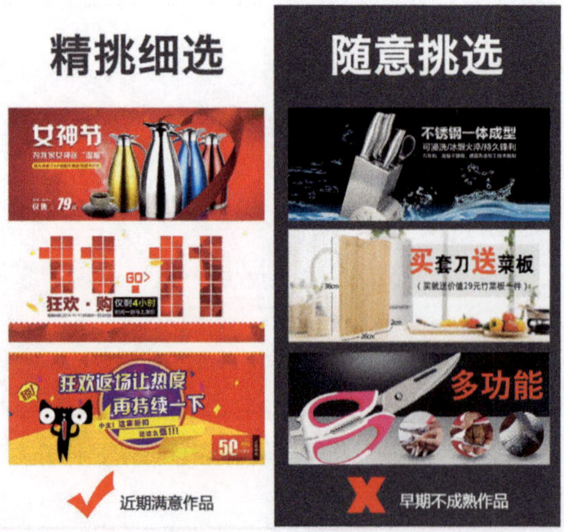

图11-5

11.2.2 复试——第二轮面试相互了解

复试：在面试官对面试作品满意的情况下，自己就会得到复试机会，复试的主要作用就是互相进一步了解，面试官会提出一些专业性的问题，从回答中掂量自己的水平是否合格。

1. 复试——面试官问题

（1）你会的专业软件有哪些？会运用Photoshop、Adobe Illustrator、Dreamweaver等软件吗？

问题的潜在意识：电商设计首先要具备的就是熟悉这三个软件，其中Photoshop软件的熟练操作是最基本的要求，电商设计的主要绘图软件就是Photoshop，所以这个软件的熟练操作是非常重要的；Adobe Illustrator软件主要是制作一些平面设计，比如产品包装、合格证、产品说明书等印刷类作品，虽说电商设计主要是网页设计，但是平面设计的软件也需要大致了解，现在很多电商公司都会将公司的平面设计工作划分到电商设计的工作范畴内。如果不会这款软件的话，一般会有人教；Dreamweaver软件是用来切图替换网页图片链接和添加网站超链接的，这个软件操作的会比较少一点，只要知道图片替换的链接在哪里和超链接如何添加即可。如果这些软件都会的话，那么会给面试官留下很好的印象。如果除了基本软件以外都不会的话，也没关系，其他的两个软件只是辅助作用，很好教也很好上手。

（2）你会拍摄产品吗？懂得操作相机吗？

问题的潜意识：有些公司没有请拍摄专员，那么产品的拍摄工作也会涉及。所以，相机的基本操作和拍摄知识也会列入复试问题，如果会拍摄的话就直接回答会，如果不会的话，那么面试官极有可能抓住不会拍摄这个问题来谈判工资问题。因为自己不会，所以可以进行学习，因此自己工资可能要打些折扣。所以，在面试前不妨去了解一下相机的性能和大致的操作。

（3）上一份工作为什么离职？

问题潜意识：这个问题要慎重回答，不要在面试官面前袒露上一份工作如何惨无人道，或者说之前的老板有多少问题和毛病，这样会让他们对你的印象变差。上一份工作中存在的问题，这份工作说不定也会存在，而你肆无忌惮地说上一个老板的问题时，面试官也会在自己公司套用一遍，并且认为你是一个心胸狭隘到处说别人坏话的人。所以，这个问题最好是简要的概括，比如说公司搬迁、离家太远、身体不适休息了一段时间、岗位调动、公司解散等。所以不要把问题抛给领导。

（4）能接受加班吗？在大促等活动的时间段事情会比较多，能够接受加班的要求吗？

问题潜意识：大多数公司都希望员工为其加班，如果问这个问题的话，自己要考虑清楚，能就是能，不能就是不能，不要为了要这份工作而忽略自己内心的答案，那么这份工作你就做得不长久。因为违背了自己的意愿，因此坚持下来的可能性就变小了很多。通常能问这个问题的公司，加班基本上就是员工的家常便饭，如果回答能的话，那么以后加班就是经常的事情，如果回答不能的话，你成功的概率会变低，这时你可以巧妙的回答："如果工作安排合理的情况下我没有完成任务加班是应该的，大促期间工作量大偶尔加班也是可以接受的，但是如果经常性的加班，我可能没办法接受，因为我比较注重个人作息问题。"这样模棱两可的回答既能给自己为了留条后路，也不会让面试官觉得你回答得很决绝。

（5）面试作品里面的作品都是你独立完成的吗？

问题潜意识：作品直接体现你的水平，如果是独立完成的，那么面试官大概就会了解你的设计水平是在哪一条线上的，如果说不是，那么在面试官的印象水平上还会降低一定的程度，这就意味着你原定的薪资会有所折扣，但是一定要如实回答，如果水平不够就少拿点工资多攒点经验。千万别用别人的作品和网上找的素材去蒙骗面试官，因为面试官的设计经验一般都比较高，网上素材和图片基本上都有看到过，很大的可能性是知道你的作品出处，而且如果夸大了你的设计水平，在未来实习期间很容易被刷掉。

（6）你之前公司是做哪些产品的？或者是接触过我们公司***类目的产品吗？

问题潜意识：一般问这个问题就是代表着要从你不熟悉该公司的产品属性这个问题入手，而对薪资要求打一些折扣，如果说没有接触过，或者你之前做的是别的类目的话，面试官往往会说："因为你对我们公司的产品还不够了解，所以你可以先进来学习和了解一下，所以在试用薪资这方面可能会有所减少，看你未来在公司试用期间的磨合度进行调整。"这个时候你可以回答："电商设计很多类目的产品其实是互通的，而且设计这种工作灵活性也很高，没有指定对哪类的产品有绝对的设计限制，所以我认为这不会限制我的水平发挥，而且我个人的适应能力也比较强，虽然对这类产品没有了解，但是我会努力学习尽快上手"。

图11-6

2.复试——你的问题

既然说了相互了解,那么你也应该了解一下这家公司是否能够达到你的标准,只有在相互都达标的情况下才决定是否在这家公司上班。

(1) 上下班时间是否能够接受,一天工作的时间是否超过国家规定的时长。

(2) 公司制度,比如请假如何扣款,迟到如何扣款,月薪绩效如何体现等。

(3) 每周是怎么休息的,单休、双休还是大小周?

(4) 假期是怎么安排的?有没有按照国定假日放?工作满一年有没有年假?

(5) 公司有哪些福利?医社保?五险一金?包吃住?租房补贴?

(6) 加班有没有加班费?年终奖制度?

(7) 多久加一次薪?加薪的范畴是怎样的?

了解以上的要求是否符合心中标准,如果能够达标的话可以考虑工作。如果以上要求不符心中标准的话,有两个选择:

如果你的设计资历不高的情况下可以委曲求全,暂且在这边工作,累积经验,争取下次的起点能够更高。

如果你的资历很深,并且打算找一家公司长久合作的话,那么这些要求达不到你的承受底线最好不要答应在这家公司上班。因为你不能接受的问题会一直存在,这就促使你工作不长久,又要重新面试,浪费光阴在这家公司。

图11-7

11.2.3 实操——观看你的软件操作能力

这轮面试是针对性的,对于设计资历有四五年甚至五年以上的设计师,基本上通过第二轮面试就可以肯定是否能来上班,但是对于三年以下工作经验的设计师,面试官会认为你的资历不够,所以一般都会在公司店铺里面找一个产品让你做一个单品海报。他们会根据你设计的时长来评判你对软件的操作熟悉度,通过你设计作品的美观度来评判你的设计水准。所以,在这里笔者建议大家在来一家公司面试的时候,最好了解一下公司的产品属性,在去面试之前了解一下同行的设计风格等,可以在面试之前将适合的海报素材先整理好拷到U盘里面,这样就可以省去找素材的时间,从而有目标性地进行设计,那么就会缩短时间,就职的概率就非常高,如图11-8所示。

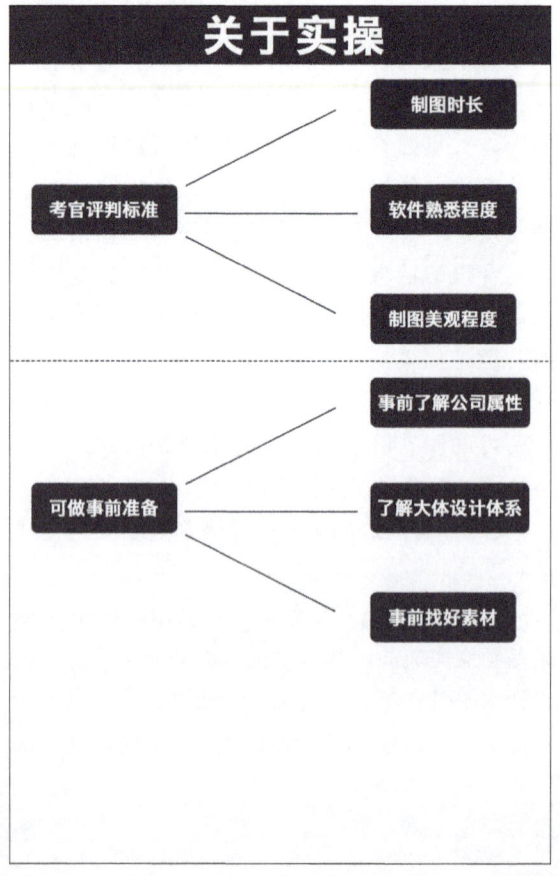

图11-8

11.3 如何提高你的身价

任何一个行业都是按照资历来制定薪资的，至于薪资和待遇的好坏，要学会自己去权衡。以下举一些例子分阶段性地讲解一下。

11.3.1 无任何经验的设计小白

见图11-9，对于设计小白，要做的就是抓住任何学习和累积经验的机会，因为单靠在学校学习的相关软件操作知识是非常有限的。所以设计小白最好是找有丰富经验的设计师带领的工作，如果有非常好的老师，就算工资低也要抓住机会，不要犯眼高手低的错。任何一个新人都会有一段低薪资的经历，重点是怎么把这段低薪资的日子缩短。所以在拿低薪的时候你要抓住任何学习的机会，不管是软件的操作熟悉度，还是接触一些新的知识点，都要记在心里，这就是累积经验的过程。而公司也会根据你的接受程度安排你后面要做的工作内容，千万不要有心理排斥，觉得拿很少的工资还让做很多事情。不要将自己的工作范畴定死，也不要限制自己多学东西多栖发展，任何一个新的知识点都会成为你下一份工作提薪的资本。所以这段时间要学会放平心态，就当作交学费来学习经验。

在你学习到了所有的知识点的时候，可以根据公司的发展前景来决定是否在这家公司一直工作，但前提肯定是能保障自己的温饱问题。所以，根据你的进步公司是否能够开出公正的薪资给你，基本上就是决定你是否留下的因素。一般来说，一家公司提薪的范畴都是在100至500元，能接受的话可以考虑留下来，如果不能接受的话可以考虑去一家新的公司迎接新的挑战。

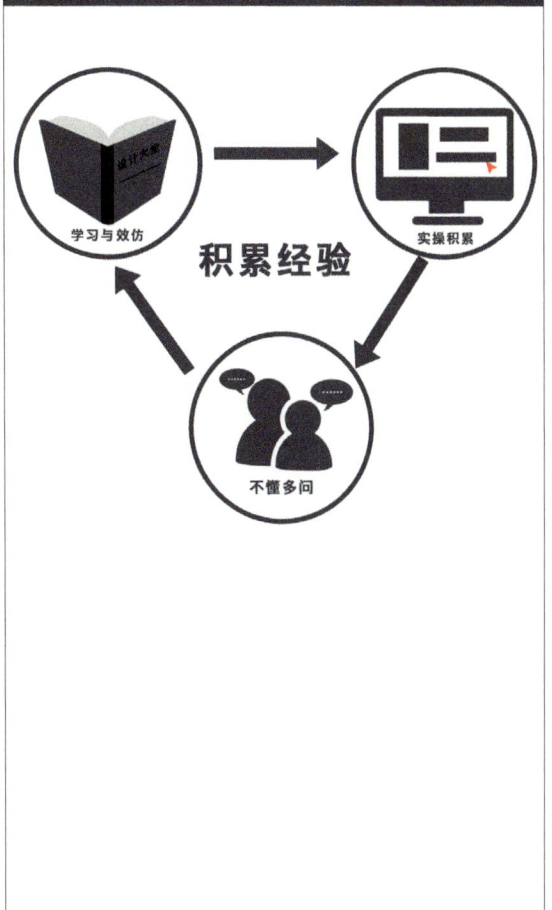

图1-9

11.3.2 有设计经验的设计师

有设计经验的设计师，面试下一份工作的时候除了薪资以外，还要了解公司的其他待遇问题，如果达不到内心的标准的话，就不要考虑在这家公司上班了。因为经过跳槽来涨薪资是很快，但是基本上都不会成为公司的核心成员，那么你只能单靠工资来生活，但是如果跟着一家公司一直干，在公司有盈利的情况下，作为核心成员，基本上老板在奖金方面都不会亏待你。当然要排除一些没诚信的老板，在就职的时候最好要了解一下老板的品行，通过观察决定你是否选择信任他和公司一起成长，如图11-10所示。

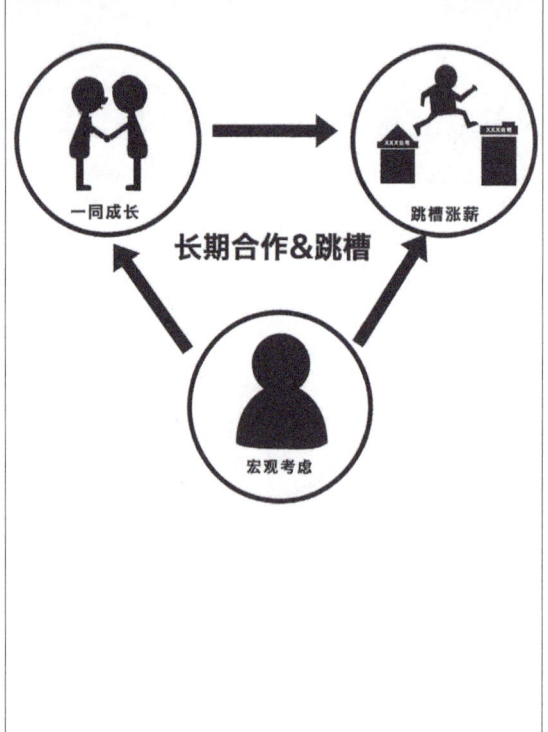

图11-10

11.4 分析未来电商设计的就业趋向

电子商务有着不出门就可以购物并且能够主动送上门的便捷服务,还有商家无须支付高昂的店面租金,有一台电脑和手机就可以开设网店的低成本运营方式。这几年来全球电子商务正在高速发展,使得电子商务人才严重短缺,而且由于互联网用户正以每年100%的速度递增,电子商务行业的人才缺口相当惊人。预计我国在未来10年大约需要200万名电子商务专业人才。从社会调查实践来看,绝大多数企业(多为中小企业)已陆续步入电子商务行列,采用传统经济与网络经济结合的方式生产经营。根据这个现象,可以知道中小企业步入电子商务行列急需电子商务人才。所以电子商务就业前景是值得憧憬的,国家政策正在大力支持电子商务的发展,商务部已经对电子商务给予极大重视。

据统计,我国登记在册的电子商务企业已达到1000多万家,其中大中型企业就有10万多家,初步估计,未来我国对电子商务人才的需求每年约10万人,而我国目前包括高校和各类培训机构每年输出的人才数量不到5万人,电商设计人才总量不足已成为制约我国电子商务发展的瓶颈。随着电子商务的快速发展,这些毕业生在进入人才市场时本应抢手,但事实并非如此。近年来电商设计专业就业率仅为20%,而全国普通高校毕业生就业率只有47%,可见,电商设计专业就业率远远低于全国大学生就业平均水平,这种状况不容乐观。造成这种局面的根本原因在于高校在电商设计人才的教育和培养方面还有所欠缺,在这种情形下培养出的学生很难符合社会对高层次电商设计人才的需求标准,如图11-11所示。

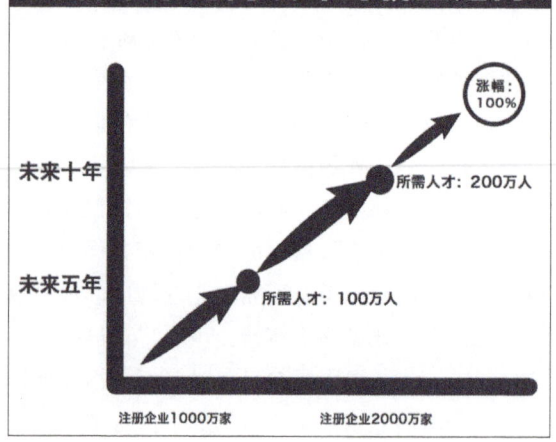

图11-11

因此,在未来的电商设计行业人才是非常紧缺的,在急需电商设计人才的情况下,企业会降低标准,除了招聘资深的电商设计人才,还会在各大高校里面进行对比选出相对较好的电商设计专业毕业生,让他们在公司里面学习经验,培训人才。所以在竞争压力如此大的行业里面如何让自己迅速成长,选择好的就业机会,就要看大家的本事了。

本书是笔者自身在这几年里累积的所有经验,不妨仔细地阅读和学习,这些经验的分享都是为了能让和笔者一样热爱设计的人在追求梦想的道路上成长得更快。